Dorothea Hauser   Baader und Herold

Dorothea Hauser

Baader und Herold –
Beschreibung eines Kampfes

Alexander Fest Verlag

Inhalt

1. Mord in der Nachbarschaft

Der sogenannte Deutsche Herbst begann auf meinem Schulweg. Es war eine schöne Strecke, die ich mit dem Fahrrad in kaum mehr als fünfzehn Minuten zurücklegen konnte und deren allergrößter Teil durch den Kölner Stadtwald führte. Die mächtigen Buchen und Linden dieses von Weihern und dichtbewachsenen Hügeln durchzogenen Forstes lassen vergessen, daß die ausgedehnte, nach englischem Vorbild entstandene Parklandschaft erst nach dem Ersten Weltkrieg von mehreren hundert Kölner Arbeitslosen angelegt worden ist. Der Initiator dieser Arbeitsbeschaffungsmaßnahme war der damalige Oberbürgermeister Konrad Adenauer.

Gleich unterhalb der Stelle, wo ich von Westen her stets die stadteinwärts am Park entlangführende Friedrich-Schmidt-Straße verließ und in den Wald einbog, steht heute eine fast schmucklose fünfeckige Betonstele. An ihrem Sockel sieht man gelegentlich einen Blumenstrauß, und in jedem Herbst trocknen hier frisch niedergelegte Kränze den ersten Nachtfrösten entgegen. Den vorbeiziehenden Autofahrern bleibt die Bedeutung dieser belanglos schlichten, von überhängenden Zweigen verschatteten Anlage meist verborgen. Nur wer anhält und aussteigt, kann auf dem benachbarten Holzkreuz, um ein großes Porträt in der Mitte, die notdürftig mit Folie überklebten, blassen Zeitungsphotos von vier Menschen sehen: Heinz Marcisz, Reinhold Brändle, Roland Pieler und Helmut Ulmer.

Von insgesamt 72 Kugeln durchsiebt, sind sie am sonnigen Frühabend des 5. September 1977 in der gegenüberliegenden Einmündung der Vinzenz-Statz-Straße verblutet. Marcisz, Vater von zwei Kindern, war der Fahrer des Arbeitgeberpräsidenten Hanns Martin Schleyer. Er starb ebenso wie der zum Schutz Schleyers abgestellte Polizeibeamte Brändle, der einen Sohn hinterließ, mit 41 Jahren. Seine beiden Kollegen Pieler und Ulmer wurden nur 20 und 24 Jahre alt. Durch zum Teil aus nächster Nähe auf sie abgefeuerte Schrotmunition und wie Dumdumgeschosse wirkende Kugeln des Kalibers .223 waren ihre Körper stellenweise völlig zerfetzt. Ihre Ermordung hatte das RAF-Kommando »Siegfried Hausner« kaltblütig geplant und die Waffen eigens in einem Kinderwagen bereitgehalten. Doch auch Hanns Martin Schleyer, der – noch während die Schüsse fielen – in einen bereitstehenden VW-Bus gezerrt, betäubt und entführt wurde, sollte nur noch 44 Tage leben. Wenige Stunden nach der Geiselbefreiung in Mogadischu in der Nacht vom 17. auf den 18. Oktober 1977 und dem Tod von Andreas Baader, Gudrun Ensslin und Jan-Carl Raspe im Stammheimer Hochsicherheitstrakt wurde er kniend mit drei gezielten Schüssen in den kurzgeschorenen Hinterkopf getötet. Die Inschrift auf der in den Boden eingelassenen Steinplatte am Kölner Tatort ist anonym: »Den Opfern des Terrorismus – Für die freiheitliche, rechtsstaatliche und soziale Demokratie. Die Bürger von Köln, 5. September 1977.«

Im Herbst 1977 war ich zwölf Jahre alt, von Pubertät keine Spur, fuhr seit zwei Jahren mit dem Fahrrad zum Gymnasium in Köln-Lindenthal und hatte von Terrorismus keine Ahnung – geschweige denn von dem RAF-Konzept »Stadtguerilla«. Natürlich waren mir die Ermordung des Generalbundesanwalts Siegfried Buback, die Erschießung des Dresdner Bank-Vorstands Jürgen Ponto und der gescheiterte Raketenwerferanschlag auf die Bundesanwaltschaft in Karlsruhe im Sommer des Jahres keineswegs entgangen. Doch der Eindruck, der bei der Schleyer-Entführung anfangs für mich überwog, war der von Mord in der Nachbarschaft. Das rührte zweifellos von meiner Vertrautheit mit den nun in den Nachrichten auftauchenden und mir dadurch gleichsam enteigneten Schauplätzen

Wer nicht besonders aufmerksam hinschaut, wird den Ort übersehen: Eine schmucklose Betonstele erinnert an die Toten des 5. September 1977. Alle vier Begleiter des Arbeitgeberpräsidenten Hanns Martin Schleyer starben im Kugelhagel der Terroristen.

des Dramas her. Da erschienen plötzlich meine Straßen und Wege; ja selbst die Tiefgarage am Junkersdorfer Wiener Weg, in der die Terroristen ihr Fluchtauto wechselten, war ein beliebtes Versteck auf unseren Streifzügen gewesen. Vor allem aber kam mir die Tatsache, daß die vier Getöteten in den Erklärungen der RAF mit keiner Silbe erwähnt wurden, bizarr und unverständlich vor. Warum mußten sie sterben? Auf der Suche nach Gründen habe ich mir in jenen Tagen immer wieder die gegenüber dem Tatort von Anwohnern oder Angehöri-

gen der Opfer aufgehängten Photos und Zeitungsausschnitte angesehen. Das Rätsel blieb ungelöst.
Schleyer, Mogadischu, Stammheim: Auch zwei Jahrzehnte nach der größten Krise der Bundesrepublik hat der »Deutsche Herbst« nichts von seiner bestürzenden Dramatik verloren, sind die Ereignisse über Mauerfall, Wiedervereinigung und sogar über das Ende der RAF hinweg im kollektiven Bewußtsein selbst jüngerer Generationen präsent. Der äußere Ablauf des Geschehens, den Chronisten längst verzeichnet haben, kann allein dieses Phänomen nicht hinreichend erklären. Immer noch umfängt die mit dem Begriff des »Deutschen Herbsts« oder auch der »Bleiernen Zeit« diffus umschriebene historische Erfahrung die Aura des traumatisch Verhangenen, der nebulösen Verklärung, des mythisch Wabernden. Der Mythos lebt, doch wovon? Bis heute wandert der Blick auf diese Epoche zumeist entlang der alten Frontverläufe, steht eine zeithistorische Einordnung jenseits der eingefahrenen Parteilinien noch aus.
Nähert man sich dem Thema aus dem doppelten Blickwinkel der beiden Symbolfiguren von Terror und Staatsgewalt, dem RAF-Begründer Andreas Baader und dem BKA-Chef Horst Herold, erscheinen die gewohnten Sichtweisen denn auch schnell fragwürdig. Unter dem Schutt von Klischees und Vorurteilen, Stilisierungen und Tabuisierungen wird vielmehr ein weitgespanntes Panorama frei, das jenseits der eher vordergründigen Zwangsbeziehung zwischen Jäger und Gejagtem in die traumatischen Urgründe bundesrepublikanischer Geschichte und ihrer Mythen führt.
Tatsächlich trägt die im Herbst 1977 ihren Höhepunkt erreichende, bis dahin siebenjährige Auseinandersetzung zwischen der RAF und der Bundesrepublik Deutschland Züge einer gesamtgesellschaftlichen Teufelsaustreibung, in deren Zentrum die Frage des legitimatorischen Verhältnisses von Staat und Gewalt steht. Zweifellos war die nationalsozialistische Vergangenheit, die Apokalypse des totalen Staats in der totalen Gewalt,

in diesem Zusammenhang die unmittelbarste und schwerwiegendste Hypothek. Für die politische Sphäre bedeutete diese Vergangenheit gleichermaßen eine angstvolle Traumatisierung wie eine besondere moralische Verantwortung. Was nun die Legitimität der neuen demokratischen Ordnung angeht, ergab sich daraus ein doppeltes Problem: Einerseits ließen sich aus der den westdeutschen Staat konstituierenden Absage an den Nationalsozialismus wohl konkrete politische Lehren ziehen, die allerdings als gleichsam antihistorischer Wechsel auf die Zukunft zunächst bloßen Anspruchscharakter besitzen mußten. Andererseits war die negative Fixierung auf die Vergangenheit angesichts ungeheurer Verstrickungen völlig untauglich, dem staatsbürgerlichen Kollektiv auch als identifikatorische Grundlage zu dienen. Nicht von ungefähr ist dieses Spannungsverhältnis daher auch in der mehrdeutigen Formel von der Bewältigung der Vergangenheit aufgehoben.[1] Sie meint das aufklärerische und moralische Einklagen der Erinnerung gegen ihre Verdrängung, entlarvt als polemische Wendung ein bloß ritualisiertes Gedenken und enthält zudem den Vorwurf der »Entsorgung der deutschen Vergangenheit«[2] durch eine übermäßige Historisierung. Entsprechend ist trotz des Pathos des verfassungsmäßigen Neubeginns das Vergangenheitsargument in der Bundesrepublik von Anfang an immer wieder als politische Waffe benutzt worden.

Die geistige Grundlage der neuen Demokratie läßt sich also nur in einem Paradox beschreiben: mit der Geschichte gegen die Geschichte. Damit ist allerdings nicht jene »tragischste und fragwürdigste Paradoxie« gemeint, die Theodor Heuss dem 8. Mai 1945 zuschreiben wollte, »weil wir erlöst und vernichtet in einem gewesen sind«[3]. Statt dessen geht es in einem viel nüchterneren Sinne um die Ausgangslage eines geschenkten Neubeginns. Denn in dieser widersprüchlichen Grundbedingung einen unheilbaren Geburtsfehler sehen zu wollen hieße nicht nur ihre historische Unausweichlichkeit zu verkennen, sondern auch die bei der Entstehung der Demokratie aus den Trümmern des Nationalsozialismus entscheidende Gunst der Sieger. Ihre Sicht auf die Möglichkeiten einer demokratischen Zukunft der Westdeutschen brachte Eugen Kogon 1947 denn auch recht drastisch auf den Punkt: »Man kann sie nur töten oder gewinnen.«[4] Mit Blick auf den im östlichen Teil Deutschlands praktizierten staatsdoktrinären Antifaschismus muß man freilich hinzufügen: oder gewinnen lassen – zum Preis neuer Unfreiheit.

Mit der Geschichte gegen die Geschichte: Die Tatsache, daß Aufbau und Abbau des Nationalsozialismus das Werk desselben Gesellschaftsverbandes unter veränderten Verhältnissen waren, erklärt wohl die gemischten Gefühle – von verhaltener Akzeptanz bis hin zur völligen Verweigerung – gegenüber dem neuen politischen System und seinem Herrschaftsanspruch. Aber anders als Walter Benjamins Engel der Geschichte stand man bald mit dem Rücken zur Vergangenheit, und der Sturm wehte auch nicht vom Paradiese, sondern von der Hölle her. Die Schlußstrichideologie und der antitotalitäre Konsens der fünfziger Jahre machten die öffentliche Verurteilung des Nationalsozialismus oft zum bloßen deklamatorischen Akt. Für Hermann Lübbe war dieses »kommunikative Beschweigen« der Vergangenheit sozialpsychologisch und politisch notwendig, um die Nachkriegsbevölkerung in die Bürgerschaft der Bundesrepublik Deutschland zu verwandeln.

Eine derartige Interpretation übersieht allerdings, daß die geschichtsblinde und teilweise restaurative Integration während der »langen fünfziger Jahre« für den einzelnen eher eine lebensgeschichtliche Entlastung denn staatsbürgerliche Aufwertung bedeutete. Sie war zudem nur unter den Bedingungen eines die historische Ausgangssituation zeitweise überlagernden Antikommunismus möglich, also dem äußeren Umstand des Ost-West-Konflikts geschuldet. Die Widersprüche in der Legitimationsstruktur des demokratischen Systems waren damit keineswegs aufgehoben. Im Gegenteil: Die öffentliche moralische Integrität wurde fraglich, ein zynisches Verhältnis zur Macht befördert und die Rolle der nationalsozialistischen Gewaltvergangenheit als negativer Bezugspunkt für den neuen Staatsverband abgeschwächt.

Dies war um so problematischer, als die Tatsache, daß die Demokratisierung nach 1945 von anderen und dazu noch militärisch hatte erkämpft werden müssen, die Verankerung eines demokratischen Bewußtseins in der deutschen Bevölkerung nicht eben erleichterte. Was Friedrich Meinecke damals als Appell an das deutsche Selbstbewußtsein gemeint hatte – »Es ist demütigend genug für uns, daß es erst eines verlorenen Krieges bedurfte, um den Bann der Partei zu brechen« –, konnte auch in ganz anderer Weise wörtlich genommen werden. Und doch ist das in der bundesdeutschen Nachkriegsgeschichte spürbare Unverhältnis zum Gewaltmonopol des demokratischen Verfassungsstaats westlicher Prägung nicht allein als Reflex auf das Dritte Reich zu begreifen, sondern führt darüber hinaus in weiter zurückliegende Tiefenschichten deutschen politischen Selbstverständnisses.

Denn auch der Rückgriff auf die ältere, spezifisch deutsche Rechtsstaatstradition, mit der die Verfassungsväter dem normativen Abgrund des nationalsozialistischen Unrechtsstaats zu entkommen suchten,[5] konnte das Dilemma nicht beseitigen. Vielmehr stellte diese Tradition trotz des ursprünglich liberalkonstitutionellen Gepräges der Rechtsstaatsidee schon seit Mitte des 19. Jahrhunderts politisch wie auch in der akademischen Diskussion lediglich eine notdürftige »autoritäre Ersatzlösung«[6] für den demokratischen Verfassungsstaat dar. Die spätestens seit dem Kaiserreich in der politischen Auseinandersetzung damit einhergehende Verklärung des Staates auf der einen und seine völlige Dämonisierung auf der anderen Seite führten so zu einer dauerhaft zwiespältigen mythologischen Aufladung. Noch die Tatsache, daß in der Bundesrepublik bis in die achtziger Jahre politisch Konservative tendenziell den Staat und seine Zwangsgewalt der demokratischen Grundordnung vorgelagert sahen, während andererseits eine antietatistische Linke die wahre Demokratie außerhalb des parlamentarischen Staates suchte, war Ausdruck dieses »Generalsyndroms staatlicher Demokratieschwäche«[7].

Nun kann man derlei Beobachtungen mit gutem Grund die tatsächliche und fortwährende demokratische Erfolgs- und Stabilitätsgeschichte der Bundesrepublik entgegenhalten und deshalb bezweifeln, daß sich das beschriebene Legitimationsproblem politisch überhaupt niedergeschlagen hat.[8] Aus diesem Blickwinkel wäre dann auch der bundesdeutsche Terrorismus ein Phänomen ohne tiefere gesellschaftliche Wurzeln, das mörderische Wirken einiger Desperados, deren ideologische Motivation von manchen sogar als nur »nachgeschoben«[9] unterstellt wird. Daß es in der Auseinandersetzung mit der RAF indes von Anfang an um mehr als den Kampf von »sechs gegen sechzig Millionen« ging, hat Heinrich Böll, von dem die Formulierung sinngemäß stammt,[10] in der auf seinen Artikel Anfang 1972 folgenden hysterischen Pressekampagne am eigenen Leib erfahren müssen.

Bundeskanzler Willy Brandt war die öffentliche Erregung über die terroristischen Gewalttaten der vergangenen anderthalb Jahre denn auch umgehend Anlaß zur Warnung, daß »die freiheitliche Demokratie, die wir aus den Trümmern von Diktatur und Krieg aufgebaut haben, nicht als schlapper Staat mißverstanden werden«[11] dürfe. Der erst eine Woche zuvor, am 28. Januar 1972, verabschiedete Radikalenerlaß schien als eine solche Demonstration der Stärke offenbar nicht zu genügen, obgleich schon er angesichts der seit September 1950 vorhandenen Regelungen sachlich überflüssig gewesen war. Und die bloße »geistige und charakterliche Deformation«, die Brandts Nachfolger Helmut Schmidt den Terroristen zuschrieb, stand in einem merkwürdigen Mißverhältnis zu seiner während der

Schleyer-Entführung im panzerumstellten Regierungsviertel ausgerufenen politischen Mahnung: »Sie wollen die Funktionstüchtigkeit unseres demokratischen Gemeinwesens unmöglich machen. Sie wollen demokratische Politik schlechthin unmöglich machen.«
Es scheint also, daß die Frage nach dem politischen Gewicht des Terrorismus weder mit der Aussichtslosigkeit seiner revolutionären Ziele noch mit seiner Wirkungslosigkeit bei der Beeinflussung des Wählerwillens hinreichend beantwortet werden kann. Der quantitativen Bedeutungslosigkeit des Terrorismus steht vielmehr eine enorme symbolische Relevanz gegenüber, die tatsächlich die legitimatorischen Grundlagen des Systems berührte. Nicht wenige haben den Terrorismus allein aus der verleumderischen Tätigkeit einer manipulativen Springer-Presse erklären oder aber als einen öffentlichkeitswirksamen politischen Vorwand für den Ausbau eines autoritären Polizeistaates sehen wollen. Es sind nicht nur solche Verschwörungstheorien, die zu kurz greifen, sondern alle an der Oberfläche der reinen Ereignisgeschichte verweilenden Erklärungsversuche. Statt dessen führt das Phänomen selbst und mithin jeder Versuch einer Deutung in den begrifflich diffusen, aber gleichwohl äußerst wirkungsmächtigen Bereich des politischen Bewußtseins, des historischen Traumas, der kollektiven Identität sowie der staatlichen Legitimität.

Es ist hier nicht der Ort, die andauernde Diskussion über Sinn und Unsinn personalisierter Geschichtsschreibung aufzurollen, die stets aufs neue die bekannten methodischen Skrupel entdeckt und begründet. Als Nachgeborenen mag einen die kritische Verwehrung eines derartigen Zugangs durch eine 68er Generation, die selbst ihre Erfahrung oftmals als persönliches Erbteil privatisiert, sogar eher anstacheln. Sicher aber muß eine biographische Vorgehensweise auf den ersten Blick als ein gewisses Wagnis erscheinen, nachdem Boulevardblätter und

RAF-Reports das Phänomen »Rote Armee Fraktion« in reißerischer Absicht in Baaders Lidschatten oder Ulrike Meinhofs Monatsbinden auszumachen suchten. Hier ist beispielsweise an Schlagzeilen wie »Der Terror der lesbischen Frauen« zu erinnern, aber auch an die überbordende Detailflut vieler Reportagen, die in ihrer anekdotenreichen Bedeutungslosigkeit notwendige Erklärungen eher verstellt als befördert haben. Doch selbst im Terrorismus-Reader der Bundeszentrale für politische Bildung aus dem Jahr 1977 haben die »phallischen Frauen«[12] als Erklärungsmodell herhalten müssen. Und was Horst Herold angeht, dominiert das finstere Abziehbild vom mehr oder minder »verrückten« deutschen »Dr. Strangelove« oder »Mabuse«[13], dem menschenverachtenden Großen Bruder, der mit einer hochgerüsteten Polizei dem Staatsschutz zur Allmacht verhelfen und mit seinen BKA-Computern den totalen Staat Orwellscher Prägung errichten wollte.

Ich möchte daher betonen, daß der hier bemühte biographische Ansatz keineswegs einen interpretatorischen Vorgriff darstellt oder gar einen individualpsychologischen Deutungshorizont nahelegt. Er ist vielmehr als literarische Organisationsform, als vermittelnde Technik zu betrachten, die über die konkrete lebensgeschichtliche Anbindung die ansonsten unzulänglich abstrakte größere historische Einbettung anstrebt. Ausgehend von den beiden wichtigsten Protagonisten im Kampf Staat versus RAF, geht es also immer auch um die dem Konflikt zugrunde liegenden allgemeinen Manifestationen der historischen Wirklichkeit und des kollektiven Bewußtseins. Dabei wäre es jedoch gänzlich verfehlt, den Positionen Herolds und Baaders den Charakter jeweils exemplarischer, gleichsam repräsentativer Biographien zumessen zu wollen. Im Gegenteil: Gerade in der kritischen Rekonstruktion ihrer tatsächlichen Lebensläufe und Einstellungen und deren Spiegelung gegen die allgemeine historische Erfahrung ihrer Generationen erweisen sich viele der ihnen stellvertretend zugeschriebenen

Etikettierungen als gesellschaftliche Projektionen, mithin als Teil des Mythos selbst. Damit freilich erhält der Versuch einer doppelbiographischen Annäherung jenseits des literarischen Verfahrens schließlich noch ein geradezu notwendiges historiographisches Moment.

2. Der Gefangene

Es ist nicht unbedingt ein Traumhaus, doch ansehnlich und geräumig ist der Bungalow schon. Innen hat man alles großzügig mit hellem Marmorboden ausgelegt, der die Biedermeier- und Barockmöbel gut zur Geltung kommen läßt; vor der großen Bücherwand im Wohnzimmer steht eine einladende Sitzgruppe, von der aus der Blick durch die bodentief verglasten Fenstertüren über Terrasse und Garten schweifen kann. Und trotzdem: Hier will keiner leben, es kommt wenig Besuch, und das Haus ist unverkäuflich.

Denn Dr. Horst Herold, einst ebenso umstrittener wie brillanter Karrierejurist und Kriminalist, von 1971 bis 1981 Präsident des Bundeskriminalamts, wohnt seit seiner vorzeitigen Pensionierung in einem Fertighaus auf dem Gelände einer Kaserne. Herold und seine Frau sind hier nicht wirklich freiwillig hergezogen. Als der erfolgreichste Terroristenjäger der Bundesrepublik im März 1981 nach andauernden Konflikten mit seinem Dienstherrn, dem liberalen Innenminister Gerhard Baum, und einem Kreislaufkollaps seinen Abschied nahm, mußte er auch seine Dienstwohnung auf dem Dach der Betonburg des BKA am Wiesbadener Neroberg räumen. »Mein Stammheim« hatte Herold diesen scharf bewachten Hochsicherheitstrakt mit Panzerglasscheiben und stets dicht geschlossenen Vorhängen manchmal genannt. Aber der Staat, der ihn zuvor als »genialen Beamten« und »Ausnahmepolizisten« gefeiert hatte, wollte sich um den weiteren Verbleib des Mannes, der immer noch zu den »meistgefährdeten Personen« der Republik gehörte, nicht kümmern. Nur Staatssekretär Fröhlich im Innenministerium hatte schließlich ein Erbarmen mit Herold und

verhalf ihm mit einer kniffligen rechtlichen Konstruktion zum Kauf seiner jetzigen Unterkunft.
Doch auch nach dem erklärten Ende der RAF bleibt Herold in seiner Kaserne. Das Versteck hat ihn viel Geld gekostet, und so kehrt er immer wieder in sein Gehäuse zurück, während die meisten von denen, die er einst hinter Gitter brachte, längst wieder in Freiheit sind. Zeitweilig will er sogar glauben, daß die Anonymität, die er so viele Jahre vermissen mußte, die ihm gemäße Lebensweise sei.
Trotzdem hat Herold manchmal »die Stunde verflucht«, in der er zur Polizei gegangen ist. Denn der auch politisch höchst eigensinnige und kritische Terroristenjäger hat sich in seiner unbedingten Verpflichtung zu einem Staat, der ihm selbst »von Grund auf reformbedürftig« schien, oft »fürchterlich zerrissen gefühlt«. »Das Dilemma der RAF«, sagt Herold heute, »hat mir die eigene Entscheidung wesentlich erleichtert.« Denn außer ihrem Empfinden für die »himmelschreiende Ungerechtigkeit in der Welt« habe sie doch kein konkretes Zukunftsmodell für ihre Umsturzpläne präsentieren können. Unweigerlich sei sie dadurch in einen schweren Konflikt geraten – nämlich »einerseits die blutigsten Gewalttaten zu begehen im Namen eines höheren Rechts, andererseits aber dieses Recht nicht vorzeigen zu können«. Damals, Ende der sechziger Jahre, vermutete auch er eine grundlegende Veränderung der Verhältnisse, glaubte jedenfalls – nicht ohne eine gewisse Sympathie – an deren unblutige Möglichkeit.
Und doch fühlt er, der pflichttreue Beamte strengster Observanz, sich verleumdet, wenn ihm etwa zu Andreas Baader mitunter eine »intensive Haßliebe«[14] nachgesagt wird. Immer wieder sieht er sich genötigt, Zitate und Äußerungen zurechtzurücken. Manchmal meint Herold, Schweigen sei das einzig probate Mittel gegen Mißverständnisse. Seit er in der Pressekampagne, die seinem Abschied vom BKA voranging, aufgrund seiner computerisierten Fahndungsmethoden als Schreckge-

spenst des Überwachungsstaats gebrandmarkt wurde, ist der zeitweilige »Buhmann der Nation«[15] empfindlich geworden. Auf der Suche nach Gründen für das, was er als Scheitern begreift, ist Herold auch mit sich selbst ins Gericht gegangen: Seine manchmal überschäumende Art und die unbedachte Schaffung von Reizbegriffen hat ihm, so glaubt er, geschadet. Die Rechten schreckte er mit »Enthierarchisierung« und »herrschaftsfreiem Selbstlauf«, den Linken gerieten »Rasterfahndung« und »Erkenntnisprivileg der Polizei« zum Alptraum. Vielleicht war Herold aber auch nur zur falschen Zeit am falschen Ort, vielleicht mußte in einer Zeit, in der Computer und Mikrochips noch nicht in Kinderhänden waren, sondern nur als haushohe Monster in abgeschotteten Rechenzentren standen, das Reden von negativem Datenabgleich und Vernetzung zwangsläufig Aggressionen wecken. Die technische Ahnungslosigkeit und die entsetzliche Angst, die mancher Besucher angesichts der BKA-Computer gezeigt habe, erinnert sich Herold, sei ihm manchmal »wie das Unverständnis von Hunden und Katzen in Bibliotheken« erschienen. Er sagt das ohne Arroganz, denn es ist dem »Sozialromantiker auf dem Thron des BKA«[16] bis heute verzweifelt ernst mit dem, was er schon damals gern durchblicken ließ: daß die von ihm entwikkelten Computermodelle universalen Charakter haben und nicht allein der Kriminalitätsbekämpfung, sondern darüber hinaus der Wissenserweiterung auf allen sozialen Feldern dienen können: »Kybernetik, Informatik und Nachrichtentheorie«, so Herold 1984 im Bayerischen Rundfunk, »betrachten die Information nur als Signal, Zeichen, Nachricht, mithin als Symbol ... Mit der Verobjektivierung in Programmen von Computern treten Informationen dem Menschen jedoch als Materie gegenüber und nehmen den Rang eines natürlichen, das Sein umgestaltenden Rohstoffes ein. Informationen, die einmal gespeichert sind, können weiterverarbeitet, modifiziert und abgerufen werden. Sie können selbst Vorgänge und andere Informationen aktivieren, starten, stoppen, kontrollieren, steuern, melden und analysieren … Das Ergebnis dieser ›Informatisierung‹ wird eine grundlegende Veränderung der Funktion von Arbeit, die Umstrukturierung der Gesellschaft, von Staatsmacht und Verwaltung sowie eine Neudefinition des Verhältnisses von Staat und Bürger sein.« Vielleicht würde man ihn auch heute nicht verstehen.

»Die Polizei war nur mein Erprobungsfeld«, erklärt Herold, der sich seit seiner Pensionierung mit polizeilichen Dingen kaum mehr befaßt. Statt dessen beschäftigt er sich in seiner nahezu klösterlichen Abgeschiedenheit mit der Frage der allgemeinen Anwendbarkeit seiner gleichermaßen von Karl Marx wie der Kybernetik inspirierten Modellkonstruktionen: vom Krebsregister über die Wirtschaftsstatistik bis zum sozialen Wohnungsbau. Soziale Gerechtigkeit im Zeitalter der Informationstechnologie ist immer sein Thema und ihre Erreichung stets sein Ziel gewesen. »In der Arbeitswelt kann es nicht so weitergehen, daß die Intelligenzausstattung von Maschinen, sprich Robotisierung, dazu führt, daß die Masse des Volkes draußen vor den Fabrikhallen steht, sich die Nase an den Scheiben platt drückt und das Netzwerk der Robotisierung im Alleineigentum der Produzenten bleibt.«[17] Herold hat dies schon vor vierzehn Jahren in einem Interview gesagt. Und in diesem Punkt würden ihn heute einige verstehen.

Die anhaltende Massenarbeitslosigkeit ist indes nur der gröbste Strukturdefekt, der ihn vom »Zwang zum utopischen Denken über neue Formen von Gesellschaft« sprechen läßt: »Die Computertechnologie hat einen neuen Kulturabschnitt eingeleitet, und sie wird die Spannungen, die Karl Marx unter den wesentlich reduzierteren Bedingungen seiner Zeit für die noch kleine Welt beschrieben hat, durch die Vernichtung der Erwerbsarbeit globalisieren und erheblich verschärfen, während die Politik hilflos ist.« In der Monopolisierung von Softwarestandards und Wissenschaftsdatenbanken sieht Herold

zum Beispiel die Gefahr eines »neuen Kolonialismus durch ein kalkuliertes System von Wissensvorenthaltungen«. Das Internet ist für ihn ein einziger Jahrmarkt, es birgt keine neue Freiheit, sondern allenfalls deren krude Illusion. Vielmehr erscheinen Herold, für den der Begriff der Entfremdung schon immer die Enteignung von Wissen enthalten hat, geordnete Strategien der ökonomischen Teilhabe aller an den weltweiten Informationsströmen notwendig. »Modelle der Enthierarchisierung und der herrschaftsfreien Gewinnung von Erkenntnissen sind doch nach dem heutigen Stand der Technik möglich«, ist Herold überzeugt und begreift diese Auffassung weiterhin als sein »sehr subjektives, fast glaubensmäßig gemeintes Prinzip Hoffnung«. Der unbestrittene Erfolg seines sogenannten Nürnberger Modells in der Kriminalitätsbekämpfung gilt ihm als andauernder Beweis für die Richtigkeit seiner These, daß Technik domestiziert und zum Nutzen der Gesellschaft eingesetzt werden kann. Ihn empört, daß mit dem Zusammenbruch des Kommunismus auch der dialektische Materialismus, der für Herold wahre Teil des Marxismus, kurzerhand für überholt erklärt wurde: »Mit der Abschaffung von Lehrstühlen und der Schließung von Forschungsinstituten wurde ein großer Teil abendländischer Geistigkeit hinweggefegt. Der Vorgang erinnert an eine erneute Bücherverbrennung.«
»Mit der globalen Entfesselung des Kapitalismus, die wir jetzt erleben«, sagt Herold bitter, »ist es ja noch viel schlimmer gekommen, als ich je befürchtet habe.« Der Terrorismus der siebziger Jahre, da ist sich der Dialektiker sicher, war nichts anderes als eine objektive Antizipation, eine frühe Warnung vor dieser heutigen Entwicklung. Und so steht er, der erst gefeiert, dann geschmäht und schließlich einsam wurde, als Utopist im Gewande des Beamten vor einer höchst zwiespältigen Bilanz: Die Auswüchse terroristischer Gewalt in Deutschland hat er wie kein zweiter erfolgreich und mit Überzeugung bekämpft; aber der Umbau von Staat und Gesellschaft, der ihm noch viel

mehr am Herzen lag, ist ausgeblieben. Manchmal wundert sich Herold schon, daß es derzeit keinen Terrorismus gibt. Folgt man seinen Kategorien, muß das wohl heißen, daß es in absehbarer Zeit zumindest nicht noch schlimmer kommt. Doch für Horst Herold ist es heute ohnehin schon schlimm genug.

3. Wie alles anfing

Daß der Krieg zu Ende sei, hat Horst Herold erst kaum glauben können. Seit langem hatte er sich nach nichts anderem mehr gesehnt, doch nun, da es endlich soweit war, schien alles seltsam unwirklich. Als kurz nach dem 8. Mai 1945 sein Kübelwagen bei Reichenberg in Nordböhmen von tschechischen Aufständischen angehalten wurde, die ihm von der Kapitulation des Deutschen Reichs berichteten, wies er die Nachricht barsch zurück. Die Tschechen wußten es freilich besser, schossen aber nicht, sondern schwenkten nur lachend ihre roten Fahnen und ließen ihn weiterfahren.

Herold befand sich mit zwei Begleitern auf dem Weg nach Prag, den Resten seiner Division folgend, die er eben noch als Verladeoffizier von Cottbus aus expediert hatte, um den tschechischen Aufstand niederzuschlagen. Der letzte Transport, auf den sie aufgestiegen waren, war aber schon nahe Zittau von russischen Kampffliegern zerbombt worden, nur den Wagen hatten sie gerade noch herunterziehen können. Doch die restlos Übermüdeten kamen nicht mehr weit. Schon wenige Kilometer hinter Reichenberg ging ihnen das Benzin aus, liefen sie zu Fuß weiter, bis sie in einem Waldstück erneut von Tschechen gestoppt und entwaffnet wurden. Erst als nach einiger Zeit eine schier endlose Kolonne deutscher Landser am Horizont auftauchte, konnte Herold sicher sein: Es war vorbei. Prag erreichte er nun als deutscher Kriegsgefangener.

Im Sommer 1945 ist Horst Herold 21 Jahre alt. Bei 1,75 Meter Körpergröße wiegt er nur noch 46 Kilogramm. Am 1. Oktober 1941 noch mit 17 Jahren eingezogen, ist der junge Leutnant der Panzertruppen fast vier Jahre Soldat gewesen. Durch eine

schwere Lungenverletzung, die er im Juni 1942 nur mit viel Glück überlebt, und drei weitere Verwundungen bleibt er dauerhaft versehrt. Doch der Krieg hat ihn nicht nur körperlich beschädigt. Die deprimierende Kriegserfahrung und das Gefühl, einer Generation anzugehören, die unter Einsatz ihres Lebens bis zur völligen Sinnlosigkeit an einem fehlgeleiteten Patriotismus und Pflichtbewußtsein gehangen hat, belasten Herold bis heute. Sein Urteil über sich und seine Altersgenossen ist vernichtend: »Wir sind in unserem gläubigen, vielfach mißbrauchten Vertrauen aktiver Teil des ungeheuren Verbrechens eines Angriffskrieges gewesen, ohne dies in unserer Verführung von Anfang an so gesehen zu haben. Wir haben fremde Völker überfallen, ihnen furchtbares Leid zugefügt und damit gegen alle völkerrechtlichen Normen verstoßen; wir haben unseren Kindern kein Vorbild sein können.« Gleichwohl wehrt er sich dagegen, seine Soldatengeneration insgesamt auszugrenzen und zu kriminalisieren. Er und seine Kameraden hätten sich im Krieg nie unehrenhaft verhalten, und Wehrmachtsverbrechen der Art, wie sie neuerdings wieder aufgedeckt und diskutiert würden, habe er selbst nie erlebt.
Jemand, der zwanzig Jahre später gegen diese Generation und ihre verhängnisvolle Geschichte antreten und mit Herold schicksalhaft zusammenprallen wird, ist Andreas Baader. Zwei Tage vor der endgültigen Kapitulation des Deutschen Reiches, am 6. Mai, ist er in München gerade zwei Jahre alt geworden. Auch sein Vater ist im Krieg, aber er wird ihn nicht kennenlernen. Berndt Baader bleibt seit 1945 vermißt und dem Sohn ein fremder Schatten. Über Herold hingegen möchte Andreas Baader später alles erfahren und alles lesen, was er in die Hände kriegen kann.

Am 21. Oktober 1923 wird Horst Herold in Sonneberg am Südostzipfel des Thüringer Waldes geboren. Er bleibt das einzige Kind. Die Eltern gehören zu den Honoratioren des wohlhabenden kleinen Städtchens, das für seine Spielzeugindustrie berühmt ist, und die große Puppenfabrik, die der Vater mit den Schwiegereltern führt, ermöglicht eine materiell unbeschwerte Kindheit.

Während die Mutter bei aller herkömmlichen Bürgerlichkeit gütig und resolut, schnell in Wort und Tat ist, besticht Vater Herold, der das Bankfach gelernt hat, durch seine abwägende, eher bedächtige Art und Friedfertigkeit. Den Langmut kann der Lehrerssohn aus dem thüringischen Pößneck gut gebrauchen, denn er ist, wie Hitler, 1889 geboren – ein fataler Jahrgang: Schon vor dem Ersten Weltkrieg Reserveoffizier, wird er insgesamt zwölf Jahre seines Lebens in Krieg und Gefangenschaft verbringen.

Als Horst Herold sechs Jahre alt wird, ist es mit dem Kinderglück schlagartig vorbei. Die Auswirkungen der Weltwirtschafts- und Bankenkrise führen – während der kostspieligen Einrichtung eines zusätzlichen Fabrikationsstandortes in Bayern – zum Zusammenbruch der Firma; aus sehr vermögenden Leuten werden plötzlich mittellose. Die Familie flieht eilends aus Sonneberg und kommt eine Zeitlang bei den Großeltern in Pößneck unter. Schließlich aber erhält der Vater durch einen ehemaligen Schulkameraden die Möglichkeit, die Außenvertretung von dessen Pößnecker Verlag in Nürnberg zu übernehmen. Dort beziehen die Herolds Ende 1931 eine winzige Mansardenwohnung am äußersten Stadtrand. Es ist eine isolierte Gegend: Nur vier Häuser stehen gegen ein ausgedehntes Brachland.

Die Verbissenheit, mit der der Vater um die Rückkehr zu einer gesicherten Existenz kämpft, läßt das Kind das Gefühl sozialer Deklassierung, das die Eltern bedrückt, durchaus erkennen. Im Unterschied zur Mutter aber, die angestrengt eine bürgerliche Fassade zu wahren sucht, kommt er mit dem jähen Absturz der Familie gut zurecht. Mehr noch: Während der Vater meist fort ist und die Mutter sich vor Scham verschanzt, tun sich dem Sohn in der Umgebung ganz eigene Welten auf. Allein der Blick aus seiner Dachluke bietet eine merkwürdig spannungsreiche Szenerie. Gegenüber nämlich befindet sich inmitten der Brache ein Eislauf- und Tennisclub, bei dem weißgekleidete, elegante Menschen vorfahren, die manchmal auch bis in die Nacht rauschende Feste mit Charleston und Schmuseblues feiern. Gleich daneben aber beginnt das Gelände eines riesigen Lagers aus trostlosen Baracken und Holzbuden, letzte Zuflucht von Arbeitslosen und Obdachlosen, Entwurzelten und Entrechteten. Die Proteste der Mutter nützen nichts: Hier findet Horst Herold seine Spielkameraden und Freunde, hier fühlt er sich wohl. Noch heute denkt Herold an die »wundervollen Menschen«, denen er damals begegnet ist. Inmitten des Elends trifft er auf Klugheit, Mut, Anstand und Würde.

Herold liebt Vater und Mutter sehr, und doch bietet die labile häusliche Situation dem Einzelkind keinen festen Halt. Anders als den Eltern verblaßt ihm die Erinnerung an bessere Zeiten rasch, und man kann sich vorstellen, wie dem kleinen Jungen die bürgerliche Fasson nicht immer einsichtig und die Korrektheit der Mutter manchmal lästig ist. Um so mehr beeindrucken ihn die lebendige Unmittelbarkeit und der Zusammenhalt der Barackenkinder, die ihn unbefangen in ihre Gemeinschaft aufnehmen. Er läßt sich gerne auf sie ein.

Im Lager sind alle gläubige Kommunisten, man grüßt mit »Heil Moskau!« und liest die ›Rote Fahne‹. Die spannenden Zeitschriften, die von der siegreichen Roten Armee erzählen, erwecken auch das Interesse des jungen Herold. So ist er häufiger Gast bei den Jungen Pionieren, die neben dem Roten Frontkämpferbund die Szene beherrschen.

Herolds Eintauchen in die Barackenwelt ist ein wunderbares, tiefes Gemeinschaftserlebnis und zugleich ein wildes, aber heimliches Abenteuer, von dem er den Eltern kaum erzählt. Zwar tadelt ihn der Vater nur milde, wenn er zu Hause in das breite Fränkisch der Lagerkinder fällt. Doch instinktiv behält der Junge die auch seine familiäre Bindung schwer erschütternden Eindrücke für sich. Während die heikle heimische Identitätssicherung ausschließlich nach innen gerichtet ist, schafft er sich gleichsam außen einen ureigenen, geschützten Raum. So verdichten sich die kindlichen Erlebnisse und Beobachtungen machtvoll zu einem vorpubertären Prozeß der Selbstentdeckung und werden zu einer nachhaltig verstörenden wie prägenden Erfahrung.

Von politischem Bewußtsein kann in Herolds Alter natürlich keine Rede sein. Aber die parteiliche Zersplitterung und ungeheure Polarisierung am Ende der Weimarer Republik, die sich angesichts eines von Präsidialverordnungen entmündigten Parlaments zunehmend auf die Straße verlagern, bleibt damals keinem halbwegs wachen Kind verborgen. In Nürnberg herrscht, mehr noch als anderswo, immer wieder eine aufgeheizte Atmosphäre, prägen Aufmärsche und oft gewalttätige Konfrontationen der verschiedenen politischen Kampfverbände das Bild. Obwohl die Arbeiterstadt schon seit dem Kaiserreich eine »rote Hochburg« ist und unter dem liberalen Oberbürgermeister Luppe ein republikanischer Geist die Stadtverwaltung dominiert, weisen die Unterlagen des NS-Reichsschatzmeisters das fränkische Umland unter Gauleiter Julius Streicher bereits zur Weimarer Zeit als »das nationalsozialistische Zentrum im Reich«[18] aus.

Geradezu gewissenhaft trägt der neugierige Horst Herold alle Flugblätter und Parteischriften zusammen, deren er habhaft werden kann; sie bilden den Grundstock einer bis 1981 konsequent fortgeführten gewaltigen Sammlung, die beim Umzug in die Kaserne allerdings verlorenging. Was sich ihm damals mitteilt, sind freilich bloß ein diffuses Bewußtsein von der großen Bedeutung sozialer Fragen und eine Menge wirrer Bilder. So etwa das vom Großvater, der hoch oben auf der Pößnecker Rathaustreppe unverdrossen seinen Chor dirigiert und Adventslieder singt, derweil sich auf dem weihnachtlich geschmückten

Die »Ästhetisierung der Politik« durch den Nationalsozialismus hatte Walter Benjamin als einen Zustand bezeichnet, in dem die Menschheit ihre eigene Vernichtung als ästhetischen Genuß erlebt. Albert Speers Licht- und Fahnenarchitektur schuf dafür die Kulisse: Lustvoll erlebte das Individuum hier seine Selbstaufgabe. Das Photo zeigt den Reichsparteitag der NSDAP 1937 in Nürnberg.

Marktplatz zu seinen Füßen Reichsbanner, SA und Roter Frontkämpferbund wüste Schlägereien liefern.

Etwas seltsam ist es daher für den neun Jahre alten Jungen schon, als nach der Machtübernahme Hitlers ein Großteil der bis dahin kommunistisch organisierten Barackenbewohner in die SA eintritt. Doch wirklich erkennbar sind ihm die Unterschiede ohnehin nicht, zumal ihm selbst das tolle Treiben im Jungvolk mit seinen Liedern, Fahrten und Geländespielen anfangs nahezu dasselbe zu sein scheint wie vorher bei den Jungen Pionieren. Das ist freilich keine ungewöhnliche Erfahrung, denn gemäß Hitlers Grundsatz der »gleitenden Revolution«[19] trat bis zur zweiten Hälfte der dreißiger Jahre tatsächlich die ideologische und militaristische Indoktrination der Kinder noch weit hinter dem wohlweislich übernommenen nationalromantischen Erbe der deutschen Jugendbewegung zurück.[20] Zur Hitlerjugend aber kommt Herold nie. Und schließlich muß er auch verwundert beobachten, daß, »wie von einem Zauberstab berührt«, das Elendslager gegenüber innerhalb von zwei Jahren verschwindet, die meisten Bewohner in Lohn und Brot kommen.

Die nationale Begeisterungswelle, die zu Beginn des Dritten Reichs die deutsche Bevölkerung erfaßt, ist auch im ehedem roten Nürnberg nicht zu übersehen. Beim »Parteitag des Sieges« Anfang September 1933 im Luitpoldhain am südlichen Stadtrand bricht sie sich erstmals lauthals Bahn. In seiner Eröffnungsrede verkündet Hitler: »Ich habe beschlossen zu bestimmen, daß unsere Parteitage jetzt und für immer in dieser Stadt stattfinden.« Allerdings hält die NS-Führung das eilends zusammengezimmerte Provisorium der Tribünen für die Inszenierung des künftig höchsten Propagandafestes im nationalsozialistischen Feierjahr keineswegs für angemessen, so daß Hitler im folgenden Jahr Albert Speer mit der architektonischen Ausgestaltung des Reichsparteitagsgeländes beauftragen wird.[21]

Doch für den kleinen Horst Herold, der hier allein herumstrolcht – das Gelände liegt unweit der elterlichen Wohnung –, sind gerade diese erste Zusammenkunft und die Begeisterung der Massen neu und eindrucksvoll. Die am Ufer des Dutzendteichs versammelte Menge singt, von einem stürmischen Glücksgefühl vereint, im Schein der Fackeln und Feuerwerke vaterländische Lieder und liegt sich wie im Rausch in den Armen. Ein SA-Mann hebt Herold hoch und krächzt mit tränenheiserer Stimme: »Junge, denke immer daran, ein Danziger, ein Danziger hat dich hier auf die Schultern genommen!«

Auch wenn die hysterische Anfangsbegeisterung vieler Deutscher in den folgenden Jahren durchaus erlahmt – abseits vom jährlichen Reichsparteitag mit seinen effektvollen Lichtdomen und organisierten Menschenaufläufen zeigt sich in Nürnberg immer wieder spontane Massenbegeisterung. So etwa, als nach dem Anschluß Österreichs im März 1938 Abordnungen des österreichischen Bundesheers kompanieweise nach Nürnberg gebracht werden und im Stechschritt durch die menschengesäumten Straßen ziehen. Die Soldaten wurden umarmt, es gab Blumen über Blumen, und der Hauptmann, der auf seinem Pferd vorausritt, kam kaum voran, so sehr bedrängte ihn das entfesselte Publikum, das ihm unablässig um den Hals fallen wollte.

Auch Herold gehört zur »gläubigen Jugend«, die mit dem Führer Hitler den Kampf gegen die Politik der »Alten« aufnehmen will. Doch die Vorstellung von Hitler als dem gottgesandten Heiland und ihr gewünschter suggestiver Gehalt bleibt ihm weitgehend unverständlich. Jesus, Messias: derlei Vokabeln sind dem kirchenfern aufgezogenen Jungen, der nie den Religionsunterricht besucht hat – der Vater ist in dieser Hinsicht Freigeist –, auch in ihrer pervertierten völkischen Wendung fremd. Und die Verwüstungen in der Nürnberger Innenstadt nach der Pogromnacht des 9. November 1938 erwecken in ihm »ein unbeschreibliches Grauen«. Es bleibt freilich ein teilnahmsloser oder zumindest nebulöser Schrecken, denn Herold kennt keinen einzigen Juden. Weder in seiner Klasse noch in der abgeschiedenen Gegend, in der er wohnt, gibt es welche. Die allgemeine Judenfeindlichkeit ist ihm wegen der Nürnberger Rassengesetze und der allgegenwärtigen Schmähungen und Phrasen gleichwohl bewußt, und tatsächlich sorgte der Gauleiter von Mittelfranken und Herausgeber des ›Stürmer‹, Julius Streicher, in seinem wahnwitzigen Antisemitismus damals persönlich dafür, daß in Nürnberg die Übergriffe gegen die wirtschaftlich bedeutende jüdische Gemeinde schon

Beim Reichsparteitag im September 1938 konnten die Nationalsozialisten den Anschluß Österreichs und den Einmarsch in die »Resttschechei« feiern. Der damals knapp fünfzehnjährige Horst Herold erfuhr politische Inszenierungen wie diese als zugleich rauschhaft und befremdend.

gleich nach der nationalsozialistischen Machtübernahme massiver waren als in anderen Städten. Auch unter den offiziell 91 Toten der »Reichskristallnacht« in Deutschland waren fast ein Drittel Nürnberger Opfer.[22] Mit seinem Freund und Vorgesetzten, dem Nürnberger Oberstaatsanwalt Hans Sachs, wird Herold Anfang der fünfziger Jahre Materialien zu diesem Pogrom sammeln.

Zwei Wochen nach der Aufnahme ins Gymnasium, das sich im historischen Gemäuer des Nürnberger Bauhofs befindet, wird Herolds Schule im Herbst 1933 geschlossen und der Lehrkörper verhaftet. Die eigenen Abiturienten hatten den Schulleiter angezeigt, nachdem er öffentlich gewarnt hatte: »Die deutsche Jugend glaubt einen Führer gefunden zu haben, aber es wird wohl ein Verführer sein.« Nach dem Krieg wird der Direktor dann der Beauftragte für das Höhere Schulwesen in Bayern, während Herold zwei der entlassenen Lehrer bereits in der Wehrmacht als Offiziere wiedertrifft. Damals freilich hat er sich, wie die anderen Sextaner auch, vornehmlich darüber gefreut, daß es nun schulfrei gab. Aber die Verlagerung der Schule in die Nähe des Justizpalastes und der Austausch des Lehrpersonals bedeuten eine auffällige Zäsur. Vom oberen Stockwerk aus können die Kinder nun direkt in den Hof des angrenzenden Gefängnisses sehen, in dem die Sträflinge ihre Runden drehen müssen. Es ist jene Haftanstalt, in deren Turnhalle fast dreizehn Jahre später in den frühen Morgenstunden des 16. Oktober 1946 zehn der im Nürnberger Hauptkriegsverbrecherprozeß verurteilten Angeklagten, darunter auch Julius Streicher, durch den Strang hingerichtet werden. Wiederum sieben Jahre später wird der promovierte Jurist Horst Herold als Untersuchungs- und Haftrichter genau an diesen Ort zurückkehren.
Herold ist als Kind nicht ohne sportlichen Ehrgeiz, so daß ihm die nun dauernd stattfindenden Wettkämpfe, die auch noch mit

schulfreien Tagen einhergehen, anfangs großen Spaß machen. Der schmächtige Hitler will eine »athletische Jugend«. Das ist für ihn »das Erste und Wichtigste. So merze ich die Tausende von Jahren der menschlichen Domestikation aus.«[23] Aber Herold ist kein dummer Junge; der betonte Antiintellektualismus der nationalsozialistischen Ideologie – Joachim Fest hat sie »politisch organisierte Geistesverachtung«[24] genannt –, die Gleichwertigkeit von sportlichen und geistigen Fächern, von Faustkampf und Mathematik, erscheint ihm geradezu lächerlich. Schon in ›Mein Kampf‹ hatte Hitler seine erzieherischen Prioritäten in folgender Reihenfolge aufgestellt: »Heranzüchtung kerngesunder Körper, Entwicklung des Charakters, Förderung der Willens- und Entschlußkraft, Erziehung zur Verantwortungsfreudigkeit und als letztes die wissenschaftliche Schulung.«[25]

Das verwirrendste Schulerlebnis ist für Herold allerdings die Freundschaft mit dem Schulkameraden Hermann Sulzbeck, dessen Vater unter dem SS-Obergruppenführer, Nürnberger Gestapochef und Polizeipräsidenten Benno Martin als Polizeiinspektor arbeitet. Martin, ein äußerst ambitionierter »Ehren-Märzgefallener«[26] und eine ebenso schillernde wie beherrschende Figur in der Stadt, hatte bereits 1927 und 1929 die Parteitage der NSDAP im Nürnberger Luitpoldhain gegen den vehementen Protest der liberalen Regierung Luppe mit ermöglicht und so nach eigenem Bekunden »heimlich ... für das Wachsen der Bewegung wertvolle Dienste geleistet«[27]. Während der Nazizeit finden unter seiner Ägide die Deportation von fast 5000 fränkischen Juden statt sowie aufgrund des sogenannten Kommissarbefehls die massenhafte Aussonderung sowjetischer Offiziere im Kriegsgefangenenlager Hammelburg zur anschließenden Exekution.[28]

Im Haus von Martins Adlatus aber werden zum Erstaunen des jungen Herold die lästerlichsten Reden gegen das Regime geschwungen, scheint eine geradezu fanatische Antihaltung die

Familie zu bestimmen, den Schulfreund eingeschlossen. Viele Jahre später wird Herold 1953 als zuarbeitender Staatsanwalt an der Anklage gegen Benno Martin wegen der Judendeportation beteiligt sein. Und wiederum vierzehn Jahre danach wird er dann mit der Ernennung zum Polizeipräsidenten von Nürnberg quasi Martins Nachfolger.

Auch in Herolds Elternhaus ist nicht alles eindeutig. Die Mutter ist phasenweise beeindruckt vom anfänglichen Elan der Bewegung, der Vater, ein skeptisches, politisch ungebundenes Gemüt, allenfalls deutschnational. Außerdem verbindet ihn eine alte Bekanntschaft mit dem nationalbolschewistischen Widerständler Ernst Niekisch, der 1939 wegen Hochverrats zu lebenslangem Zuchthaus verurteilt wird. Als Zellennachbar Erich Honeckers in Brandenburg einsitzend, befreit die Rote Armee Ende April 1945 den teilweise gelähmten und fast erblindeten Niekisch. Vater Herold ist mit dem ehemaligen Vorsitzenden des bayerischen Arbeiter-, Bauern- und Soldatenrats, der als Nachfolger des ermordeten sozialdemokratischen Ministerpräsidenten kurzzeitig »das Vermächtnis Eisners«[29] zu erfüllen suchte, vermutlich im Januar 1920 in München in Kontakt gekommen. Dorthin war er nach einigen Jahren in den Kreidehöhlen der Champagne als einer der letzten Deutschen überhaupt aus französischer Kriegsgefangenschaft entlassen worden.

Horst Herold erscheint es angesichts der geistigen Unabhängigkeit seines Vaters zweifelhaft, daß dieser ein ernsthafter Parteigänger Niekischs gewesen sein könnte. Immerhin liest der Vater Niekischs nationalrevolutionäre, doch entschieden antifaschistische Zeitschrift ›Widerstand‹ bis zum Verbot im Dezember 1934 ebenso wie dessen warnendes Buch ›Hitler – ein deutsches Verhängnis‹ von 1932. Noch Mitte der dreißiger Jahre bemüht er sich sogar, dem Publizisten mit seinen Verlagsverbindungen zu helfen, und nicht zuletzt in diesem Zusammenhang besucht Ernst Niekisch die Familie Herold vor

seiner Verhaftung im Jahre 1937 noch einige Male in Nürnberg. An zwei Begegnungen kann sich Horst Herold, der nach dem Zweiten Weltkrieg zu einem gedanklichen Anhänger Niekischs wird, noch heute eindringlich erinnern. Damals aber werden die widersprüchlichen Eindrücke durch den raschen beruflichen Erfolg des Vaters verwischt, der sich schon im Sommer 1938 wieder ein eigenes Haus leisten kann. Viel hat er freilich nicht davon, denn bereits zehn Tage nach der Einweihung wird er zum Militärdienst eingezogen, um Mobilmachungsordres zu verteilen. Die Kriegsvorbereitungen sind in vollem Gange.
Horst Herold ist noch eine kurze Atempause vergönnt. Die Nachricht vom deutschen Einmarsch in Polen am 1. September 1939 hört er nur im Radio. Doch mit dem Überfall auf die Sowjetunion Mitte Juni 1941 beginnt das zweite Kapitel seiner Kindheit und Jugend im Dritten Reich: Nach dem Notabitur kommt er noch mit 17 Jahren am 1. August 1941 als Rekrut zur Panzer-Ersatz-Abteilung 33 nach St. Pölten bei Wien und im Februar darauf etwa 300 Kilometer südlich von Moskau, am Frontbogen zwischen Orel und Kursk, zum ersten Kampfeinsatz.

Auch der Vater von Andreas Baader ist zu dieser Zeit irgendwo an der Ostfront. Seit 1945 verschollen, wird man nie erfahren, was genau er als Soldat getan und erlebt hat. Doch der Alltag des Krieges im Osten in seiner blutigen Mischung aus Grauen, Gehorsam und Kameradschaft ist überall nahezu derselbe. Berndt Philipp Baader erlebt ihn von Anfang an mit, schon im September 1939 wird er für den Überfall auf Polen eingezogen. Am 8. August 1913 in Hamburg geboren,[30] hat er in den dreißiger Jahren Geschichte und Kunstgeschichte in Würzburg und München studiert. Dort ist Karl Alexander von Müller, der Herausgeber der ›Historischen Zeitschrift‹ und frühe Förderer junger Nationalsozialisten, die beherrschende

Figur unter den Historikern. Zwar ist in der Geschichtswissenschaft während des Dritten Reichs eine genuine NS-Historiographie, wie sie etwa Walter Frank an seinem Reichsinstitut für die Geschichte des Neuen Deutschlands betreibt, keineswegs dominierend. Doch gerade an der Universität München werden nun verstärkt Vorlesungen und Seminare zu Volkspolitik, Militärgeschichte und Wehrwissenschaft angeboten.
Der Student Berndt Baader, hoch begabt und umfassend humanistisch gebildet, interessiert sich dafür wenig. Sein Augenmerk gilt aber auch nicht dem traditionellen Primat der Politik in der deutschen Historiographie, sondern der Kulturgeschichte. So konzentriert er sich vor allem auf die Geschichte der frühen Neuzeit und die bayerische Landesgeschichte, die – anders als die Geschichte des ersten und zweiten deutschen Reichs – nicht bloß thematisch ein einigermaßen ideologiefreies Feld bieten, sondern zugleich auch eine solide methodische Ausbildung garantieren. Urkundenlehre, paläographische und heraldische Übungen runden neben vielfältiger kunst- und geisteswissenschaftlicher Lektüre Baaders Studium ab; der Würzburger Historiker Max Buchner wird sein verständnisvoller Mentor. Seine außerordentlich quellengesättigte und auch sprachlich brillante Dissertation über Kunst, Kultur und Alltag am bayerischen Renaissancehof Herzog Wilhelms V. kann Berndt Baader nur wenige Wochen vor Kriegsausbruch abschließen. Der Weg an die Front bedeutet das Ende einer vielversprechenden akademischen Laufbahn. Ob er den Vorbereitungsdienst für den höheren staatlichen Archivdienst, zu dem er im Juni 1941 zugelassen wird, je angetreten hat, weiß man auch beim Bayerischen Hauptstaatsarchiv nicht. Sicher ist nur, daß er während eines dreimonatigen Heimaturlaubs im Jahre 1942 seine Doktorarbeit zur Drucklegung fertigstellt und im Sommer 1942 einen Sohn zeugt. Er wird nach ihm Berndt Andreas genannt.

Für Horst Herold hätte der Krieg eigentlich schon im Sommer 1942 vorüber sein können. Denn am 28. Juni landet bei Woronesch am Don russische Artillerie einen Volltreffer auf das Turmdach seines Panzers. Über hundert Splitter dringen in seine linke Lunge ein. Nur der glückliche Umstand, daß ein Sanitätspanzer zufällig unmittelbar neben ihm steht und er aufgrund einer Gefechtspause sofort operiert werden kann, rettet Herold das Leben. Nach einem Lazarettaufenthalt in Thüringen soll der nun Schwerbeschädigte, den die zahlreichen Granatsplitter in seiner Brust noch jahrzehntelang quälen werden, aus der Wehrmacht entlassen werden. Er aber besteht mit seinen achtzehn Jahren darauf, wieder kriegsverwendungsfähig geschrieben zu werden, und kehrt nach acht Monaten der Genesung an die Ostfront zurück.

Es ist für Herold »eine Fahnenflucht nach vorn« vor den dumpfen Verhältnissen in der Heimat und eine Rückkehr zu den Kameraden. Herold waren schon bei der allerersten Frontbewährung ein halbes Jahr zuvor, als man wegen ausbleibender Panzer bei eisiger Kälte im tiefen Schnee der russischen Weiten unter Bettlaken in Erdeinsatz hatte gehen müssen, begründete Zweifel an der vermeintlichen Herrlichkeit der Wehrmacht gekommen. Überdies hatte ihn seine Bewunderung für die Rote Armee seit den Kindertagen im Nürnberger Barakkenlager nie richtig verlassen; er war über das zeitweilige Zusammenrücken Deutschlands mit der Sowjetunion »eigentlich richtig glücklich« gewesen. Während Hitler vor Beginn des Unternehmens »Barbarossa« höhnte, die sowjetischen Streitkräfte seien »nicht mehr als ein Witz«[31], glaubte Herold, daß »wir uns, was die unbedingte Aufopferung und den Fanatismus betrifft, auch nicht annähernd mit denen messen konnten«.

Herold erscheint sein Kriegseinsatz – die tierähnlichen, absurden Lebensbedingungen, das Schlafen in Erdlöchern, die ständige Todesnähe, die Isolation und Unwissenheit über die Kriegslage – heute als eine einzige Folge wirrer Bilder und als sinnlos vertane Zeit. Vielleicht war auch er Opfer jener »alteingewurzelten Neigung deutscher Erziehungstradition, den Zögling eher zum Tode als zum Leben bereit zu machen«[32].

Die Division »Großdeutschland«, deren erster Panzerregiments-Abteilung Herold ab Dezember 1943 angehört, ist neben »Brandenburg« und »Böhmen« eine der wenigen Namensverbände des Heeres. Mit Ausnahme des Luftwaffengeschwaders »Hermann Göring« ist die namentliche Kennzeichnung von Truppenteilen während des Zweiten Weltkriegs sonst nur SS-Einheiten vorbehalten. Wegen ihrer Mischung der verschiedenen Waffengattungen gilt »Großdeutschland« Militärhistorikern als »erste Division modernen Typs«. Hervorgegangen aus dem ehemaligen Wachbataillon Berlin, dem königlichen Gardedukorps, besteht sie auch nach der von Hitler nachdrücklich betriebenen sozialen Egalisierung der Wehrmachtshierarchie noch vornehmlich aus Adligen.

Entsprechend zwiespältig ist die Stimmung unter den Offizieren der Einheit, die sich gerne über den kleinbürgerlichen Gefreiten Hitler mokieren und zugleich den Fahneneid emphatisch beschwören. Darüber, wie diese traditionsbewußte und nonchalante Herrengesellschaft den Bürgerssohn Herold in ihrer Mitte wohl gesehen hat, läßt sich nur spekulieren. Auffällig ist jedoch, daß dessen wachsende militärische Verantwortung keine rechte rangmäßige Entsprechung findet. Während er vom Panzerkommandanten zum Adjutanten des Bataillonskommandeurs und hernach zum Ersten Ordonnanzoffizier im Divisionsstab aufsteigt, wird Herold seit Oktober 1942 nicht mehr befördert und bleibt bis Kriegsende Leutnant.

Bereits während dieser Zeit fällt Herold, der sich nach dem Krieg den Ruf eines genialen Technikers einhandeln wird, durch seinen Erfindungsreichtum auf. Denn im Frühjahr 1944 gelingt ihm mit gerade zwanzig Jahren während einer Militärübung in der Champagne die Konstruktion einer Meßtrommel, die das bei Panzern damals bestehende Problem großer Ziel-

und Treffungenauigkeit auf verblüffend simple Weise löst. Herold stellt das herkömmliche Prinzip der Entfernungsberechnung einfach auf den Kopf, indem sein Gerät die bekannten Abmessungen der feindlichen Panzertypen in eine Trommel überträgt und durch diese Distanzbestimmung vom Ziel her ein bis dahin unbekanntes Maß an Präzision erreicht. Die Kosten dieser Erfindung, die dem jungen Leutnant das für Frontsoldaten kaum vorgesehene Kriegsverdienstkreuz aus der Hand des Generals Guderian verschafft, betragen 70 Pfennig. Als Herold im Winter 1944 vom Oberkommando der Wehrmacht zum erläuternden Vortrag nach Berlin und zu anschließenden Schießversuchen auf Rügen beordert wird, steht angesichts der unabwendbaren Niederlage der Einsatz seines Instruments freilich nicht mehr zur Debatte.

Nach dem Siegesrausch der Jahre 1939 bis 1941, deren triumphale »Blitzfeldzüge« die anfänglich skeptische Bedrückung der deutschen Bevölkerung in einen Begeisterungstaumel für den Feldherrn Hitler verwandelt hatten, wird die Situation der deutschen Streitkräfte vom Herbst 1942 an sehr schwierig. Die Verschärfung der militärischen Geheimhaltung durch den Führerbefehl vom 12. Juli 1942 führt indes dazu, daß die prekäre Gesamtlage selbst führenden Vertretern der Wehrmacht nicht hinreichend bekannt wird. Obwohl die seit mehreren Wochen vor Stalingrad eingeschlossene 6. Armee ihrem sicheren Untergang entgegengeht, findet diese Katastrophe im Wehrmachtsbericht zum Jahresende 1942 keine Erwähnung.[33] Bevölkerung wie Wehrmachtsstäbe glauben weiterhin an die Möglichkeit eines »Endsiegs«.

Sein »Damaskus-Erlebnis«, wie er es nennt, hat Horst Herold im Juli 1943, als zum Ende der Schlacht bei Kursk die mit über tausend Panzern angetretene deutsche Streitmacht binnen weniger Tage hoffnungslos aufgerieben wird. »Zum ersten Male machte ich mir als damals Neunzehnjähriger Gedanken über die Rechtmäßigkeit unseres Tuns, und ich fand, daß dieser

Noch mehr als Stalingrad geriet die Panzerschlacht bei Kursk im Juli 1943, bei der Hitler noch einmal erfolglos alles zur Verfügung stehende »Material« zu mobilisieren suchte, zum Wendepunkt des Zweiten Weltkriegs. Danach erschien auch dem jungen Soldaten Horst Herold der Krieg nur noch als »hohe Sinnlosigkeit«.

Krieg ein Verbrechen war, von Anfang an verloren.« Herold ist mit dieser Einschätzung nicht allein, denn nach dem Scheitern des Kursker Unternehmens »Zitadelle«, der größten militärischen Operation des Jahres 1943, macht sich bei den deutschen Kampfverbänden im Osten überall Kriegsmüdigkeit und Pessimismus breit. Obgleich Zensur und Verfolgungsgefahr wegen Wehrkraftzersetzung den Soldaten einige Zurückhaltung auferlegen, muß die Feldpostprüfstelle des Armeeoberkommandos 2 zum Herbst 1943 wachsendes Krisenbewußtsein und zunehmende Disziplinlosigkeit konstatieren.[34]
Dem rassistischen Vernichtungskrieg gegen den »slawischen

Untermenschen« fehlt von Anfang an jeder Anflug einer soldatischen Ritterlichkeit, wie sie sich im Bemühen um eine Zivilisierung des modernen Volkskriegs seit Mitte des 19. Jahrhunderts herausgebildet hatte. Anders als etwa bei den deutsch-englischen Auseinandersetzungen in Nordafrika, wo nach einem Abschuß auf beiden Seiten meist zunächst einmal die Waffen schweigen, bedeutet dies an der Ostfront oft erst den Anfang eines noch gnadenloseren Kampfes, ist Kriegsgefangenschaft für viele ein unerträglicher Gedanke. Aber auch jetzt führen der langsame Gesinnungswandel und die schleichende Depression keineswegs zu Zweifeln an der patriotischen Verpflichtung zum soldatischen Engagement, die für Herold bis zum bitteren Ende fraglos eine Ehrensache ist. Auch Horst Herolds Kriegszeit handelt, wie der Oberleutnant der Wehrmacht und spätere Bundeskanzler Helmut Schmidt es in einem Rückblick auf die eigene Soldatenzeit einmal beschrieben hat, von einer »Tragödie des Pflichtbewußtseins«[35].

Und Herold hat immer wieder Glück, am 3. Januar 1945 gleich doppelt: Wegen eines kurzfristigen Heimaturlaubs entgeht er an diesem Tag dem Schicksal seiner Division »Großdeutschland«, die bei der russischen Offensive in Ostpreußen komplett aufgerieben wird. Und zugleich übersteht sein Elternhaus den vernichtenden alliierten Bombenangriff auf Nürnberg. Schließlich bleibt ihm auch noch der womöglich jahrelange Aufenthalt in sowjetischer Kriegsgefangenschaft erspart. Nach drei qualvollen Tagen im Prager Masaryk-Stadion, wo die siegestrunkenen Tschechen wild auf die zusammengetriebenen deutschen Soldaten schießen, geht es unter sowjetischer Führung auf den langen Gefangenenmarsch nach Osten. Auf dem Weg gewinnt Herold das Vertrauen eines russischen Panzermanns, der neben ihm marschiert und ihn, der aufgrund einer Beinverletzung nicht richtig laufen kann, mit einer Peitsche vorantreibt. Gemeinsam singen sie auf russisch »Trink, Tankist«, das Panzerlied der Roten Armee. Und so kann Herold nach ein paar

Tagen, als die Kolonne kurz vor Lemberg in einem unübersichtlichen Waldstück einen Hang hinaufzieht, sich in einem unbeobachteten Moment seitwärts die Böschung hinunterwerfen und verschwinden. Bis zum Abend unter Laub verborgen, gelingt ihm die Flucht. Etwa drei Wochen lang schlägt er sich Richtung Westen durch und kommt am 14. Juni 1945 fiebrig und mit eitrigen Wunden in Nürnberg an.

Die Stadt der Reichsparteitage mit ihrer inszenatorischen Beschwörung der »Volksgemeinschaft« gleicht einem gigantischen Trümmerhaufen, aus dem wie ein wehmütiges Mahnmal allein die Konturen des mittelalterlichen Burgbergs herausragen. »Die Verbindung zum Mittelalter ist nun zerschnitten; ich meine das nicht nur architektonisch ...«, notierte der durchreisende Ernst Jünger knapp zwei Monate später in seinem Tagebuch und beschwor noch einmal in Gedanken die »ununterbrochene Kette von Geschlechtern, die in den Fachwerkhäusern mit den gotischen Dächern und den vergoldeten Spruchbalken einander ablösten«.[36] Diese Einschätzung war aber kaum mehr als ein trügerischer Reflex seiner vormodernen Sehnsucht. Denn tatsächlich war dieser historische Zusammenhang nicht erst durch die alliierten Bomben, sondern schon zuvor durch die Herrschaft eines alle Traditionen verachtenden Regimes zerstört worden, dessen totalitäre Utopie sich in ihrer mörderischen Verquickung von dumpfer gedanklicher Archaik und technizistischer Moderne gewissermaßen außerhalb jeder geschichtlichen Zeit bewegen wollte.

Auch der junge Horst Herold hatte sich furchtbar geirrt, als ihm die Magie der alten Reichskleinodien im Nürnberger Katharinenkloster während der Nazizeit vorübergehend wieder aufzuscheinen schien. Die vermeintliche Traditionslinie »von der Stadt der Reichstage zur Stadt der Reichsparteitage«, wie sie von den Nationalsozialisten 1937 in einer Nürnberger Ausstellung propagandistisch beschworen wurde, war eine grobe Täuschung und ein historisch verhängnisvoller Reinfall.

Am Ende des Kriegs lagen die Zeugnisse von vielen Jahrhunderten deutscher Geschichte in Schutt und Asche: Als Horst Herold im Juni 1945 in seine Heimatstadt zurückkehrte, bot Nürnberg ein Bild der Verwüstung.

Die Trümmer selbst enthüllten am Ende den wahren Charakter des Dritten Reichs, waren ein getreues Abbild seiner beispiellosen Gewalttätigkeit, Massenbeherrschung und Monstrosität: Während die gebauten Zeugnisse von vielen Jahrhunderten deutscher Geschichte in Schutt und Asche lagen, war in Nürnberg allein das gigantische Monument der zwölfjährigen Verirrung, das Reichsparteitagsgelände, in seiner steinernen Verstiegenheit übriggeblieben. »Es wird eines ungeheuren seelischen Prozesses bedürfen, um diese Elemente aus dem Wesen der Deutschen wieder auszuscheiden«[37], schrieb der spätere Bundespräsident Theodor Heuss im Mai 1945 ahnungsvoll.

Und doch: Wer heute die wenigen Farbfilme aus dieser Zeit sieht, wird auch des traumhaften Wetters, des strahlend blauen Himmels gewahr, der den Ruinenlandschaften noch in der wüstesten Zerstörung den seltsam theatralischen Reiz dramatischer Kulissen verleiht. Das Stück freilich, das dieser vielsagende Anblick zu versprechen scheint, steht noch zur Aufführung. Was auch immer aber die Deutschen von ihrer Niederlage und Befreiung halten und haben mögen: Die europäische Nachkriegszeit beginnt mit einem einzigartig schönen Sommer.

4. Nachkriegszeiten

Auch München, die einstige »Hauptstadt der Bewegung«, wo Andreas Baader geboren wird und nach fünf Jahren in Thüringen den größten Teil seiner Kindheit und Jugend verbringt, ist nach dem Krieg ein »lebendiger Schutthaufen«[38]. Die 73 Luftangriffe der alliierten Bomberverbände seit Herbst 1942 haben verheerend gewirkt, nur 2,5 Prozent der Gebäude sind unbeschädigt geblieben. Angesichts dieser Zerstörungen wird zeitweilig sogar erwogen, die Stadt einem Forum Romanum gleich als Ruinenstätte zu belassen und am Starnberger See neu zu errichten.[39] Dem 1933 emigrierten Theaterkritiker Alfred Kerr drängt sich bei seinem ersten Deutschlandbesuch nach dem Krieg ein solcher Gedanke auch für Herolds Heimatstadt auf: »Das alte Nürnberg wäre dann eine Sehenswürdigkeit ... wie Pompeji.«[40] Schon der völlige Mangel an Baustoffen erzwingt jedoch überall die Verwertung der vorhandenen Trümmer am Ort.

»Man konnte vom Hauptbahnhof geradewegs durch bis nach Schwabing sehen«, erinnert sich Andreas Baaders Mutter Anneliese an ihre Ankunft in München im Sommer 1945. Vergebens sucht sie damals nach Überbleibseln ihrer Wohnung, aus der sie Anfang Juli 1943 in die thüringische Kleinstadt Saalfeld geflohen war, um sich und ihren acht Wochen alten Säugling vor dem Bombenhagel in Sicherheit zu bringen. Alles, darunter die von der Familie ihres Mannes über mehr als drei Generationen aufgebaute Bibliothek, ist restlos verbrannt. Anneliese Baader erscheint dieser Verlust wie eine doppelte Auslöschung. Denn er bedeutet das Ende jener verzweifelten Hoffnung, die sie in den letzten Wochen, zu Fuß und auf den Trittbrettern überfüllter Züge hängend, über 900 Kilometer quer durch Deutschland getrieben hat. Von Thüringen ins östliche Brandenburg und dann weiter nach Bayern bewegt sie allein der sehnliche Wunsch, ihren Mann zu finden. Doch Berndt Philipp Baader, der im April 1945 in sowjetische Kriegsgefangenschaft geraten war, gilt »seit seiner in schwerkranker Verfassung erfolgten Ankunft mit einem Heimkehrertransport am 22. Oktober 1945 in Frankfurt/Oder als vermißt«[41].

»An diesem Rande der Welt bleibe ich stehen und strecke meine Arme aus nach dem Urgrund aller Dinge, und darum ist mir die Geschichte lauter Poesie, die durch Anschauung bemeistert werden kann«, hatte der begabte Historiker, Jakob Burckhardt zitierend, seiner zwei Jahre zuvor veröffentlichten Dissertation noch emphatisch vorangestellt. Sein Ende verliert sich nun kläglich in den dunklen Schlacken eines Weltenbrandes. Wahrscheinlich, so bringt seine Frau im Sommer 1945 in Erfahrung, ist er elendig an der Ruhr zugrunde gegangen. Erst ein Jahrzehnt später wird er mit Beschluß des Amtsgerichts München vom 15. Januar 1955 für tot erklärt. Andreas Baader, der den Vater nie erlebt hat, ist zu diesem Zeitpunkt schon fast zwölf Jahre alt.

Familien ohne Männer, Kinder ohne Väter: Die häusliche Situation der Baaders ist in der deutschen Zusammenbruchsgesellschaft, wo fast zwei Drittel der Bevölkerung Frauen sind, nichts Ungewöhnliches. Der Gedanke, mit ihren 35 Jahren eine von nahezu zwei Millionen Kriegerwitwen in Deutschland zu sein, hilft Anneliese Baader freilich wenig. Und doch weiß sie sich mit ihrem Schmerz nicht allein. In ihrer nächsten Verwandtschaft gibt es nur noch Hinterbliebene, sie hat es tatsächlich bloß als letzte getroffen. Denn die Großmutter Hermine, Annelieses Schwester Elfriede und die Schwiegermutter haben alle ihre Ehemänner und Söhne verloren. Im Umkreis dieser Gemeinschaft trauernder Frauen wachsen Andreas Baader und sein Vetter Peter auf.

Das Desaster der männerbeherrschten Welt des Nationalsozialismus ist von manchen weiblichen Zeitgenossen auch als »Niederlage der Männer als Geschlecht«[42] empfunden worden. Und in der Tat ist die Schwerstarbeit der Trümmerfrauen, die das Bild der Nachkriegszeit bis heute prägt, nur der handgreiflichste Beweis dafür, daß schon ihrer schieren Überzahl wegen vorerst »das Schicksal Deutschlands ... in der Hand seiner Frauen«[43] liegt. Ob dies allerdings bedeutet, die deutschen Frauen seien, wie einige zeitgenössische amerikanische Beobachter vermuteten, »psychisch ... besser geeignet für den Aufbau einer Demokratie als die Männer«[44], erscheint fraglich. Schließlich geht aus den durch frühe deutsche Erhebungen gestützten Umfragen der amerikanischen Besatzungsmacht hervor, daß zwischen November 1945 und Dezember 1946 durchschnittlich 58 Prozent der bayerischen Frauen den Nationalsozialismus als »eine gute Idee, die nur schlecht ausgeführt wurde«[45], bezeichnen. Während bei den Männern immerhin 45 Prozent diese Auffassung ablehnen, sind es bei den Frauen nur 29 Prozent.

Im übrigen bleiben die politischen Möglichkeiten eines emanzipatorischen Aufbruchs unter den Bedingungen des täglichen Überlebenskampfes eher begrenzt. »Es schien, als sei Politik in diesen Hungerjahren zur Magenfrage geworden, politisches Bewußtsein, zynisch formuliert, ein ›Kalorienbewußtsein‹«[46], faßt die Frauengeschichtlerin Anna-Elisabeth Freier zusammen. Zugleich fördert die mit der äußeren Notsituation einhergehende Aufwertung der Familie als Hort der Sicherheit und des Zusammenhalts spätestens seit der Währungsreform die Rückkehr zu traditionellen Geschlechterrollen und begünstigt ein anhaltendes Desinteresse an gesellschaftlichen Fragen.[47] So wird jenseits der gigantischen Wiederaufbauleistung der Frauen nur das dramatische Anwachsen der Scheidungsraten in den allerersten Nachkriegsjahren zum Ausdruck ihres vorübergehend gestiegenen Selbstbewußtseins.

Für Anneliese Baader hingegen bleibt die Erinnerung an den verschollenen Ehemann kostbar. Er war ihre ganz große Liebe. Trost bedeutet ihr allein der nach dem Vater genannte Sohn Berndt Andreas, aber die ersten drei Jahre nach dem Krieg verbringt sie ohne ihn. Für sich und den Jungen in München eine Bleibe zu finden ist nahezu unmöglich. In der Stadt fehlen mehr als 120.000 Wohnungen, und die trotz offizieller Zuzugssperren aus den Ostgebieten einströmenden Flüchtlinge werden nur vorübergehend in Luftschutzbunkern und Lagern untergebracht. »Für mich allein etwas zu suchen«, erinnert sich Mutter Baader, »war schon schwer genug. Doch sobald ich sagte, daß ich ein kleines Kind habe, wurde ich gleich abgewiesen.« Eine alleinstehende Malerin nimmt die mittellose Frau schließlich bei sich auf.

Anfangs sorgt die Knochenarbeit als Trümmerfrau für ihr tägliches Brot, später spezialisiert sich Anneliese Baader auf Schreibarbeiten. Aufgrund der ungeklärten Todesumstände ihres Mannes kann sie vorerst keine Rente erwarten. Doch bis 1947 haben arbeitsfähige Soldatenwitwen ohnehin keinen Anspruch auf Unterstützung, und satt wird man auch mit Lebensmittelkarten nicht. Obgleich München von Agrargebieten umgeben ist, bricht die Kartoffel- und Getreidezufuhr infolge behördlicher Fehlsteuerungen mehrfach zusammen. Der bei Kriegsende zweijährige Andreas bleibt mit Anneliese Baaders restlichem Hab und Gut derweil bei der Großmutter in Thüringen. Daß Kinder irgendwo bei nahen Verwandten oder Freunden aufwachsen, ist in diesen Jahren gang und gäbe. Für die Mutter gibt es in Saalfeld, das jetzt zur sowjetischen Besatzungszone gehört, keine Arbeitsmöglichkeit. Ihren Sohn aber weiß sie dort zunächst besser aufgehoben. Wenigstens ihn gilt es vor allen Unbilden zu schützen, und deren gibt es viele im Nachkriegsdeutschland.

Gerade für ganz kleine Kinder sind Mangelernährung, Versorgungsprobleme und die dürftigen hygienischen Verhält-

Nach Lebensmitteln Schlange stehende Frauen und Kinder prägten überall in Deutschland das Bild der unmittelbaren Nachkriegszeit. So auch in München, wo Anneliese Baader für sich und ihren Sohn Andreas eine Bleibe sucht.

nisse durchaus lebensgefährlich; die Säuglings- und Kindersterblichkeit steigt enorm. Babybekleidung, geschweige denn Windeln oder Seife, ist kaum zu haben. Allerorten breiten sich ansteckende Krankheiten wie Typhus, Diphtherie und Tuberkulose epidemisch aus. Hinzu kommt die aufgrund der massenhaften sozialen Verwahrlosung bedrohlich auftretende Ruinenkriminalität, vor allem der Jugendlichen. Hunger und Elend führen über die moralische Aufweichung und Verrohung durch Diktatur und Krieg zum Abbau der Hemmschwellen, der Raubmord wird zum »Mord der Nachkriegszeit schlechthin«[48].
Als alleinstehende junge Frau ist Anneliese Baader dieser wenig freundlichen Außenwelt ganz besonders ausgeliefert. Sie fühlt sich oft hilflos, einsam und verlassen. Nur die Gewißheit,

über alle Entfernung hinweg mit ihrer vom Schicksal gebeutelten Familie fest verbunden zu sein, gibt ihr immer wieder Zuversicht. Der Zusammenhalt ist den drei Frauen selbstverständlich, schließlich sind sie unter der Ägide der resoluten Hermine seit Annelieses und Elfriedes Kindertagen in Saarburg schon mehr als dreißig Jahre aufeinander eingespielt. Und nun vereint sie der Wunsch, ungeachtet aller äußeren Widrigkeiten Andreas und seinem ein Jahr jüngeren Vetter Peter ein möglichst behütetes Zuhause zu bereiten. Das Wohlergehen der Kinder gibt ihrem Überlebenskampf Richtung und Ziel.

Anfang 1949 finden Andreas Baader und seine Mutter endlich wieder zusammen. Über dreieinhalb Jahre sind sie getrennt gewesen. Doch nun, da mit Währungsreform und Berlin-Blokkade die Teilung Deutschlands befestigt wird, hat Anneliese Baader Angst, daß aus der ungewollten Trennung ein Abschied für immer werden könnte. Einen zusätzlichen Schicksalsschlag glaubt sie nicht mehr ertragen zu können. Außerdem steht Andreas' sechster Geburtstag bevor, und das Kind soll auf keinen Fall in der kommunistischen Ostzone in die Schule kommen. »Es war wirklich ein Wunder, wie meine Mutter damals den Umzug bewerkstelligt hat«, sagt Anneliese Baader noch heute voller Dankbarkeit. Andreas zieht zu ihr und der Malerin, in deren Schwabinger Wohnung sie weiterhin zur Untermiete lebt. Allmählich gewöhnt man sich wieder aneinander, die lange Trennung hat notgedrungen zu einer deutlichen Entfremdung zwischen Mutter und Sohn geführt. Anneliese Baader ist deshalb froh, daß Andreas die vertraute Nähe der Großmutter Hermine, die ihm so viele Jahre die Mutter ersetzt hat, erhalten bleibt. Gemeinsam mit der Tante Elfriede und dem Vetter Peter kommt diese ganz in der Nähe unter. Und schließlich wohnt auch Anneliese Baaders Schwiegermutter, die den Verlust ihres einzigen Sohnes nie verkraften wird, bald in Schwabing. Mit der Malerin, die neben ihrer Arbeit tagsüber nach Andreas schaut, kümmern sich nun insgesamt fünf Frauen abwechselnd um den Jungen. Daß Andreas, den sie zärtlich Andi nennen, ein besonders hübscher kleiner Kerl ist, fällt ihnen allen auf: lange schwarze Wimpern über strahlend blauen, verschmitzten Augen und ein durch schwarzbraune Locken betonter dunkler Teint. So verwundert es wenig, daß sie um seine Zuneigung durchaus wetteifern. Ebenso liegt es nahe, der vom Krieg gezeichneten familiären Notgemeinschaft auch belastende, zwanghafte Züge zuzuschreiben. Weder Anneliese Baader noch ihre Schwester Elfriede, beide noch in den Dreißigern, werden sich je wieder binden.

»Andreas war ein Schlüsselkind«, berichtet seine Mutter, und es klingt, als ob man ihr deshalb später Vorhaltungen gemacht habe. Erst als Sekretärin, dann als Schriftführerin am Sozialgericht sorgt sie für den Lebensunterhalt der Familie. Ihrem Sohn gibt dies, trotz der liebevollen Aufmerksamkeit, die ihn umfängt, Gelegenheit zu früher Unabhängigkeit.

Um ihre Pension und Andreas' Halbwaisenrente führt Anneliese Baader währenddessen einen langen und zermürbenden Kampf. Die juristisch versierten Mitarbeiter beim Sozialgericht unterstützen sie dabei nach Kräften. Erst will man ihr nichts geben, weil sie keine Sterbeurkunde vorweisen kann; dann verweigert man ihr jegliche Ansprüche mit der Behauptung, ihr Mann sei Mitglied des NSKK – des Nationalsozialistischen Kraftfahrerkorps, einer paramilitärischen Unterabteilung der SA – gewesen. Es folgen Auseinandersetzungen darüber, ob ihm als Anwärter für den höheren Archivdienst der Assessorenstatus zugestanden habe und der Witwe entsprechende Bezüge. 1955 setzen die Zahlungen endlich ein. Anneliese Baader arbeitet hernach viele Jahre ehrenamtlich für den VdK, den Verband der Kriegsbeschädigten, Kriegshinterbliebenen und Sozialrentner Deutschlands.

Als Andreas Baader 1949 in die Schule kommt, fällt es dem durch die neue Familiensituation sichtlich desorientierten Kind schwer, sich unter die Klassenkameraden einzureihen. Disziplin und Lernbereitschaft sind bei ihm kaum auszumachen, und den Mitschülern bleibt seine sprunghafte Selbstbezogenheit ziemlich undurchschaubar. Mal gibt er sich träge oder hochmütig verschlossen, oft genug jedoch rücksichtslos und ganz handfest aggressiv, um ausgerechnet dann, wenn es keiner erwartet, durch großzügige Gesten und spontane Uneigennützigkeit zu überraschen. »Bei ihm gab es nur zwei Möglichkeiten, entweder man liebte oder man haßte ihn«, bemerkte einer seiner späteren Lehrer einmal. Die Mutter hat diese Äußerung immer wieder gern zitiert.

Auch zu Hause läßt Andreas es schon in ganz jungen Jahren in einem solchen Ausmaß an Anpassung und Gehorsam mangeln, daß die Frauen bald jegliche Erziehungsversuche aufgeben: Im Unterschied zu dem eher braven Vetter Peter läßt das Kind sich überhaupt nichts sagen, tut meist sogar noch das Gegenteil. Es will sich weder waschen noch seinen Geburtstag feiern, es verweigert regelmäßig das Essen und versucht – geradewegs ins Zentrum ihrer Liebesbeweise zielend –, der treusorgenden Familie das Weihnachtsfest auszureden. Vielleicht verbirgt sich dahinter ein stiller Vorwurf, fragt man sich hilflos; bei aller Aufmüpfigkeit wirkt der Junge besonders sensibel. Geschichten wie die, daß Andreas während eines Bootsausflugs auf dem Starnberger See den besorgten Zuruf der Mutter – »Paß auf, daß du nicht hineinfällst!« – sogleich mit einem Sprung ins Wasser, samt Kleidern und Schuhen, quittierte, sind Legion.[49] Doch die Grenzen, die das gehätschelte Kind mit derlei Provokationen offensichtlich sucht, werden nie gezogen.

Die Häme, mit der rechte wie linke Kritiker in seltsamer Einmütigkeit später Baaders militanten Werdegang psychologisch auf ein angebliches Kindheitsmuster »des ewigen Muttersohnes«[50] zu reduzieren suchten, ist gleichwohl kaum angebracht. Auch das Urteil Erich Kubys – »dem Kind Andreas wurde von den an seiner Erziehung beteiligten Frauen die Welt als eine Einrichtung vermittelt, in der man es sich bequem machen kann«[51] – birgt allenfalls die halbe Wahrheit. Denn daß sich bereits der Zwölfjährige dem Gang zum Zahnarzt und Tabletten widersetzte, um zu »testen, wieviel Schmerzen er ertragen könne«[52], läßt sich auch als destruktiver Reflex auf ebendiese fehlende Grenzziehung von außen verstehen, die der Junge offenbar durchaus als Defizit verspürte, und illustriert mithin ein Element der Haltlosigkeit, wenn nicht gar der Verzweiflung inmitten des von der Mutter bezeugten »sehr herzlichen Verhältnisses«.

Was auch immer Andreas Baader anstellt, nichts kann der bedingungslosen Liebe und Hingabe seiner Familie Abbruch tun. Und im Grunde überwiegt sogar ein gewisser Stolz auf das uneinnehmbar rebellische Wesen des Jungen die pädagogische Kapitulation. Seine Unbeugsamkeit adelt ihn in einem Kreis von Frauen, die alle Opfer der Geschichte sind und das Gefühl der Ohnmacht bis zur bitteren Verzweiflung erlitten haben. Vor allem die Mutter, selbst eine eher reservierte und damenhafte Erscheinung, bewundert Andreas' ausgeprägte Willensstärke. »Andreas hatte nie Angst. Er führte alles bis zur letzten Konsequenz durch«, sagte sie später und stellte dies bezeichnenderweise der Erinnerung an den feinsinnigen und akademisch skrupulösen Vater gegenüber, der seinem Entsetzen über die Verhaftung der Geschwister Scholl an der Münchner Universität im Frühjahr 1943 keine Taten folgen ließ. »Weil er Angst hatte«, so Anneliese Baader über ihren Mann, »das macht den Unterschied zwischen den beiden aus.«[53] Freilich war sie es selbst gewesen, die – mit Andreas im achten Monat schwanger – ihn damals zur Rücksicht auf die Familie gemahnt hatte.

Während ihm sein Betragen zu Hause immer wieder als spitzbübischer Charme und Bengelei entschuldigt wird, stößt die extreme Aufsässigkeit des jungen Baader bei seinen Lehrern auf weit weniger Verständnis. In der Grundschule bleibt er zwar zunächst nur einmal sitzen, doch nach dem Wechsel aufs Gymnasium im Jahre 1954 kommt Andreas Baader rasch zu einer bemerkenswerten Karriere schulischen Versagens. »Wegen unzureichender Leistungen«[54] folgt Schulverweis auf Schulverweis.

»Er war hochintelligent, aber leider stinkend faul«, weiß die Mutter. Zu Hause erscheint ihr der manchmal auch verträumte Junge des Abends als »richtige Leseratte«. Andreas bedient sich gern aus der großen Bücherkiste, die sie für den Umzug nach Thüringen im Sommer 1943 aus der Bibliothek ihres Mannes zusammengestellt hatte. Anneliese Baader liebt Märchen, und so macht die vielbändige bibliophile Werkausgabe Hans Christian Andersens aus der Mitte des 19. Jahrhunderts den Anfang seiner Lektüre. Das größte Vergnügen bereitet es ihm allerdings, wenn ihm die Mutter die phantastischen Geschichten in eigenen Worten erzählt. Als er dreizehn ist, findet sie ihn in Joseph Bernharts ›Mystik des Mittelalters von ihren antiken Ursprüngen bis zur Renaissance‹ vertieft, bald darauf liest er Nietzsche. »Ich habe ihm dann immer Testfragen gestellt, um zu sehen, wieviel er verstanden hat«, so die Mutter. Seine Antworten erfüllen sie mit Stolz.

Nachdem Andreas bereits verschiedene öffentliche Oberschulen durchlaufen hat, kommt er mit dreizehn Jahren auf ein Internat in Königshofen. Da inzwischen Pension und Waisenrente gezahlt werden, kann Anneliese Baader sich diese nicht unerhebliche finanzielle Belastung leisten. Doch die Anstrengung bringt abermals nicht den erhofften Erfolg, auch in der ländlichen Idylle fernab der überforderten Frauengemeinschaft zeigt Andreas keine schulische Besserung. Vom Beginn der Pubertät verstärkt, wächst sich seine seit jeher vorhandene aggressive Neigung sogar noch weiter aus. Andreas Baader wird zum notorischen Schläger. Nachdem er mehrfach ausgerissen ist, bleibt der Mutter am Ende nichts anderes übrig, als

ihn nach München zurückzuholen. Vom Herbst 1959 an, inzwischen sechzehn Jahre alt, besucht er dort die gleichfalls private Lehranstalt Dr. Überreiter.
»Dr. Überreiter hat Andreas geliebt«, erinnert sich Anneliese Baader. Der Direktor hält ihn für einen besonders begabten jungen Mann, der womöglich das Zeug zum Literaten hat. Aber auch in seinem Institut gerät er binnen kurzem mit Lehrern und Mitschülern über Kreuz und prügelt sich derart exzessiv, daß der Schulleiter sich bei der Mutter schriftlich beschwert: »Einen zweiten Baader könnte meine Schule nicht tragen.«[55] Bald wird er, der nie einen Führerschein besitzt, obendrein wegen ständiger Verkehrsverstöße auffallen.

Verkehrsdelikte sind eine Zeitlang auch das Metier von Horst Herold. Als Staatsanwalt am Landgericht Nürnberg-Fürth übernimmt der promovierte Jurist 1953 ein Verkehrsreferat, bevor er sich später vor allem Wirtschaftsstrafsachen zuwendet. Als junger Mann hatte Herold »eigentlich immer nur Ingenieur« werden wollen, aber im Sommer 1945 erscheint dem Kriegsheimkehrer nicht nur dieser Wunsch »illusorisch«. Denn im Angesicht seiner verwüsteten Heimatstadt erwartet er eine bitterböse Rechnung der Alliierten für all das, »was wir an Flurschaden und Zerstörung angerichtet hatten«. Obwohl das wahre Ausmaß der Katastrophe, die über 55 Millionen Tote gefordert hat, Herold noch gar nicht bekannt ist, rechnet er mit dem Schlimmsten. Die durchaus vieldeutigen, auch manche Chancen bietenden Beschlüsse der Potsdamer Konferenz vom 2. August 1945 werden der deutschen Bevölkerung erst nach und nach bekannt. Aber die massenhafte Flucht und Vertreibung aus den nun abgetrennten Ostgebieten scheinen Herolds düstere Ahnung vorerst zu bestätigen.
Daß sich im Scheitern eines gemeinsamen Reparationsplans in Potsdam bereits Zwistigkeiten unter den Alliierten zeigen, wird von den meisten Deutschen nicht wahrgenommen. Ein

amerikanischer Geheimdienstbericht vom August 1945 zeichnet ein deprimierendes Bild politischer Müdigkeit und Indifferenz, die vornehmlich darauf zurückzuführen seien, daß die große Mehrheit der Befragten »nicht an eine deutsche Selbstbestimmung innerhalb der nächsten fünfzehn Jahre« glaube.[56] Ein wirtschaftlicher Neubeginn habe in ihren Augen »ohnedies keinen Sinn«. Auf die Frage »Warum wollen Sie nichts von Politik wissen?« antworten 67 Prozent: »Weil Politik zum Krieg führt.« Es ist nicht schwer, in der Unsinnigkeit dieses Urteils das fatale Erbe des Dritten Reichs zu erkennen. Schließlich war es Hitler gewesen, dem in Verkehrung aller neuzeitlichen Maßstäbe, so der Historiker Eberhard Jäckel, Krieg »nicht, wie einst Clausewitz formuliert hatte, die Fortsetzung der Politik mit anderen Mitteln, sondern deren wesentlicher Inhalt überhaupt«[57] bedeutet hatte.
Hartnäckig hält sich indes die Legende, die Reagrarisierungsideen des Morgenthau-Plans würden die offizielle Grundlage der amerikanischen Besatzungspolitik bilden. Tatsächlich war diese vom US-Finanzminister, in Reaktion auf allzu deutschfreundliche Konzepte, Anfang September 1944 vorgelegte Zerstückelungsstrategie von Präsident Roosevelt nach heftigen Protesten der amerikanischen Öffentlichkeit bereits Ende desselben Monats abgeschmettert worden.[58] Und auch die ursprünglich durchaus Morgenthauschen Geist atmende Direktive JCS 1067 vom September 1944, die Richtlinien für eine künftige Militärregierung in Deutschland formulierte, wurde seit Januar 1945 deutlich zugunsten der moderaten Position des State Department abgeändert. Von der Goebbelsschen Durchhaltepropaganda wurden Morgenthaus durchgefallene Ideen freilich gleich lüstern zum »jüdischen Mordplan« ausgeschmückt, und der reißerischen Phrase von Deutschland als Kartoffelacker blieb, auch in der deutschen Geschichtsschreibung, noch eine lange Karriere beschert. Der Historiker Dan Diner hat diese Vorstellung zu Recht, und dies gilt gleicher-

maßen für West- wie Ostdeutschland, als »das Mythologem der Nachkriegszeit«[59] bezeichnet.
Von den westlichen Alliierten wird unterdessen ein anderes Goebbels-Wort aufgegriffen, nämlich das vom »Eisernen Vorhang«[60]. Zwar ist es der noch während der Potsdamer Konferenz überraschend abgewählte britische Kriegspremier Churchill, der in einer Rede im amerikanischen Fulton Anfang März 1946 erstmals diese Formel verwendet. Doch der antisowjetische Akzent der neuen Regierung Attlee unterscheidet sich kaum von dem seines Vorgängers wie auch dem seines amerikanischen Partners Truman.[61] Aus der wachsenden Frontstellung zwischen den Großmächten, die durch das »deutsche Problem« zunächst eher verzögert worden ist, sollen sich zumindest den Westdeutschen bald unverhofft reichliche Möglichkeiten wirtschaftlicher und politischer Partizipation eröffnen. Der amerikanische Marshallplan stellt zugleich den letzten Versuch dar, die Idee der Friedenssicherung und Roosevelts »One World«-Konzept zu retten. Was überdies die langfristigen Möglichkeiten anging, täuschte die allfällige Verwüstung. Denn im Unterschied zur ruinösen Verheerung des Wohnraums und der öffentlichen Bauten blieben die Zerstörungen im Industriebereich vergleichsweise gering, und die »Substanz des industriellen Anlagevermögens«[62] war nicht so stark getroffen, wie es den Zeitgenossen schien.

Horst Herolds überaus pessimistische Einschätzung der Lage nach Kriegsende wird womöglich durch eine für die damalige Zeit äußerst seltene Chance verstärkt: Eine Schweizer Tante nämlich erinnert sich der Verwandten in Nürnberg und lädt ihn bereits im Winter 1945 in den Aargau ein, wo er bis zum Frühjahr 1946 bleibt. Er ist einer der ganz wenigen Deutschen, die überhaupt schon eine Ausreisegenehmigung bekommen. Die heile Welt der vom Krieg gänzlich unberührten Landschaften und Städte kommt ihm traumhaft vor »wie ein Märchenland«, und ihn ergreift »Wehmut, daß Deutschland nicht nur zerstört, sondern auch geistig verwüstet worden war«. Als er nach dieser Begegnung mit dem Paradies wieder mit der zerstörten Heimat konfrontiert wird, mag die Sehnsucht nach Heilung zumindest körperlicher Wunden nahegelegen haben. Jedenfalls folgt Herold dem Vorschlag der wenigen Klassenkameraden, die überlebt haben, und schreibt sich im Sommer 1946 an der Universität im benachbarten Erlangen für Medizin ein. Bereits am folgenden Tag ist der Weg zum Arztberuf jedoch zu Ende: »Herold – Grund: Offizier« heißt es lapidar auf dem Aushang, auf dem die medizinische Fakultät die Namen der relegierten Studenten verzeichnet hat. »Die Juristen aber nahmen jeden, und so bin ich Jurist geworden«, kommentiert Herold seine Studienwahl heute ironisch.

In der Tat sind viele ehemalige Offiziere unter den Studenten, die in Ermangelung anderer Kleidung in ihren alten Wehrmachtsuniformen die Ränge des als Hörsaal genutzten markgräflichen Rokokotheaters füllen. Die Rangabzeichen freilich sind entfernt und die Militärkluften aufgrund eines entsprechenden Befehls des Alliierten Kontrollrats vom 1. Dezember 1945 umgefärbt, zumeist in Schwarz. Im völlig unzerstörten Erlangen, dessen Universitätsbibliothek über einen komplett erhaltenen Bestand verfügt, sind die Studienbedingungen trotz der allgegenwärtigen Not an Nahrung, Heizmaterial und Bekleidung vergleichsweise gut. Herold aber hält es nicht lange in den mit sechs- bis siebenhundert Studenten überfüllten Vorlesungen. Er zieht es vor, sich in die mühselig abgeschriebenen oder hektographierten Gesetzestexte und Kommentare zu Hause in Nürnberg zu vergraben. Der Kontakt mit den Kommilitonen und Dozenten bedeutet ihm offensichtlich kaum intellektuelle Anregung. Daß jenseits der affirmativen Kultur an den Universitäten in der unmittelbaren Nachkriegszeit ein gewaltiger kultureller und publizistischer Aufbruch stattfand, der Erich Kästner bereits Anfang September 1945 gar an einen »Überfrühling der Künste«[63] denken ließ, hat Herold seinerzeit nicht bemerkt. Angesichts der spätidealistischen Innerlichkeit, die das erwachende intellektuelle Leben oftmals kennzeichnete, mag man die damals überbordende Broschürenliteratur, wie Hermann Glaser vorgeschlagen hat, indes auch als eine »Flucht in die Zeitschrift«[64] charakterisieren. Und doch verheißt die Hintergrundphilosophie der Nachkriegszeit, der Existentialismus, alles andere als ein geruhsames Weltvertrauen.

Allerdings bietet gerade das Studium der Jurisprudenz einem nach geistiger und moralischer Neuorientierung suchenden Kriegsheimkehrer zu jener Zeit tatsächlich wenig Anhaltspunkte. Die nach der nur zeitweiligen Suspendierung einiger Hochschullehrer nahezu »totale personelle Kontinuität der Rechtswissenschaft nach 1945«[65] sorgt für eine restaurative Grundtendenz, die sich unter völliger Ausblendung der Weimarer Republik wie des Dritten Reichs auf einen bloß formalen Rechtsbegriff zurückzieht und allenfalls die autoritären Grundmuster des Kaiserreichs aufgreift. Legitimations- und Substanzfragen bleiben ebenso unberücksichtigt wie eine kritische Rechtsgeschichte. »Die Rechtswissenschaft war geschichts- und heimatlos, sie hinterließ in den damals studierenden Juristengenerationen eine merkwürdige Leere«[66], resümiert die Staatsrechtlerin Diemut Majer.

Außerdem kommt die geistige Stumpfheit einer wahrhaft altfränkischen Provinzuniversität wie Erlangen, wo noch im Vorlesungsverzeichnis zum Sommersemester 1950 »die beiden Weltkriege und die Erschütterungen, welche sie im Gefolge hatten«, bloß in einem einzigen Satz kursorische Erwähnung finden, der weitverbreiteten Neigung zum Eskapismus besonders entgegen. Und diesen demonstriert Herold auch äußerlich durch seinen Rückzug ins häusliche Studierzimmer. Dadurch freilich wird der alles andere überlagernde Existenzdruck noch verstärkt. Denn auch die Wiederbegegnung mit dem lange vermißten, äußerst kriegsmüden und inzwischen fast sechzig Jahre alten Vater bedeutet für Herold vor allem die Notwendigkeit, für die Eltern nun mitsorgen zu müssen, mithin den Zwang zum schnellstmöglichen beruflichen und materiellen Fortkommen.

Unterdessen zeigt sich im Umkreis der Erlanger Universität das ganze Spektrum der politischen Nachkriegswirklichkeit: Es ist die Vergangenheit, die die Gegenwart dominiert, was von der amerikanischen Besatzungsmacht nicht ohne Beunruhigung verfolgt wird. Eine weit über Franken hinaus für öffentliche Erregung sorgende Rede Martin Niemöllers ist ihr sogar Anlaß für eine großangelegte Untersuchung über die politische Einstellung der gesamten bayerischen Studentenschaft. Der Theologe hatte Ende Januar 1946 vor einer Erlanger Studentengemeinde über das Stuttgarter Bekenntnis der Evangelischen Kirche Deutschlands zur »Kollektivschuld« gesprochen und dafürgehalten, daß alle Deutschen, selbst er als KZ-Häftling, am gegenwärtigen Elend schuld seien. Am nächsten Tag prangte an Hauswänden im Stadtzentrum der Slogan »Martin Niemöller: Werkzeug der Alliierten«[67], während ein Zettel am Schwarzen Brett der Universität ihn gar als »Zerstörer unserer tiefsten Werte, ... besten Versklavungspropagandist« und »gefährlichsten Feind der Deutschen«[68] anklagte.

Das besondere Augenmerk der Militärregierung gilt so nicht ohne Grund der Entnazifizierung des Lehrkörpers an der Erlanger Universität. Anfang Februar 1947 werden aufgrund ihrer politischen Belastung 76 Professoren, Assistenten und Hilfskräfte mit sofortiger Wirkung entlassen. Der Plan des Erlanger Rektors, des Amerikanisten Eduard Brenner, ein unter seiner Leitung stehendes Institut für wissenschaftliche Dokumentation über den Nationalsozialismus einzurichten, scheitert derweil am akademischen Wettstreit süddeutscher Kollegen sowie an der mangelnden Bereitschaft der Amerikaner, die im benachbarten Nürnberg gesammelten Unterlagen bereits zu diesem Zeitpunkt herauszugeben.[69] Und wiederum ein knappes Jahr später findet mit der berühmten »Hühnerfutter«-Rede Johannes Semlers in Erlangen schließlich ein wahrhaft spektakulärer politischer Eklat statt. Der angesehene Direktor des Bizonenamts für Wirtschaft versteigt sich nämlich während einer sonntäglichen, aber keineswegs andächtig gestimmten Tagung des CSU-Landesausschusses, auf der antialliiertes Ressentiment erstmals offen zutage tritt, zu einer Brandrede, in der er unter anderem die amerikanischen Lebensmittelhilfen als von den Deutschen teuer bezahltes Hühnerfutter abqualifiziert: »Es wird Zeit, daß deutsche Politiker darauf verzichten, sich für diese Ernährungszuschüsse zu bedanken.«[70] Die von der Versammlung angeblich übersehene Anwesenheit von Pressestenographen und einem Beobachter der US-Militärregierung macht den Vorfall rasch zum öffentlichen Skandal und führt drei Wochen später zur Entlassung Semlers. Der Name seines Nachfolgers im Bizonenamt indes wird bald zum Synonym für die wirtschaftliche Auferstehung Deutschlands: Es ist Ludwig Erhard.

Drei Tage nach der Währungsreform, am 23. Juni 1948, legt Horst Herold mit 24 Jahren das Erste Juristische Staatsexamen ab. Seine strikte Klausur hat sich gelohnt, zum ersten Mal seit Kriegsende fühlt er sich erleichtert. Auf der politischen Ebene jedoch bahnt sich zur gleichen Zeit eine gefährliche Krise an: Noch in der kommenden Nacht kappt die sowjetische Militäradministration die Stromversorgung der Westsektoren aus dem Ostteil Berlins, untersagt alle Lieferungen von Lebensmitteln und sperrt den gesamten Eisenbahn- und Schiffsverkehr. Als am Morgen trotzdem zwei letzte Züge mit Kartoffeln eintreffen, hofft der amerikanische Militärgouverneur General Lucius D. Clay, der sich während der Nacht fieberhaft bemüht hatte, eine Notversorgung West-Berlins über eine Luftbrücke zu organisieren: »Vielleicht ist Gott auf unserer Seite.«[71] »Das größte Transportunternehmen in der Geschichte der Luft-

fahrt«[72] endet erst ein knappes Jahr später. In Westdeutschland hingegen können die Menschen die durch die Währungsreform schlagartig gefüllten Auslagen und Läden bestaunen.
Knapp eine Woche zuvor hatten in Erlangen, ebenso wie in Heidelberg und München, noch Tausende von Studenten gegen die schlechte Ernährungslage demonstriert. Daß die jungen Leute in München ihrer Verbitterung vor dem US-Konsulat mit dem Sprechchor »Ist das Demokratie?«[73] Ausdruck gaben, gehört zu den typischen Merkwürdigkeiten der deutschen Nachkriegsjahre. »Blickt man von den Kleidern der Menschen auf die Gesichter, so wird deutlich, was es heißt, halb verhungert zu sein«[74], hatte Isaac Deutscher Ende September 1945 über seine Berliner Eindrücke geschrieben. Aber noch Jahre später konnte der amerikanische Nachrichtenoffizier Allen Dulles argumentieren, daß Politik in Deutschland »weitgehend vom Zustand des Magens«[75] abhängt.
Es sind denn auch die Hungerproteste gegen die Politik der Alliierten, die Herold jenseits der eher kläglichen Studienerfahrung aus der unmittelbaren Nachkriegszeit am nachdrücklichsten in Erinnerung geblieben sind. Zugleich gibt er zu bedenken: »Wenn man von diesen drei Hungerwintern 1946 bis 1948, die gräßlich waren und die man auch als echte Strafe empfand, einmal absieht, ist es eigentlich humaner zugegangen, als ich erwartet hatte.«

Bei aller Fixierung auf die bedrückenden Alltagsnöte und sein berufliches Fortkommen kann Herold, zumal in Nürnberg, dem Schatten der Vergangenheit nicht ganz entgehen. Der volle Umfang der Verbrechen unter der nationalsozialistischen Herrschaft wird ihm allerdings erst in einem jahrelangen, schmerzhaften Prozeß bewußt. So gilt es, vor allem was den Holocaust angeht, zunächst einmal den Unterschied zwischen objektiver Wahrheit und eigenem Erfahrungshorizont zu begreifen. Als Herold während des Nürnberger Prozesses gegen die Hauptkriegsverbrecher von dem millionenfachen Mord an den europäischen Juden erfährt, erscheint ihm dies schlicht unglaublich. Die bestürzende Lektüre von Eugen Kogons Buch ›Der SS-Staat‹, das bereits 1946 erscheint, belehrt ihn jedoch bald eines Besseren. Und als wenig später ein ehemaliger KZ-Häftling Herolds kleinen Vetter, den die verwitwete Tante nicht mehr ausreichend versorgen kann, aus der Ostzone zur Obhut der Verwandten nach Nürnberg bringt, bleibt kein Raum mehr für irgendwelche Zweifel: Einen ganzen Tag lang spricht Herold mit dem Davongekommenen und bekommt einen ausführlichen Schreckensbericht von Terror und Tod in Buchenwald. Es ist eine schockierende, bittere Wahrheit und ein Abgrund von Scham, mit der er nur allmählich umzugehen lernt – »und dann schlug das natürlich um in Wut«.

Und es ist vor allem dieses Gefühl, das ihn in den Vorlesungen des stellvertretenden Nürnberger Chefanklägers Robert W. Kempner beschleicht, den er 1948 zum ersten Mal hört. Kempner selbst zeigt sich von dem jungen, kritischen Studenten beeindruckt und hält mit ihm einen sporadischen, aber freundlichen Kontakt. Nach Herolds Ernennung zum Präsidenten des Bundeskriminalamts entwickelt sich die über Jahre gepflegte Korrespondenz besonders rege.

Trotz aller Verdrängungsbemühungen erhält auch die eigene Kriegserfahrung dadurch eine neue und äußerst verstörende Perspektive. So begreift Herold das rigorose Durchgreifen der Kriegsgerichte nun zunehmend als »Maßnahme, die man im nachhinein vielleicht nur deuten darf als Versuch, die Disziplin aufrechtzuerhalten, nicht etwa um ein humanes Gerechtigkeitsprinzip zu dokumentieren, wie ich es damals durchaus verstanden habe«. Ferner muß man wohl annehmen, daß die Enthüllungen über die nationalsozialistische Mordmaschinerie bei jenem Teil der Frontgeneration, der keine Übergriffe der Wehrmacht erlebt hatte, auch ein Gefühl erheblicher persönlicher Kränkung hervorriefen. Damit ist nicht die Ehrbesessenheit gemeint, mit der unermüdlicher Männerschneid seine Frustration über die Niederlage und die Heimkehr als Verlierer zu kompensieren suchte. Vielmehr geht es um jene Soldaten, die wie Herold, von dessen Jahrgang 57 Prozent gefallen waren, Heldengeschichten weder erzählen konnten noch wollten, sondern ihr Kriegserlebnis vor allem, so Herold, als »grausame, überwältigende Sinnlosigkeit, als bloßes Zwangsgefühl zu kämpfen, um zu überleben«, in Erinnerung haben. Für sie trat nun noch die deprimierende Erfahrung hinzu, mit den Schrecken des Krieges allein zu bleiben, weil noch viel Furchtbareres geschehen war.

Mit dem bestandenen Examen und dem Beginn der zweijährigen Referendariatszeit findet Herold langsam aus seiner politischen Lähmung heraus. Noch als junger Staatsanwalt schreibt er sich 1953 an der Hochschule für Wirtschafts- und Sozialwissenschaften in Nürnberg im Fach Betriebswirtschaft ein und kommt in Kontakt mit dem Sozialistischen Deutschen Studentenbund (SDS), der – damals noch loyal zur SPD stehend – in ganz Deutschland etwa tausend Mitglieder zählt; an der Nürnberg-Erlanger Universität sind es gerade fünfzehn Studenten.[76]

Zwar hatten sich die regionalen Hochschulgruppen des SDS schon Anfang September 1946, lange vor den liberalen und christdemokratischen Studentenverbänden, zonenübergreifend zusammengeschlossen. In Bayern jedoch waren politische Studentenvereinigungen aufgrund eines eigentlich gegen die Wiedererstehung der alten Burschenherrlichkeit gerichteten Organisationsverbots der US-Militärregierung erst spät zugelassen worden. Zuvor im Studium hatte es für Herold als eher sozialistisch orientierten jungen Menschen also wenig Raum für politische Betätigung gegeben, zumal in der bayerischen Mutterpartei noch stärker als in der Gesamt-SPD die Altvorderen von vor 1933 dominierten.[77]

Trotz der notorisch politikfernen Wissenschaftsauffassung der Nachkriegshochschulen war freilich unter den Erlanger Juristen die bayerische Verfassung diskutiert worden, über die auf Initiative des US-Militärgouverneurs Clay als erste in Deutschland bereits seit Februar 1946 beraten wurde. Das Verfassungsreferendum vom 1. Dezember 1946 brachte eine eindeutige Zustimmung von 70,6 Prozent bei rund drei Viertel Wahlbeteiligung. In Erlangen, Hof und Nürnberg schlug die traditionelle Oppositionshaltung der Franken durch: Hier lehnten über die Hälfte der Wähler den Entwurf ab.[78] Auch Herold hatte bei diesem von den Amerikanern veranlaßten ersten demokratischen Volksentscheid in Bayern dagegen gestimmt, »weil ich das ganze Bayerngetue für einen separatistischen Akt, für Kleinstaaterei und Provinzialismus hielt«.

In den ersten Jahren nach der Gründung der Bundesrepublik Deutschland im Sommer 1949 wühlt kein politisches Thema die westdeutsche Öffentlichkeit mehr auf als die Frage der Wiederbewaffnung. Nach der Kriegskatastrophe ist der in der Bevölkerung weitverbreitete Widerwille gegen die Errichtung einer neuen deutschen Streitmacht keine Überraschung. Einer EMNID-Umfrage von 1952 zufolge wollen etwa drei Viertel aller Bundesdeutschen keine deutschen Soldaten. Die Motive dieser Gegnerschaft sind äußerst unterschiedlich: Sie reichen von einem teilweise religiös fundierten Pazifismus über neutralistische Neigungen bis hin zur Trotzreaktion eines frustrierten Nationalismus oder dem verletzten Ehrgefühl nicht nur ehemaliger Wehrmachtsoffiziere, »solange der deutsche Soldat noch als Kriegsverbrecher angesehen wird«. Letzteres entwickelt sich, wie der Historiker Norbert Frei nachgewiesen hat, im Laufe der Auseinandersetzung sogar zum populärsten Beweggrund der Bewaffnungsgegner.[79]

Erstaunlich ist hingegen, wie rasch die westlichen Alliierten ihr ursprüngliches, noch im Dezember 1949 und Mai 1950 gesetzlich bekräftigtes Ziel einer Entmilitarisierung Deutschlands zugunsten seiner verteidigungspolitischen Einbindung aufzugeben bereit sind. Bundeskanzler Adenauer, selbst jedes Militarismus unverdächtig,[80] versteht es zudem geschickt, das von ihm bereits 1948 erstmals aufgegriffene Thema mit dem Streben nach einer Revision des Besatzungsstatuts und der Wiedererlangung staatlicher Souveränität zu verbinden. Der Ausbruch des Koreakrieges bringt nicht nur der deutschen Wirtschaft einen unverhofften Boom, sondern auch diese Debatte vollends ins Rollen. Schon im Juli 1950 stellt Paul Sethe in der ›FAZ‹ fest: »Der Gedanke an eine deutsche Wiederbewaffnung breitet sich bei den Siegermächten aus wie ein Ölfleck.«[81] Drei Monate später tritt der christdemokratische Innenminister Gustav Heinemann aus Protest gegen eigenmächtige Aufrüstungsvorschläge Adenauers an die Alliierten zurück. Je nach Standpunkt als obligater Wehrbeitrag oder aber drohende Remilitarisierung beurteilt, geht der Streit anfangs quer durch alle Parteien.

Auch für den ehemaligen Frontsoldaten Horst Herold wird die Debatte zur Triebfeder seiner eigentlichen Politisierung. Seine Haltung ist eindeutig und seine Opposition entschieden: nie wieder Krieg, nie wieder Militär. Gemeinsam mit den studentischen Genossen vom SDS nimmt er, provokativ mit Stahlhelmen ausgerüstet, an Mahnwachen teil und trägt auf Plakaten und Transparenten jene griffige Losung, die dem Protest den Namen gibt: »Ohne mich!«

Als »Ausdruck höchster Asozialität«[82] beschimpft der zeitweilige hessische CDU-Minister Hilpert die Parole und weiß sich mit dieser Einschätzung nicht allein. Obwohl die Bezeichnung »Ohne-mich-Bewegung« bald gebräuchlich wird, handelt es sich allerdings nur begrenzt um einen organisierten politischen Protest. So stark die oppositionelle Stimmung in der Bevölkerung auch ist, sie bleibt meist diffus, eine bloße »Tendenz mit Massenbasis«[83], und schlägt sich vergleichsweise selten in konkreten Protestaktionen nieder. Erst im nachhinein erweist

sich die »Ohne-mich«-Haltung als Anfangsglied einer Kette von Protestkampagnen, die über den »Anti-Atomtod«-Kampf der späten fünfziger Jahre, die Ostermärsche und die APO bis zur Friedensbewegung der achtziger Jahre reicht.
Herold selbst glaubt indes seinen Einsatz zum Anliegen seiner ganzen Frontgeneration verallgemeinern zu können – »weil man schon aufgrund der eigenen Biographie den leidenschaftlichen Grundsatz entwickelte, daß es nie wieder Soldaten geben dürfe«. Tatsächlich aber drückte die Formel »Ohne mich!« damals oft genug eine Gesinnung aus, die nicht nur die Wiederbewaffnung, sondern überhaupt »jedes staatsbürgerliche Engagement« verweigerte.[84] Die Nachwirkungen dieser frühen Ambivalenz, im Sinne einer tendenziell außer- oder unpolitischen Ausformung eines Protests mit einem eigentlich politischen Anliegen bis hin zu gesellschaftlicher Totalverweigerung, lassen sich zumindest als latente Strömung in nachfolgenden deutschen Protestbewegungen weiterverfolgen.
Während er als Referendar innerhalb von zwei Jahren die üblichen Stationen durchläuft und nebenher bei einem Anwalt arbeitet, um die Existenz seiner Familie zu sichern, schreibt Herold an einer Dissertation. ›Der fehlerhafte Staatsakt im Völkerrecht‹ lautet der eher dürre Titel der Arbeit, mit der er 1951 bei Ludwig Schnorr von Carolsfeld in Erlangen promoviert wird. Klassisches Beispiel für das von ihm erörterte Problem ist der Gran-Chaco-Konflikt zwischen Paraguay und Bolivien in den dreißiger Jahren. Damals stellte sich erst nach einem Friedensschluß heraus, daß der im Vertrag als Grenzfluß festgeschriebene Gran-Chaco tatsächlich aus zwei auseinanderliegenden Läufen bestand; die Grenzfrage war mithin ungeklärt. Herolds Doktorarbeit handelt also von der völkerrechtlichen Bedeutung von Verträgen, die unter Einfluß von Irrtum, Täuschung oder auch Zwang zustande kommen. Und mit letzterem wird das Thema plötzlich brisant. Denn da jeder Friedensvertrag für den besiegten Partner letztlich unter Zwangsbedin-

gungen entsteht, gerät Herold nun mitten hinein in das Problem des gerechten und ungerechten Krieges. Zumal im Nachkriegsdeutschland ist das nicht bloß eine juristische Frage.
Die Professoren an der Nürnberger Hochschule hingegen werden sein akademisches Potential bald zu schätzen wissen. Mit einem Habilitationsangebot scheint ihm sogar zeitweilig die Universitätslaufbahn vorgegeben. Doch nachdem er am 2. Januar 1952 das Große Juristische Staatsexamen in München mit einem Platz im ersten Zehntel abgelegt hat, wird Herold Gerichtsassessor und schließlich Staatsanwalt am Landgericht Nürnberg-Fürth. Inzwischen mit der Jugendfreundin Helmi verheiratet, die er trotz der Soldatenzeit nie aus den Augen verloren hat, und Vater einer Tochter, drängt es ihn, erst einmal seine bürgerliche Existenz abzusichern.
Herolds neue Arbeitsstätte, der Nürnberger Justizpalast, ist als Schauplatz des Prozesses gegen die Hauptkriegsverbrecher sowie der Nürnberger Folgeprozesse gegen nationalsozialistische Juristen, Ärzte, Diplomaten und das Oberkommando der Wehrmacht nach dem Krieg weltweit bekannt geworden. Ihm selbst ist der gewaltige spätwilhelminische Bau noch von der Schulzeit im angrenzenden Realgymnasium her vertraut. Doch es ist nicht nur die räumliche Nähe zur alten Lehranstalt, die ihn nun oft an seine Kindheit und Jugend im Dritten Reich denken läßt. Denn zu seinen ersten Aufgaben im neuen Amt zählen Ermittlungen und die Mitarbeit an einer Anklageschrift gegen den einst mächtigsten NS-Funktionär Nürnbergs, den ebenso gewandten wie intriganten SS-Obergruppenführer Dr. Benno Martin. Insgesamt beteiligen sich zwölf Staatsanwälte an der vom leitenden Oberstaatsanwalt Brunner geführten Anklage. In Anbetracht von Herolds enger Schulfreundschaft mit dem Sohn von Martins Untergebenem, dem NS-kritischen Polizeiinspektor Sulzbeck, bedeutet dieses Verfahren zugleich eine irritierende Begegnung mit der eigenen Vergangenheit.
Die Verantwortlichkeit Martins, des ehemaligen Nürnberger

Polizeipräsidenten, Gestapochefs und Führers des SS-Oberabschnitts Main, für die Deportation von 4754 Juden aus Nürnberg, Würzburg, Bamberg und Regensburg, von denen weniger als 170 die Vernichtungslager überlebten,[85] steht nach Auffassung der Staatsanwaltschaft außer Zweifel. Trotzdem ist die Strafverfolgung für sie nicht nur angesichts des in der Bundesrepublik inzwischen herrschenden vergangenheitspolitischen »Schlußstrich«-Klimas einigermaßen heikel. Martin hat bereits in vorangegangenen Spruchkammer- und Gerichtsverfahren seine NS-interne Gegnerschaft zu dem an Barbarentum und Korruptheit schwer zu übertreffenden Gauleiter Julius Streicher trefflich für sich auszunutzen gewußt, und dies, obgleich er aus der ihm durchaus willkommenen Konkurrenz mit seinem vorherigen Förderer und Intimus eindeutig als Sieger hervorgegangen war.

Außerdem genießt der fast zwei Meter große, stets Aufsehen erregende Beau und Damenmann Martin, dessen »blitzender Esprit, ... souverän beherrschter Knigge und chevalereske Allüren«[86] wohl gerade während der Nazizeit in der fränkischen Gesellschaft besonders goutiert wurden, die ungebrochene Unterstützung einflußreicher Kreise. Tatsächlich war es dem weithin als »Phänomen«[87] bestaunten Martin gelungen, in Nürnberg zeitweilig eine Art persönliches Regiment zu etablieren, in dem sein gesellschaftlicher Ehrgeiz und kalkulierter Opportunismus neben der besonderen Wertschätzung durch Himmler wie Hitler ausgezeichnete Kontakte in so gut wie jede Richtung, bis hinein in oppositionelle Gruppen, gestatteten. So hält man ihm nach dem Ende des Dritten Reichs sein schützendes Eintreten für einzelne ranghohe Mitglieder der Wehrmacht und des Adels zugute wie auch die mit Blick auf die zu erwartende Niederlage zum Erhalt der Kunstschätze durchgesetzte Nichtverteidigung Bambergs in den letzten Kriegstagen. Als sein »Meisterstück«[88] rühmt Martin überdies, daß er für einen Teil der von Sippenhaft bedrohten fränkischen Verwandtschaft

des Hitler-Attentäters Stauffenberg mildernde Umstände erreicht und zur Rettung ihres Familienschmucks beigetragen habe.
Zwar ist Martin, der bis zur Übergabe an die deutschen Behörden im August 1948 einige Jahre in amerikanischer Internierungshaft verbracht hat, durch Urteil des Schwurgerichts Nürnberg vom 30. April 1949[89] wegen fortgesetzter Beihilfe zur »Freiheitsberaubung im Amt mit Todesfolge«[90] zu drei Jahren Gefängnis verurteilt worden. Doch im Prozeß war schon angeklungen, daß er sich »auf das ritterlichste und menschenfreundlichste benommen hat und in der Bekämpfung aller Ungerechtigkeiten und Grausamkeiten, die er tief verabscheute, sehr viel persönlichen Mut bewiesen hat«[91]. Vier mitangeklagten Gestapoleuten hatte der gerichtsamtliche Eindruck, daß »sie ihre Aufgabe bei der Judenverfolgung nicht frohen Herzens erfüllten«[92], damals sogar zum Freispruch verholfen. Es mag daher nicht verwundern, daß auf Martins Revision hin das Bayerische Oberlandesgericht Anfang 1951 das Urteil gegen ihn aufhob. Ein anschließendes neuerliches Verfahren im Juni 1951 endete mit Freispruch. Diesmal hatte sich neben den Stauffenbergs und einer Vielzahl anderer fränkischer Honoratioren auch das Bamberger Metropolitankapitel beim bayerischen Ministerpräsidenten einstimmig für Martins »vollständige Rehabilitierung« verwendet. Durch Urteil des Bundesgerichtshofes wurde indes Mitte Dezember 1952 auch diese Entscheidung aufgehoben und zurückverwiesen.
Gegen diese hochmögende Front antretend, muß sich die Nürnberger Staatsanwaltschaft einiges einfallen lassen, um Martin doch noch hinter Gitter zu bringen. Das gilt um so mehr, als in den vorherigen Prozessen bereitwillig als Unschuldsbeweis akzeptiert wurde, daß Martin trotz seiner beherrschenden Stellung keinerlei antisemitische Neigungen hatte, was aber eher von seiner undogmatischen Unmoral herrührte. Die Staatsanwälte begnügen sich deshalb nicht mit dem Aufspüren von

Dokumenten, welche die persönliche Gesamtleitung Martins zumindest für den ersten Sammeltransport förmlich festhielten. Vielmehr weisen sie detailliert Martins Verhandlungen mit der Reichsbahndirektion und anderen Stellen sowie seine Organisation der Mannschaften bis hin zur Abstellung der »Putzfrauen des Polizeipräsidiums für die körperliche Durchsuchung der jüdischen Frauen«[93] vor dem Abtransport nach.
Doch das Schwurgericht, dem sich Martin im Juni 1953 stellen muß, will dem Strafantrag und den vorgelegten Beweisen nicht folgen. Lieber vertraut man den zahlreich herbeigeschafften Entlastungszeugen, die aus der schon ob ihrer Ämterhäufung ungewöhnlichen Karriere des »schwarzen Ritters«[94] nur von Taten vornehmsten Altruismus zu berichten wissen. Die stets blendende Erscheinung und gewählte Ausdrucksweise des Angeklagten tun ein übriges. Insbesondere geht es den Schöffen offenbar nahe, daß Martin der »Evakuierungsbefehl«, wie er die Deportationen umschreibt, tatsächlich »contre cœur« gegangen sei. Das nachdrückliche Pochen der Staatsanwälte auf die schier erdrückende Beweislast nützt nichts; am 1. Juli 1953 wird Benno Martin in allen Anklagepunkten freigesprochen.[95]
In der Urteilsbegründung stellt das Gericht die Argumentation des Staatsanwalts denn auch auf den Kopf. So wird etwa die bewiesene Bereitstellung des am Stadtrand gelegenen Lagers und Bahnhofs Langwasser durch Martin als eine bloße Schutzmaßnahme interpretiert, die öffentliche Erregung unter den Bewohnern und die Demütigung der Opfer vermeiden sollte – wenngleich Martin, so die Richter, »erkannte, daß er durch solche im Interesse der Juden getroffenen Maßnahmen zum reibungslosen und rechtzeitigen Abtransport der Juden beitrug«. Aber: »Der Angeklagte brauchte hier kein Unrechtsbewußtsein zu haben, da das Bestreben, zu helfen und zu mildern, nicht als Unrecht angesehen werden kann.«
Der Freispruch Martins beunruhigt Herold als Ausdruck einer Denkungsart, die mit der nachträglichen Exkulpation von Taten

und Tätern gewissermaßen bedeutet, die Deportation der fränkischen Juden sei gleichsam von Geisterhand ins Werk gesetzt worden. Schließlich hatte das Gericht erklärt, »für Hitler und die Personen, die diese Evakuierung befohlen hatten«, stellten sich die Deportationen als »Ausführungshandlung zum Mord dar«, und im selben Atemzug den ausführenden Befehlsherrn Martin davon ausgenommen. Doch in einer »Zeit fast vollständigen Stillstandes aller Bemühungen, die Verbrechen des Dritten Reiches zu ahnden«[96], so Peter Graf Kielmansegg über die fünfziger Jahre, bleibt der Versuch, im Martin-Prozeß nachzuweisen, daß »kollektiver Terror nicht einfach eine Naturkatastrophe ist«[97], zum Scheitern verurteilt. Herolds Mißtrauen gegenüber Zeugenaussagen und sein ihm später als menschenverachtendes Technokratentum ausgelegter Wunsch nach lückenloser Perfektionierung von Datensammlungen und Sachbeweisen mögen bereits hier ihren Ursprung haben.
1953 übernimmt Herold für einige Zeit das Verkehrsreferat, um sich dann bevorzugt der Verfolgung von Wirtschaftsstrafsachen zuzuwenden. Doch auch diese Tätigkeit wird für ihn zu einer höchst zwiespältigen Erfahrung. Die Mühlen der Gerichtsbarkeit erscheinen ihm bald als »ein Ausfilterungsprozeß, der die Postulate Gleichheit und Gerechtigkeit unserer Ordnung eklatant verkürzt, weil er nur jene übrigläßt, die mangels Ausdrucksvermögen, teurer Anwälte oder Gutachten unfähig sind, sich der kriminellen Stigmatisierung zu entziehen, oder nur solche, die der Hochsprachlichkeit des Verfahrens, seinem gestelzten Ritual und Zeremoniell buchstäblich sprachlos gegenüberstehen.« Kein Wunder also, daß es Herold binnen kurzem an die Universität zurückzieht.
Nach Gerichtsschluß beschäftigt er sich mit seiner Habilitation und hält zudem wirtschaftsrechtliche Vorlesungen und Seminare an der Hochschule für Wirtschafts- und Sozialwissenschaften in Nürnberg, die später als sechste Fakultät der Erlanger Universität firmiert. Wegen der langen Krankheit des

Professors für Wirtschaftsrecht, Hermann Eichler, dessen Verpflichtungen Herold nahezu komplett übernimmt, läßt sich fast von einer Art Lehrstuhlvertretung sprechen. Herold hat nicht nur Spaß am Lehrbetrieb, er macht seine Sache offensichtlich auch sehr gut. Als Eichler wieder gesund ist, stellt man Herold deshalb eine Privatdozentur an der Nürnberger Hochschule in Aussicht. Seine endgültige Rückkehr an die Universität scheint somit sicher. Doch eine schwere Erkrankung macht diesen Plan bald zunichte: 1956 wird bei ihm eine hochgefährliche Entzündung der Bauchspeicheldrüse festgestellt. Fast ein ganzes Jahr lang liegt er im Krankenhaus. Herolds Hochschulkarriere ist nun beendet. Dem womöglich entgangenen Lehrstuhl trauert er bis heute nach.

Unterdessen bereitet Herold die politische Situation in Westdeutschland zunehmendes Unbehagen. Der Kampf um die Wiederbewaffnung steht kurz vor dem Abschluß: Am 15. Januar 1955 – jenem Tag, an dem der 1945 nach russischer Kriegsgefangenschaft verschollene Vater von Andreas Baader vom Amtsgericht München für tot erklärt wird – lanciert die Sowjetunion eine recht ungewöhnliche Erklärung der Nachrichtenagentur TASS. Mit Blick auf die fällige Ratifizierung der Pariser Verträge, den entscheidenden Schritt zur westdeutschen staatlichen Souveränität, warnt sie vor der endgültigen Spaltung Deutschlands und spricht von »noch ungenutzten Möglichkeiten« zur Wiedervereinigung – seltsamerweise »damit ein einheitliches Deutschland als Großmacht wiederersteht«[98]. Wie ernst gemeint dieser Vorstoß ist, hinter dem sich unter den Bedingungen des Kalten Kriegs wohl nur ein erneutes Neutralitätsangebot verbergen kann, wird von Adenauer nicht geprüft. Die Möglichkeit einer neuen deutschen Schaukelpolitik zwischen Ost und West ist ihm der schlimmste Alptraum. Außerdem betrachtet der rheinische Europäer und Antikommunist die Westintegration nicht nur aus Sicherheitsgründen, sondern auch mit Blick auf »die gefährlichen Seiten

des deutschen Charakters«[99] als eine unabdingbare Schule abendländischer Zivilisation und will die Aussöhnung mit dem früheren Erzfeind Frankreich auf keinen Fall gefährden.
Der Weg der Bundesrepublik in die Westeuropäische Union und die NATO, mithin zum souveränen Staat, ist daher kaum mehr aufzuhalten. So bleiben die Proteste gegen die Wiederbewaffnung selbst seitens der Opposition taktisch eher halbherzig. Im Bundestag chancenlos, versucht die SPD gleichwohl, im Verein mit den Gewerkschaften sowie prominenten Vertretern der Kirchen und der Wissenschaft, noch kurzfristig eine außerparlamentarische Bewegung auf die Beine zu bringen. Für das die Wiedervereinigung beschwörende ›Deutsche Manifest‹[100], das zur Auftaktveranstaltung am 29. Januar 1955 von rund tausend geladenen Rüstungsgegnern in der Frankfurter Paulskirche verabschiedet wird, finden sich allein in Bayern binnen kurzem mehr als 250.000 Unterschriften, und an den bundesweit stattfindenden Protestkundgebungen gegen die Pariser Verträge beteiligen sich bis zur erfolgreichen dritten Lesung im Bundestag Ende Februar Zehntausende von Menschen. Darunter sind auch die Eltern von Gudrun Ensslin, Ulrike Meinhofs Pflegemutter Renate Riemeck und Horst Herold.
Adenauer hat für die sogenannte Paulskirchenbewegung, zu deren Wortführern der zurückgetretene CDU-Innenminister und spätere sozialdemokratische Bundespräsident Gustav Heinemann, der evangelische Theologe Helmut Gollwitzer und der Heidelberger Soziologe Alfred Weber gehören, nur Hohn übrig. Als »rotes Gericht, das mit einigen grünen Salatblättern verziert war«, ironisiert er die Frankfurter Gründungsversammlung, um angesichts des weitgestreuten Protests dann doch sehr deutlich zu werden: »Ich warne davor. Wir werden uns das nicht gefallen lassen. Wir sind entschlossen, daß das Parlament und nicht die Straße die Entscheidungsmacht in der Hand behält.«[101] Der drohende Ton ist nicht nur wegen der offenbaren Aussichtslosigkeit der Kampagne und ihrer nach-

Mit den Pariser Verträgen kam die von Konrad Adenauer nachdrücklich betriebene Frage der deutschen Wiederbewaffnung zur Entscheidung. Trotz der in der Bevölkerung weit verbreiteten »Ohne mich«-Haltung fanden nur wenige den Mut zum aktiven Protest. Unter ihnen war Horst Herold. Das Bild zeigt Demonstranten im Februar 1955.

drücklich zivilen Natur völlig unangemessen. Schlimmer noch: Die arroganten Überlegenheitsgebärden der Regierung mit ihrer satten parlamentarischen Mehrheit verursachen vielfach demokratisches Unbehagen gegenüber diesem »repräsentativen Absolutismus«[102].

Zugleich lassen sie übersehen, daß die Friedensbewegung trotz ihres Scheiterns längst wichtige Erfolge errungen hat: die Aufnahme des Rechts auf Wehrdienstverweigerung in immerhin vier Länderverfassungen und in das Grundgesetz der Bundesrepublik sowie das Konzept des Staatsbürgers in Uniform. Schließlich war es nur der jahrelangen kritischen Diskussion um Wehrbeitrag und Wehrverfassung zu verdanken, daß man sich in Deutschland erstmals um die Rolle der Armee in einer demokratischen Gesellschaft ernsthafte Gedanken machte. So aber führt der diffamierende Umgang mit den Traumatisierungen der Nation dazu, daß just im Moment der Souveränitätswerdung der Bundesrepublik alte Wunden aufbrechen. Zusätzlich sind neue Keime der Entfremdung in einem von den Deutschen noch weitgehend beschwiegenen Bereich gelegt: dem des Zusammenhanges von Staatlichkeit und legitimer Gewalt.

In der SPD-Opposition macht sich dieser Zwiespalt naturgemäß besonders bemerkbar. Als sich der SPD-Abgeordnete und spätere Bundeskanzler Helmut Schmidt im Oktober 1958 freiwillig zu einer Reserveübung der Bundeswehr meldet, führt dies zwar nicht zu einem Sturm der Entrüstung unter dem Parteivolk, dafür aber zur prompten Abwahl aus dem Fraktionsvorstand im Bundestag. Erst später, so Herold heute, sei ihm klargeworden, daß der Widerstand gegen die neue Armee vor allem ein Reflex gewesen sei: »Es war eigentlich eine Ablehnung der eigenen Vergangenheit.«

5. Eruption und Gedächtnis

Die private Lehranstalt Dr. Überreiter in München ist für Andreas Baader die letzte Station einer wechselvollen schulischen Laufbahn. Ende Februar 1961 wird der inzwischen nahezu Achtzehnjährige, der sich kurz zuvor angeblich noch mit der Idee getragen hatte, »ein Jugendbuch für bessere Erziehungsmethoden«[103] zu schreiben, auch dort wegen unzureichender Leistungen und unzumutbaren Verhaltens entlassen. Mit der mittleren Reife verläßt er die Schule. Zum Unterricht war er kaum noch erschienen, bei seinen wenigen Auftritten hatte er bloß massiv gestört und obendrein Mitschüler zum Motorraddiebstahl verleitet. Seitdem er einmal auf einer gestohlenen Maschine mit 120 Stundenkilometern durch den Englischen Garten gerast ist, was ihm aufgrund der fehlenden Fahrerlaubnis prompt drei Wochen Jugendarrest einträgt, soll ihn seine Leidenschaft für überschnelles Fahren und sportliche Fahrzeuge nicht mehr verlassen. Den Führerschein macht er indessen nie, so daß er noch vor dem ersten Akt politischer Kriminalität im Jahre 1968 bereits ein stattliches Strafregister vorweisen kann. Zwischen 1964 und 1967 wird Baader, der schon zuvor gern mit gestohlenen Autos unterwegs ist, allein viermal wegen Fahrens ohne Führerschein, außerdem wegen Führerscheinfälschung und Mißbrauchs von Versicherungs- und Wagenpapieren sowie Kfz-Kennzeichen mehrfach mit Geld- und Freiheitsstrafen belegt.[104]

Doch nicht nur diese frühe kriminelle Energie zusammen mit seiner geheimnisvoll dunklen, nachgerade romantisch wirkenden äußeren Erscheinung, ja Schönheit, macht den jungen Baader zu einer auffälligen Persönlichkeit. Hinzu kommt das

offenkundig krasse Mißverhältnis zwischen seinem andauernden schulischen Mißerfolg und der von seinen Lehrern immer wieder festgestellten »überdurchschnittlichen Begabung«[105], die ihm wohl nicht zuletzt aufgrund seiner Ausstrahlung und verbalen Überzeugungskraft zugesprochen wird. Dabei ist es nicht allein die Mutter, die an ihm künstlerische Talente und ein besonderes sprachliches Vermögen, vielleicht ein Erbe des Vaters, zu entdecken glaubt. Auch der an Baaders Kombination von Intelligenz, Charme, Faulheit und asozialem Verhalten nahezu verzweifelnde Schuldirektor glaubt damals, er werde »irgendwann einmal Journalist oder Schriftsteller«. Während seiner Berliner Bohemejahre ebenso wie im Frankfurter Kaufhausbrandprozeß soll sich Andreas Baader dann sogar selbst diese Berufsbezeichnung zulegen. Den Nachweis einer solchen Begabung kann er freilich nicht erbringen; tatsächlich ist keine literarische Zeile von ihm bekannt.
Mit dem Abbruch der Oberschule bleiben – abgesehen von einigen, laut Urteil des letzten Schuldirektors bemerkenswerten Aufsätzen sowie Keramikarbeiten »an einer nicht näher bekannt gewordenen privaten Kunstschule«[106] – die dem jungen Baader zugeschriebenen geistigen und schöpferischen Talente vorerst ein leeres Versprechen. Statt dessen erprobt er seine Eloquenz und Überzeugungsgabe vorzugsweise in teils komödiantischen, meist jedoch wichtigtuerischen oder provokanten Verstellungen und Täuschungsmanövern. Eine Zeitlang spielt er, allerdings ohne nennenswerten Erfolg, den Altersgenossen vor, an einem tödlichen Lungenkrebs oder Tuberkulose zu leiden: »Er lief in München herum mit dem Gesicht eines Mannes, der wußte, daß er sterben muß, aber das Beste daraus machen will. Er tat immer so, als würde er Blut in sein Taschentuch husten, aber das Tuch blieb weiß.«[107] Als Andreas Baader dann nach dem Abbruch der Oberschule das Nachtleben der Schwabinger Boheme, einer bunten Mischung aus Kulturschaffenden und Schickeria, Halb- und Unterwelt, die den Reiz des

schönen, wilden Knaben zu schätzen weiß, für sich entdeckt, wird sein Faible für Hochstapelei vollends zum Habitus. Die Frauen und Männer, die seine Erscheinung bewundern und die er, so die Politologin Karin Wieland, gleichermaßen »ohne Interesse«[108] liebt, bedenkt er oft mit beißendem Spott.
Während die kommenden Regisseure des »Neuen Deutschen Films«, von Rainer Werner Fassbinder über Werner Herzog bis Volker Schlöndorff, in den Cafés und Nachtbars rund um die Leopoldstraße voller Ehrgeiz ihre künstlerische Zukunft planen, probiert der junge Baader sein Talent für die Kulisse. Eigene Vorhaben oder konkrete Ziele haben dabei selbst in seinen Phantasmagorien keinen Platz. Er, dem zu Hause alles zufällt, der gewohnt ist, auch gegen alle Widrigkeiten stets nur um seiner selbst willen geliebt zu werden, kennt kein Bemühen jenseits der auratischen Inszenierung seiner Person. Gern erzählt er Geschichten über eine geheimnisvolle Herkunft und raunt lang und dunkel von einer großen Zukunft oder einem großen Erbe, das irgendwo auf ihn warte. Die kleine private »Von-Parish-Schule für freie und angewandte Kunst«, an der er vom Mai 1961 an für vier Semester und zunehmend sporadisch Zeichenkurse besucht, soll er noch Jahre später in Berlin regelmäßig zur Münchner Akademie für Bildende Künste oder Kunsthandwerk adeln.

Manches spricht dafür, Baaders autobiographische Konstruktionen als Ausdruck eines von ihm als peinlich empfundenen »Anspruchsniveaukonflikts«[109] zu begreifen, ausgelöst oder wenigstens gefördert durch die beträchtliche Kluft, die zwischen seiner konkreten Leistung und seinem Artikulationsvermögen liegt, zumal letzteres von der Umgebung oft als Zeichen hoher Intelligenz auf nahezu allen Gebieten gewertet wird. Und tatsächlich scheint noch ein Jahre später, im April 1968, aufgenommenes Photo des politischen Brandstifters diesen Aspekt zu unterstreichen: Es zeigt das sinnlich ungestüme

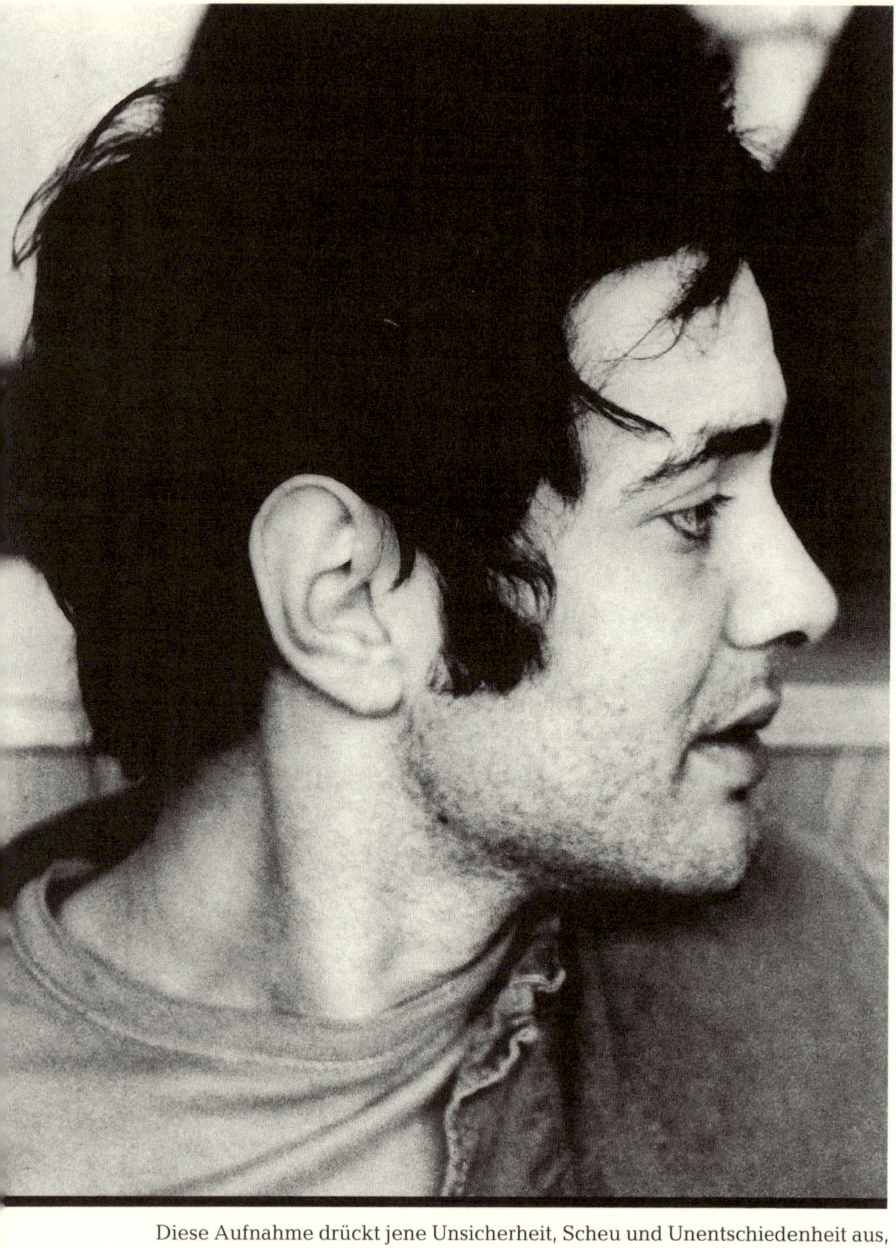

Diese Aufnahme drückt jene Unsicherheit, Scheu und Unentschiedenheit aus, die Baader während seiner Schwabinger Jahre noch offen zeigte.

Profil eines scheuen jungen Römers, dessen fragender Blick, nicht nur der offenbaren Kurzsichtigkeit wegen, in seiner Verletzlichkeit fast rührend wirkt. Doch selbst wer Baaders Maskeraden bis zu einem gewissen Grad als bloße Lust am Fabulieren, als Niederschlag einer überbordenden poetischen Phantasie würdigen möchte, wird schließlich nicht übersehen können, daß sich bei ihm Züge einer antisozialen und narzißtischen Persönlichkeitsstörung vereinen.[110] Die immer wieder behauptete Genese des deutschen Nachkriegsterrorismus aus dem Geist individueller Psychopathologie ist einem solchen Befund indes kaum anzudichten. Der Terrorismus läßt sich, wie Hans Magnus Enzensberger festgehalten hat, als strukturelles Zivilisationsphänomen und letztlich kollektive Paranoia »nicht an die Psychiatrie delegieren, weil sie kein individueller, sondern ein öffentlicher Zustand ist«[111].

Wer Andreas Baader nur als böses Produkt seiner Neurosen, als klinischen Fall betrachten möchte, übersieht nicht nur seine jüngst von Horst Mahler erinnerten »warmen Seiten«[112]. Eine solche Sicht verkennt auch die Bereitwilligkeit, mit der sich höchst unterschiedliche Menschen auf ihn ein- und von ihm benutzen lassen. Erst deren Empfänglichkeit für seine Ausstrahlung macht Baaders blendenden Charme, das sichere Gespür für Schwächen und Stärken des Gegenübers, mithin die Fähigkeit, Macht über andere zu gewinnen, zu einem dauerhaft mächtigen Potential, das er wirkungsvoll und zunehmend skrupellos einzusetzen versteht. Der Erfolg, den er dabei hat, ist also nicht das Werk eines wahnhaften Dämons, er weist vielmehr auf eine bemerkenswerte emotionale Kompetenz, die sich später auch in seinem Sinn für mediale Wirksamkeit niederschlägt.

Ende März 1960 kommt es in München bei den Direktwahlen zum Oberbürgermeisteramt zu einer kleinen politischen Sensation: Der junge sozialdemokratische Rechtsreferent Hans-

Jochen Vogel erreicht auf Anhieb 64,3 Prozent der Stimmen und wird somit Nachfolger des legendären Nachkriegsbürgermeisters Thomas Wimmer. Der Überraschungserfolg ist für den fleißigen Juristen der Anfang einer großen politischen Karriere, die über viele Stationen bis zum SPD-Parteivorsitz Ende der achtziger Jahre führt. Während der Schleyer-Entführung als Bundesjustizminister an vorderster Front, wird er die sechs Wochen im Herbst 1977 rückblickend als die »angespanntesten und verantwortungsschwersten meines ganzen Lebens«[113] bezeichnen.
In Vogels Amtszeit als Münchner Oberbürgermeister fallen im Juni 1962 die sogenannten Schwabinger Krawalle.[114] Es sind die ersten größeren Unruhen unter Jugendlichen in der Bundesrepublik seit dem gelegentlichen »Halbstarken«-Protest in der zweiten Hälfte der fünfziger Jahre. Der ›FAZ‹ war letzterer damals »schlimmer als die Atombombe«[115] erschienen; dennoch hatte oft erst das unberechtigt harte Vorgehen der Polizei gegen bloße Ansammlungen von Halbwüchsigen die Gewalt eskalieren und die eigentlich unpolitischen Demonstrationen zum Politikum werden lassen.[116] Ähnlich verhält es sich nun bei den Münchner Tumulten. Auch hier ist der Auslöser der über fünf Nächte währenden gewalttätigen Auseinandersetzungen eher harmlos: Es ist die Beschwerde eines Anwohners, der sich durch einige hundert junge Menschen in seiner Nachtruhe gestört fühlt, als auf dem nach einem heißen Fronleichnamstag dichtbevölkerten »Boulevard Leopold« zu Gitarrenmusik gesungen und getanzt wurde. Die anschließenden Straßenschlachten zwischen der unerbittlich vorgehenden Polizei und den bald Tausende zählenden Jugendlichen und Passanten bekommen die Baaders, die damals in Schwabing wohnen, nicht nur aus den empörten Presseberichten mit.
Obschon einiges an Schlägereien gewöhnt, sind die Unruhen nach Darstellung der Mutter für den neunzehnjährigen Andreas ein schockhaftes Erlebnis. »Danach kam er nach Hause«,

erzählte sie später, »und sagte zu mir: ›Weißt du, Mutter, in einem Staat, wo Polizei mit Gummiknüppeln gegen singende junge Leute vorgeht, da ist etwas nicht in Ordnung!‹«[117] Erich Kuby kommentierte bissig, die Münchner Polizei habe Baader wohl »den Gefallen« getan, die jungen Leute »so zusammenzuschlagen, wie es sich die Berliner und die Frankfurter Polizei sechs Jahre später aus triftigeren Anlässen zur Gewohnheit machte«[118]. Tatsächlich sollte in Berlin schon fünf Jahre später, nämlich bei der blutigen Anti-Schah-Demonstration am 2. Juni 1967, die berüchtigte Knüppeltaktik des Polizeipräsidenten Erich Duensing traurige Berühmtheit erlangen. In der Bayernmetropole hingegen führen die Erfahrungen aus den Schwabinger Krawallen zu einer als »Münchner Linie« bekannt gewordenen Polizeireform, die unter anderem erstmals psychologische Schulungen der Einsatzkräfte vorsieht. Sie ist das Werk des neu ernannten und bald populären Polizeichefs Manfred Schreiber, der ein Jahrzehnt darauf, bei dem von Ulrike Meinhof hymnisch gefeierten Überfall palästinensischer Terroristen auf die israelische Olympiamannschaft im September 1972, allerdings ein Desaster erleben sollte.

Im Hinblick auf die im Juli 1971 von der RAF unter dem Tarntitel ›Die neue Straßenverkehrsordnung‹ veröffentlichte Programmschrift ›Über den bewaffneten Kampf in Westeuropa‹ ist es übrigens im nachhinein nicht ohne Komik, daß Hans-Jochen Vogel in seinem Memoirenband die Schwabinger Krawalle als einen buchstäblichen »Aufstand der Individualität gegen die Straßenverkehrsordnung« durchaus wohlwollend würdigte.

Im Herbst 1963, gerade zwanzig Jahre alt geworden, verläßt Andreas Baader seine bayerische Heimatstadt und zieht, gemeinsam mit seinem Vetter Peter, nach West-Berlin. Zum Wintersemester nimmt dieser an der Freien Universität das Studium der Germanistik auf. Die Gründe für Baaders Ortswechsel sind hingegen unklar. Die künstlerische Ausbildung, die er dort

angeblich fortsetzen will, nimmt er jedenfalls nie auf. Vielleicht möchte er dem dauernden Ärger mit der Münchner Polizei entkommen, vielleicht ist dem aufstrebenden Dandy auch sein fürsorgliches Zuhause, so bequem es ist, zu eng oder zu genierlich geworden. Die Familie freilich verspricht sich aus dem Zusammenleben der beiden eine positive Wendung. Vielleicht kann Peters Zielstrebigkeit Andreas aus seiner Indolenz reißen. Andreas Baader mag es zusätzlich reizvoll erscheinen, daß er in Berlin aufgrund des Sonderstatus der geteilten Stadt zugleich der Einberufung zur Bundeswehr entgehen kann. Obgleich er nur ein paar Jahre später als revolutionärer Kämpfer ein echter Waffennarr werden wird, bleibt ihm sportliche und körperliche Betätigung zeitlebens verhaßt. Die Großmutter Hermine vermißte bei ihm, so der Publizist Stefan Aust, daher »den männlichen ›Mumm‹«[119].
Als die beiden Vettern in Berlin eintreffen, herrscht dort eine eigentümlich unbestimmte Atmosphäre. Die Mauer, mit der die SED-Führung die anhaltende und seit dem Juni 1961 erneut dramatisch ansteigende Massenflucht der DDR-Bürger in den Westen ein für allemal zu stoppen suchte, ist erst zwei Jahre zuvor errichtet worden. Und bis zum Jahresende 1963 ist auch der Blick aus dem nunmehr verriegelten Fenster zur freien Welt völlig unmöglich. Erst mit dem Passierscheinabkommen vom 19. Dezember wird den Westberlinern erlaubt, sich zumindest für die Weihnachtszeit wenige Stunden im ehemaligen Ostsektor aufzuhalten. Der Schock über die totale physische Abschottung der von 155 Kilometern Beton und Stacheldraht und 25.000 Rotarmisten umstellten Stadthälfte sitzt tief, ebenso die Enttäuschung über die verhaltene Reaktion der Bundesregierung und der drei Westalliierten.
Indessen ist der Gewichtsverlust, den West-Berlin als »Pfahl im Fleische des Kommunismus« besonders im politischen Kalkül der USA erlitten hat, schon seit der Entkoppelung der Berlin- und Deutschlandfrage auf der Genfer Außenministerkon-

ferenz vom Sommer 1959 offenbar. Die nach Chruschtschows Drohgebärden im November 1958 latente Berlinkrise ändert ebensowenig wie die Kubakrise vom Herbst 1962 etwas daran, daß die Supermächte längst auf dem Weg zu einer »neuen Ära der Koexistenz«[120] sind. Die kämpferische Frontstadtgesinnung, das stolze Bewußtsein, nicht nur während der Blockade des Jahres 1948/49 vor den Augen der Welt und gleichsam stellvertretend für den gesamten Westen dem Ostblock tapfer die Stirn geboten zu haben, verliert sich nun ohne Echo in den zu groß gewordenen Straßen der ehemaligen Reichshauptstadt. Auch die politische Magnetfunktion West-Berlins, einst von General Clay und dem Nachkriegsbürgermeister Ernst Reuter konzipiert, ist mit der Einmauerung zunächst gescheitert.

Zum »Weltdorf« degradiert, wie ein im zunehmend fernen Westdeutschland bald vielzitiertes Spottwort lautet, braucht die Rumpfstadt ohne Umland jetzt eine neue Aufgabe. Angesichts von Bevölkerungsausdünnung, Überalterung und dem Verlust der industriellen Potenz liegt die vom Senat schon Ende Mai 1962 als »Berliner Kulturplan« vorgebrachte Antwort auf diese Frage nahe: Neues Selbstbewußtsein und neue Strahlkraft soll der Ausbau zu einer gewaltigen, internationale Maßstäbe setzenden Kultur- und Wissenschaftsmetropole bringen. Zugleich politische Festung und soziales Idyll, wird West-Berlin zur hochsubventionierten Insel nicht nur der Beamten und Spione, sondern auch der akademischen, theoretischen und künstlerischen Intelligenz. Ebenso gedeihen vielfältige Subkulturen und Szenemilieus in der noch als Torso weiträumigen Stadt, in der sich Andreas Baader nun rasch zurechtfindet.

Besonders der Regierende Bürgermeister Willy Brandt vertritt wortstark die Kulturstadtkonzeption. Sie geht mit einem neuen berlin- und deutschlandpolitischen Realismus des SPD-Senats einher, für den Brandts enger Vertrauter Egon Bahr im Juli 1963 eine bleibende Formel findet: »Wandel durch Annäherung«. Ihrem Sog wird sich auf Dauer keine Bundesregierung entziehen können. Für die Westberliner gilt dies in ihrer isolierten Lage um so mehr, doch noch steht ihr Wille zur Selbstbehauptung derartigen Vorstellungen einigermaßen skeptisch gegenüber. Als der Berliner Studentenkongreß gegen Atomrüstung Anfang 1959 seine Schlußresolution – übrigens gegen den ausdrücklichen Protest des anwesenden SPD-Wehrexperten Helmut Schmidt – mit den Worten eingeleitet hatte, »die weltpolitische Lage wird in Kürze die beiden Teile Deutschlands zwingen, miteinander zu verhandeln«, hatte die Reaktion der Berliner Presse – »Genosse Ulbricht kann sich ins Fäustchen lachen« oder »Totengräber unserer Freiheit« – durchaus die allgemeine Stimmung in der Frontstadt gespiegelt.[121]

Dem amerikanischen Präsidenten Kennedy hingegen, dessen Amtsantritt die entspannungspolitische Wende überhaupt erst eingeleitet hatte, bereiten die Westberliner im Juni 1963 einen wahrhaft triumphalen Empfang. Auch die Studenten der Freien Universität, vor denen Kennedy am folgenden Tag die Grundlinien einer zukünftigen »Strategie des Friedens« darlegte, zeigten sich begeistert. Doch die Vertrauenskrise, in welche die USA durch die tatenlose Hinnahme des Mauerbaus in den Augen vieler Deutscher und besonders der Berliner geraten sind, wird durch Kennedys Triumphzug nur zeitweilig überdeckt. Unterschwellig bleibt die Enttäuschung über das Verhalten der demokratischen Schutzmacht weiterhin präsent, bis sie sich Jahre später im antiamerikanischen Protest der Studentenbewegung voll entfaltet. Schon 1963 aber ist die haushohe Abwahl des AStA-Vorsitzenden der Freien Universität, des schlagenden Korpsstudenten Eberhard Diepgen, so etwas wie der Vorbote eines Gärungsprozesses: »Die Urabstimmung und der Tanz der Sieger kündigten an«, so der APO-Aktivist Bernd Rabehl, »daß das politische Klima der ›Freien Universität‹ sich veränderte.«[122]

Anlaß dafür war Diepgens Versuch, seine Kommilitonen zum Eintritt in eine freiwillige Polizeireserve »zur Garantie des normalen Lebens in Krisenzeiten«[123] zu bewegen, die von Innensenator Heinrich Albertz geplant worden war. Andreas Baader freilich interessiert sich dafür ebensowenig wie für die von der Hochschule bald ausgehende Protestbewegung. Eigentlich bekommt er kaum etwas davon mit. Die Wohngemeinschaft mit dem Vetter Peter – »ohnehin ein durch und durch unpolitischer Mensch«, so Anneliese Baader über ihren Neffen – ist längst aufgelöst. Selbst bei der Anti-Schah-Demonstration am 2. Juni 1967, dem Tag, der mit der Erschießung des Studenten Benno Ohnesorg für viele, namentlich auch für Baaders spätere Kampfgefährtin Gudrun Ensslin zum traumatischen Fanal der Revolte wird, ist er nicht dabei. Statt dessen sitzt er, wieder einmal wegen eines Motorraddiebstahls, in einer Haftanstalt im bayerischen Traunstein. Bis zur Begegnung mit Gudrun Ensslin ist Politik seine Sache nicht.

Im völligen Gegensatz dazu sind dem auch politisch eigensinnigen Staatsanwalt Horst Herold die »langen fünfziger Jahre«, wie man die über Adenauers Kanzlerschaft noch hinausreichende Ära bis zum Jahre 1966 genannt hat, eine ständige Reibungsfläche. Neben der Wiederbewaffnung begreift Herold vor allem das nach jahrelangem Drängen der Bundesregierung im August 1956 ausgesprochene KPD-Verbot als »Geschichte eines unendlichen Trauerspiels, einer Fehlleitung staatlicher Macht und des Triumphs der restaurativen Kräfte«. Mit dieser Einschätzung steht er damals ziemlich allein. Schließlich ist unter den Bedingungen des Ost-West-Konflikts der offensive Antikommunismus der CDU-Regierung das bestimmende ideologische Signum der Epoche, geteilt nicht nur von der SPD-Opposition, sondern von nahezu allen Westdeutschen.

Gleichwohl ist der von der Bundesregierung bereits am 22. November 1951 beim gerade konstituierten Bundesverfassungsgericht gestellte Verbotsantrag gegen die KPD keineswegs unproblematisch. Nur drei Tage zuvor hatte man einen Antrag gegen die neonazistische SRP eingereicht; augenscheinlich sollte durch zeitliche Nähe ein übergreifender totalitaristischer Zusammenhang angedeutet werden. Doch beide Fälle waren nur schwer vergleichbar. Denn während die erst im Oktober 1949 gegründete SRP im Jahre 1951 in Bremen und Niedersachsen spektakuläre Wahlerfolge erzielt hatte, befindet sich die zunehmend SED-hörige KPD seit der Entstehung der Bundesrepublik im stetigen Niedergang. War sie bei den ersten Landtagswahlen 1946/47 noch in alle westdeutschen Länderparlamente eingezogen und hatte zwischen 1946 und Juli 1948, wenngleich oft nur kurzfristig, immerhin siebzehn Minister gestellt, so ist sie seit ihrem mageren Abschneiden bei den ersten Bundestagswahlen auch auf Länderebene auf dem Weg in die politische Bedeutungslosigkeit.[124] Eine Gefährdung der demokratischen Ordnung kann von ihr daher kaum ausgehen, und die politische Wirklichkeit der DDR, zumal nach dem niedergeschlagenen Aufstand vom 17. Juni 1953, machte ihre Wirksamkeit als fünfte Kolonne Moskaus mehr als unwahrscheinlich. Hinzu kommt, daß die kommunistische Partei bei den für die Wiedervereinigung vom Westen geforderten freien gesamtdeutschen Wahlen hätte zugelassen werden müssen. Kein Wunder also, daß sich das Bundesverfassungsgericht mit Skrupeln trägt. Lange Zeit läßt man das Verfahren schleifen.

Nachdem bereits drei Jahre ohne eine Bewegung des Gerichts verstrichen sind, fragt sein Präsident Wintrich im November 1954 sogar bei Adenauer persönlich nach, ob man an dem Antrag gegen die KPD überhaupt festzuhalten gedenke. Zu diesem Zeitpunkt ist die Partei nur noch eine Splittergruppe und auch im Bundestag nicht mehr vertreten. Doch die Bundesregierung schert sich um derlei Bedenken wenig; der stete Hinweis auf den äußeren Feind im Innern ist ihr unter den Bedingungen des deutsch-deutschen Systemkonflikts zum Zweck innenpolitischer Stabilisierung allzu willkommen. Sie will an ihrer seit Anfang der fünfziger Jahre betriebenen Kampagne gegen die Kommunisten unbedingt festhalten. Die Ausgrenzungsmethoden, die dabei in extensiver Anwendung des Polizeirechts zum Einsatz kommen, atmeten mangels gesetzlicher Handhaben »nicht immer den Geist der Freiheit«[125]. Daß es beispielsweise strafbar war, am 1. Mai rote Nelken im Knopfloch zu tragen, zählt dabei zu den eher kuriosen Details einer in ihrer Unverhältnismäßigkeit oft grotesk anmutenden Kriminalisierung.

Ähnliches gilt für die vorsorgliche Abriegelung des Karlsruher Gerichtsviertels, als am Morgen des 17. August 1956 das Parteiverbot endlich verkündet wird. Die Aktion, sichtlich eher auf einen vorgestellten als auf einen realen Gegner bezogen, gibt die antikommunistische Hysterie im Moment ihres endgültigen Triumphs nochmals der Lächerlichkeit preis. Denn nicht nur auf die befürchteten kommunistischen Umtriebe warten die zusammengezogenen Polizeikräfte vergebens. Vielmehr ist weit und breit kein einziger Demonstrant in Sicht; weder im Gerichtssaal noch auf den Straßen kommt es zu irgendwelchen Zwischenfällen.[126] Dafür werden noch am selben Tag rund zweihundert kommunistische Funktionäre festgenommen, Parteibüros und Redaktionen durchsucht und versiegelt und zahllose Unterlagen beschlagnahmt. Für viele scheinen die Vorgänge Ausdruck einer deutsch-deutschen »Militarisierung des Denkens« zu sein, die sich zuvor schon im Aufbau der kasernierten Volkspolizei im Osten und in der Gründung des Bundesgrenzschutzes im Westen gezeigt habe.

Demgegenüber hat man geltend gemacht, daß die Substanz des Rechtsstaats damals insofern gewahrt blieb, als ein Schuldspruch immer empirischer Beweise bedurfte; Versuche der Kommunisten, die westdeutsche Justiz mit der des Dritten Reichs zu vergleichen, verfehlten daher ein für die politische Justiz der Bundesrepublik wesentliches Merkmal.[127] Immerhin aber war es bei den Arbeitsgerichten einige Jahre landläufige Praxis gewesen, daß schon der Verdacht einer strafbaren politischen Handlung eine Entlassung rechtfertigte.[128] Das Urteil des Bundesverfassungsgerichts brachte folglich nur die Bestätigung einer längst feststehenden juristischen Praxis.

Daß Herold das KPD-Urteil für unverhältnismäßig und verfassungsrechtlich bedenklich hält, bedeutet allerdings keine Übernahme des kommunistischen Standpunktes. Und doch kommt ihm die Distanz, die er als Staatsanwalt und Richter ebenso wie als Staatsbürger den bestehenden Verhältnissen gegenüber empfindet, bisweilen größer vor als die zum vornehmsten ideologischen Gegner der Adenauerzeit. Dies mag zum Teil an der antikommunistischen Diffamierung der pazifistischen Wiederbewaffnungsgegner liegen und ist gewiß auch Ausdruck eines andauernden Gefühls politischer Heimatlosigkeit. Hinzu kommt bei Herold aber eine im westlichen Nachkriegsdeutschland ungewöhnlich vorurteilsfreie und intensive Auseinandersetzung mit dem Marxismus. Bis heute sieht Herold darin »die größte Bereicherung, die mir in meinem Leben je zuteil geworden ist«. Einige Jahre später wird sie ihm überdies in der Auseinandersetzung mit den theoretischen Schriften der RAF sowie im Krisenstab ausgesprochen nützlich sein.

Neugier und Geneigtheit der marxistischen Theorie gegenüber sind bei dem studierenden Staatsanwalt seit jeher vorhanden. So ist ihm bereits der Kontakt zur Nürnberger Hochschulgruppe des SDS willkommener Anlaß gewesen, mit den Kommilitonen regelmäßig Fragen des Marxismus und insbesondere Analysen der Klassensituation zu diskutieren. Doch als sich der kleine Zirkel nach einiger Zeit verläuft, drängt es Herold nach einer weiteren Vertiefung seiner Kenntnisse. Die Gelegenheit dazu ergibt sich über seine gutachterliche Nebentätigkeit für das Münchner Institut für Ostrecht. Die Beurteilung aktueller Rechtstendenzen im Ostblock hatte dort bislang eher im formaljuristischen Sinne eine Rolle gespielt; nun richtet Herold sein Augenmerk zunehmend auf den ideologi-

schen Gehalt der Entwicklungen, bis er sich schließlich ganz deren theoretischen Grundlagen widmet. Noch heute hält Herold es für »einen wahren Glücksumstand, daß mein Weg mich dorthin geführt hat«. Aus Neugier wird bald Faszination, aus Kenntnissen Kennerschaft. Es ist der Beginn einer lebenslangen Beschäftigung mit dem Marxismus, die sich auch in regelmäßiger Referententätigkeit niederschlägt. Vom Herbst 1954 an leitet Herold drei Tage im Monat die vom Münchner Institut für Ostrecht angebotenen Kurse ›Marxismus-Leninismus. Einführung und Kritik‹. Seit dem Winter 1957/58 führt er entsprechende Schulungen bei den Jusos und nach seinem Parteieintritt im Oktober 1960 auch bei der SPD durch.
Das geistige Rüstzeug dafür eignet Herold sich mit der ihm eigenen Gründlichkeit aus den Quellen an. Er liest nicht bloß die marxistischen Klassiker, die er sich schon frühzeitig mittels einer Sondergenehmigung in den Ausgaben des Moskauer Marx-Engels-Instituts beschaffen kann. Vielmehr wächst seine Bibliothek marxistischer Literatur über die Jahre zu einer der großen Privatsammlungen der Bundesrepublik an. Hauptgegenstand von Herolds Interesse ist dabei die materialistische Dialektik mit ihrer Lehre von den Bewegungsgesetzen und dem unablässigen Kampf der Widersprüche, dem Umschlag von Quantität in Qualität und der Negation der Negation. Herold bezeichnet diese Begriffe als vormarxistische Begriffe, »die das abendländische Denken von Heraklit bis Hegel entwickelt hat und die von Marx lediglich systematisiert und mathematisiert worden sind«. Die bewußtseinsbestimmende Kraft des Seins erscheint dem überzeugten Praktiker als schlechthin unhinterfragbar, nicht anders als der Wahrheitscharakter und die umfassende Geltung der Dialektik für sämtliche gesellschaftlichen Bereiche. Für Herold ist die Dialektik aber nicht, um mit Marx zu sprechen, als konkrete Totalität »unbedingt das letzte Wort aller Philosophie«[129], sondern selbst der dialektischen Bewegung und Entwicklung unterworfen.

In seinen Einführungskursen macht Herold freilich auch keinen Hehl daraus, daß er die mechanische Zwangsläufigkeit der Klassenablösungen in der entwickelten marxistisch-leninistischen Geschichtsauffassung für eine schreckliche Vereinfachung dialektischen Denkens hält. Ebenso deutlich gibt er zu verstehen, daß die Thesen zum demokratischen Zentralismus und zur revolutionären Partei neuen Typs ihn nicht erst mit Blick auf deren reale Existenz jenseits der innerdeutschen Grenze als Verirrung anmuten: Für ihn sind sie bereits »ein eklatanter Widerspruch zu den geistigen Voraussetzungen«. Denn, so Herold, »der Glaubenssatz des Kommunismus ›Jeder nach seinen Fähigkeiten, jeder nach seinen Leistungen‹ macht nur dann Sinn, wenn ihm der Satz vorangestellt wird: ›Alle Informationen allen.‹«
Die Diskussion kybernetischer und mathematischer Denkweisen hingegen, die – von Stalin noch vehement bekämpft – seit 1960 in die Dialektik marxistisch-leninistischer Prägung Einzug halten,[130] verfolgt Herold bald mit großer Spannung. Schließlich hat er selbst bereits 1956 in einem Beitrag für die ÖTV aufzuzeigen versucht, daß die Modelle der Kybernetik materialistisch und dialektisch verankert sind und »im Grunde genommen eine ›Fortschreibung‹ des dialektischen Materialismus, seine Konkretisierung, Präzisierung und Mathematisierung bedeuten«. Noch ahnt er nicht, daß er aus dieser theoretischen Auseinandersetzung demnächst ganz handfeste praktische Konsequenzen für sich und seine Arbeit ziehen wird. Sie werden sein Leben entscheidend verändern, ihm gleichermaßen Bewunderung wie Ablehnung einbringen, vor allem jedoch für zahllose Mißverständnisse sorgen: Der promovierte Richter und Staatsanwalt Horst Herold ist auf dem Weg in den Polizeiberuf. Und die kybernetisch überformte materialistische Dialektik wird ihm dabei tatsächlich zum Wegweiser.
So ist es wenig verwunderlich, daß sich Herold von dem antikommunistischen Eifer der vielen Renegaten und Kalten Krie-

ger, die damals im Dienst der westlichen Marxismusforschung stehen, nicht beeinflussen läßt. Auch Berührungsängste, wie sie seine Parteigenossen zunehmend entwickeln, sind ihm völlig fremd. Zwar war die Sozialdemokratie, in deren Reihen nach dem Krieg noch selbstverständlich von »Monopolkapital«, »Klassenkampf« und »ökonomischer Geschichtsschreibung«[131] die Rede ist, in den fünfziger Jahren durchaus marxistisch fundiert. Doch mit dem im Oktober 1959 beschlossenen Godesberger Grundsatzprogramm verabschiedet sich die SPD endgültig von dieser Tradition. Es ist eine Wende von der Arbeiterbewegung zur Staats- und Volkspartei, vom Dogma zur Wahlurne, und dies in allen Bereichen. Dem innen- und wirtschaftspolitischen Kurswechsel folgt die außen- und deutschlandpolitische Neuorientierung im Sinne einer weitgehenden Anpassung an die Grundüberzeugungen der konsolidierten Adenauer-Republik: Westbindung, Wiederbewaffnung und soziale Marktwirtschaft. Jenseits der seit jeher parteiübergreifenden antikommunistischen Frontstellung erfährt »der Basiskonsens einer umgegründeten Bundesrepublik«, so der Soziologe Sebastian Scheerer, damit seine politische Vollendung.[132]
Schließlich hatten nur zehn Jahre früher, vor und bei der Entstehung des westdeutschen Teilstaats, noch die schier gegenteiligen Prinzipien Pate gestanden. Neben der Absage an den Nationalsozialismus waren es nach dem Krieg das Pochen auf die Einheit Deutschlands, ein entschiedener Antimilitarismus und eine auch im konservativen Lager lebhafte Kapitalismuskritik gewesen, die dem erzwungenen Neubeginn zu einer Idee von sich selbst und dem zunächst als Provisorium verstandenen Gebilde zu einer gewissen Legitimität verholfen hatten. Doch in dem Maße, in dem sich die Bundesrepublik seit Währungsreform und Korea-Boom als grandioser ökonomischer Erfolg erweist, ist die Richtschnur, mit der man einst angetreten war, im Strudel des Kalten Kriegs verlorengegangen. Statt dessen präsentiert sich der Rumpfstaat als »Wirtschaft

auf der Suche nach einem politischen Daseinszweck«[133], nach dem aber nicht nur des geringen außenpolitischen Spielraums wegen vorerst gar nicht gesucht werden muß. Denn trotz des zwischen den Supermächten einsetzenden Tauwetters reicht der deutsch-deutsche Gegensatz bis auf weiteres als Stabilisierungsfaktor und innenpolitisches Bindemittel aus. Es scheint, als bedürfe es mit dem Widersacher Ost-Berlin nicht auch noch in Bonn einer grundsätzlichen Alternative.

Angesichts des Dauerwahlerfolgs der CDU bleibt die mit Godesberg verbundene Anpassung an die Realität des Wirtschaftswunderlands für die SPD, die sich bislang als Hüterin des einstigen Gründungskonsenses verstehen konnte, somit wohl unvermeidlich. Auch wenn Spötter daraufhin bemerken, »die SPD ist die schönste CDU, die es je gab«[134], entspricht das Zusammenrücken der beiden großen Bonner Parteien, das den ohnehin beispiellosen Konzentrationsprozeß im westdeutschen Parteiensystem seit Anfang der fünfziger Jahre krönt, einem verbreiteten Harmoniebedürfnis. In ihm zeigt sich die bei allem Wohlstand anhaltende politische Unsicherheit der seit Krieg und Währungsreform »nivellierten Mittelstandsgesellschaft«[135], außerdem aber die Nachwirkung der alten Volksgemeinschaftsideologie. So scheitert die Allparteienregierung, zu der Bundespräsident Lübke nach dem Verlust der absoluten Mehrheit der CDU bei den Bundestagswahlen vom Herbst 1961 eindringlich rät, zwar an der Unbeliebtheit der FDP bei Christ- wie Sozialdemokraten. Doch die Idee einer Großen Koalition, über die – schon aufgrund der noch ungeklärten Notstandsfrage – hinter den Kulissen ebenfalls bereits seit 1961 diskutiert wird, kann sich recht bald als Leitvorstellung durchsetzen. Als mitten in der Kubakrise Ende Oktober 1962 die »Spiegelaffäre« einsetzt, an die sich Gudrun Ensslin wenige Jahre später als Auslöser ihrer politischen Radikalisierung erinnern wird, gibt sich die junge Bundesrepublik in der Tendenz zum Bürgerblock geradezu überstabil.

Schon 1954 hatte Erich Kästner in einem ›Politischer Eilbrief‹ genannten Aufruf festgehalten: »Die SPD hat noch nicht einmal gemerkt, daß links von ihr niemand mehr steht. Auch diese eminente staatspolitische Position ›positiv‹ zu bewältigen, wäre eine ihrer Aufgaben.«[136] Sein Appell bleibt unbefolgt. Denn mit dem von Herbert Wehner »aus bitterer eigener Erfahrung«[137], wie er den Godesberger Parteitag wissen läßt, maßgeblich forcierten Umbau der Sozialdemokratie bewegt sich die SPD erfolgreich in die politische Mitte der Republik, aber sie integriert nicht mehr das übrige linke Spektrum. Vielmehr ist mit der Godesberger Wende und der nachfolgenden Trennung der SPD vom SDS im Jahre 1961 nun gleichsam über Nacht die gesamte politische Linke geächtet und heimatlos geworden. Nach den Kommunisten finden sich jetzt auch sozialistische oder bloß undogmatische linke Positionen plötzlich nicht mehr innerhalb, sondern außerhalb des parlamentarischen Spektrums legitimer Politik wieder.

Diese Ausgrenzungspolitik und der freiwillige Hegemonieverlust der SPD auf der politischen Linken haben teilweise fatale Folgen. Immerhin handelt es sich hierbei um eine hochgradig engagierte und mobilisierungsfähige Minderheit, die sich schon durch Verweis auf ihren antifaschistischen Ausgangspunkt als das bessere freiheitliche Gewissen der Republik verstehen kann; sie zieht daraus mit einigem Recht ein Gefühl moralischer Überlegenheit. Daß die Umkehrung der nach dem Krieg erklärten politischen Glaubenssätze weniger einem bewußt restaurativen Trend im CDU-Staat geschuldet ist als vielmehr der deutschen Teilung, der internationalen Konstellation und der Abhängigkeit von der amerikanischen Schutzmacht, ändert daran kaum etwas. Im Gegenteil: Die Grenzen politischer Bewegungsfreiheit, an die sich Bonn zwischen den Machtblöcken auch nach dem Erreichen formaler Souveränität gebunden sieht, verstärken die Enttäuschungsgefühle noch. Das kritische Potential wächst; die offenbare Unausweichlichkeit der Godesberger Wende wird dadurch zum zusätzlichen Problem.

So zahlt sich die neue bürgerliche Gestalt der SPD zwar in einem stetigen Zuwachs an Wählerstimmen aus und führt über die Große Koalition Jahre später schließlich zum sozialliberalen Machtwechsel. Andererseits aber finden die mit Tauwetter und Vietnamkrieg einsetzende Renaissance marxistischer Ideologeme und der vom SDS getragene Studentenprotest schon vor dem Zustandekommen der Großen Koalition im Dezember 1966 nun ganz bewußt gegen die Sozialdemokraten, nicht mit ihnen statt.

Und doch zeigt sich, als die Außerparlamentarische Opposition entsteht, daß weniger die politische Wende an sich als die Abruptheit des Kurswechsels für die deutsche Linke von ausschlaggebender Bedeutung ist. Es war eine folgenschwere Entscheidung der SPD, die mit »Anti-Atomtod«-Kampagne und Ostermärschen bis Ende der fünfziger Jahre soziale Bewegungen an sich gebunden hatte, diese nun ohne Diskussion und ohne Verarbeitung ihrer Erfahrungen fallenzulassen.

Einer der wenigen, dem sich Horst Herold mit seinen unzeitgemäßen Interessen und Ansichten in diesen Jahren politisch verbunden fühlt, ist der Nürnberger Verleger Joseph Drexel. Als ehemaliger Widerstandskämpfer schon im Oktober 1945 von den Amerikanern lizenziert, ist er über Franken hinaus als Herausgeber der einflußreichen ›Nürnberger Nachrichten‹ bekannt und auch umstritten. Als er beispielsweise Anfang der fünfziger Jahre einen Ehrendoktor der Ost-Berliner Humboldt-Universität entgegennimmt, erregt er nicht nur in Bayern einiges Aufsehen. Ebenso ist es, als er im Dezember 1954 zur Nichtratifizierung der Pariser Verträge aufruft.[138] Und durch Drexel gerät auch erneut ein Mann in Herolds Blickfeld, an den er sich schemenhaft noch aus Kinderzeiten erinnert: Ernst Niekisch. Drexel gehört zu den langjährigen Weggefährten des nationalrevolutionären Widerständlers; gemeinsam mit ihm ist er, zwei Jahre nach seiner Verhaftung im März 1937, vom Volksgerichtshof wegen Hochverrats verurteilt worden. Zu Drexels Glück waren damals Attentatspläne gegen Hitler, die er ohne Mitwirkung Niekischs in einem Nürnberger Widerstandszirkel angeregt hatte, nicht zur Verhandlung gekommen.[139] Für Ernst Niekisch hingegen war dies nicht die erste Verurteilung: Mit gleicher Begründung hatte man ihm schon 1919 aufgrund seiner Rolle als zeitweiliger Zentralratsvorsitzender der bayerischen Räterepublik eine zweijährige Festungshaft auferlegt. Doch nachdem die Rote Armee ihn Ende April 1945 aus dem Zuchthaus Brandenburg befreit hat, findet der inzwischen erblindete und teilweise gelähmte Publizist keinen Frieden mit der deutschen Politik. Nach seiner Abkehr von der DDR ist der seltsame Wanderer zwischen den Welten, der als Deputierter der Volkskammer und Professor der Humboldt-Universität erstmals politische Anerkennung gefunden hatte, vollends ins politische und materielle Abseits geraten: Trotz seines Bruchs mit der DDR, vollzogen schon vor dem Aufstand vom Jahr 1953, werden ihm in der Bundesrepublik als ehemaligem Kommunisten jegliche Wiedergutmachungsleistungen verweigert. Erst nach einer fünfzehnjährigen Odyssee durch die Instanzen wird ihm schließlich eine kleine Rente zugesprochen.

Die Beurteilungen Niekischs, des linken Manns von rechts, auf den sich auch Andreas Baader und seine Mitangeklagten 1968 gleich zu Beginn ihrer Erklärung im Frankfurter Brandstifterprozeß berufen,[140] gehen selbst unter Historikern bis heute weit auseinander: Für die einen ist er »der mutige, kompromißlose Nationalbolschewist«[141] oder gar der »wahre Theoretiker der Weltrevolution«[142], andere halten ihn für »monoman und verstiegen«[143], sprechen von seiner »abstrusen Konstruktion einer antiwestlichen, nationalbolschewistischen Ideologie«[144] oder seiner »Staatsvergottung«[145]. Und während ihn die eine Seite für seine beispielhaft mutige Opposition gegen Hitler verehrt, gilt er der anderen bloß als dessen feindlicher Bruder. Kurzum: Niekischs ideologisches Schwanken zwischen linken und rechten Ideen, wenngleich mit deutlichem Übergewicht marxistischen Vokabulars, läßt sich stets nur für den jeweiligen historischen Augenblick auf den Begriff bringen.

Den vier Säulen seines weltanschaulichen Gerüsts – deutsch-russische Symbiose, weltrevolutionäre Radikalität, sozialistischer Ordnungskosmos, preußische Idee – hat Niekisch so immer wieder neue Form und Anordnung gegeben. Bei den verwickelten Lebenslinien und dem wechselhaften Schicksal eines Mannes, der sich das »Prinzip Widerstand«[146] gleich in vier deutschen Systemen als Maxime erhält, verwundert dergleichen wenig. Charisma spricht diesem abenteuerlichen Herzen indessen niemand ab, und so sind neben Fabian von Schlabrendorff und Sebastian Haffner, der dem Publizisten ein nahezu hagiographisches Portrait gewidmet hat,[147] so unterschiedliche Figuren wie Ernst Jünger, Alexander Mitscherlich, Arnolt Bronnen und Paul Sethe der gedanklichen Kühnheit und dem permanenten Widerspruchsgeist Niekischs erlegen. In der Zeitschrift ›Der Monat‹ heißt es 1959 rückblickend, der Grund für »die Faszination, die Niekisch ... auf viele bemerkenswerte Menschen ausübte«, sei weniger in seinen mannigfaltigen und oft angreifbaren ideologischen Konstruktionen als in seinem Ethos zu suchen: »Es war die preußische Haltung, das Aufrechtstehen in rauher Luft, was Niekisch zum Beispiel machte.«[148]
Der Widerstand gegen Hitler bleibt sein Lebenszweck. Und obwohl er erst in der DDR zeitweilig zu Amt und Würden kommt und schließlich im Mai 1967 in West-Berlin stirbt, verdankt dieses Leben im Widerspruch seine innere Kontur der politischen Erdbebenlandschaft der Weimarer Republik. Über alle nachfolgenden äußeren Katastrophen und Brüche hinweg zeigt sich Ernst Niekisch stets als ein Deutscher auf der Suche. Er bleibt

einen bürgerlichen Lebensweg einschlagen. Und noch Jahre nachdem die prekäre Gemeinschaft ihrer Eltern längst zerbrochen ist, verbringen sie die Sommerferien regelmäßig bei Großmutter und Urgroßmutter Baader am Chiemsee.
Andreas Baader bleibt als Dandy ein romantisches Geschöpf der Nacht. Wer ihn tagsüber trifft, sucht seinen Reiz häufig vergebens. Seine weichen Züge wirken dann oft wächsern, auch ohne Kater ist er mürrisch und einsilbig. »Ein gleichgültiges Schulterzucken war für Baader typisch«, erinnert sich die Kunstkritikerin Lucie Schauer, die mit Manfred Henkel befreundet und oft in der Wohnung war. Zuweilen sitzt Baader übellaunig und gelangweilt inmitten von Pornomagazinen und Comics. Ob grau oder grell: das Licht des Alltags, dessen Banalität ihm zuwider ist, vergrößert seinen inneren Schatten

bis zur Trostlosigkeit. Kein Wunder also, daß er jenseits des Schutzes von Dämmerung und Dunkelheit Begegnungen vermeidet. Viele seiner Kneipenbekanntschaften, die sich ihm freundschaftlich tief verbunden fühlen, so etwa der Schriftsteller Peter Chotjewitz, kennen nicht einmal seine Adresse. So wissen sie auch nicht, daß man von seiner Wohnung aus den Turm des Schöneberger Rathauses mit der zur Erinnerung an die Berliner Blockade des Jahres 1948/49 gegossenen Freiheitsglocke sehen kann. Nicht für Baader, aber für manchen Studenten der Freien Universität hat dieses Symbol antikommunistischen Widerstands inzwischen einen schrägen Klang. Denn nach einem Spendenappell Westberliner Tageszeitungen auf Initiative des Springer-Verlags vom Dezember 1965 ist sie als Porzellanminiatur an amerikanische Familien verschenkt worden, die in Vietnam einen Angehörigen verloren haben. Die sich mit der Forderung nach Hochschulreformen vermischenden gelegentlichen Anti-Vietnam-Proteste hingegen, die vor allem von den sogenannten Subversiven im SDS vorangetrieben werden, beantwortet der Senat im Winter 1966 mit einem generellen Demonstrationsverbot im Zentrum West-Berlins.

Trotz seines antibürgerlichen Habitus kann sich auch Andreas Baader den Widerhaken des Gewöhnlichen nicht ganz entziehen. Seit ihm wegen des mangelnden Ausbildungsnachweises die Halbwaisenrente gestrichen ist, bedrängen ihn nach Jahren der Sorglosigkeit finanzielle Probleme. Zwar ist er, der sich des Nachts so gern verschwendet, in vielen Dingen genügsam, ja geradezu asketisch. Doch auf sein Äußeres legt er ungeheuren Wert, und die Seidenhemden und italienischen Schuhe, mit denen er gern auffällt, sind sündhaft teuer. Abgesehen von gelegentlichen Diebstählen und Fischzügen in den Brieftaschen Betrunkener, lebt er nun auf Kosten seiner Freundin Ello. Für die zweifache Mutter ist das nicht leicht. Denn daß sich ihre Bilder »zu beachtlichen Preisen«[160] verkaufen und »an den

Wänden reicher Berliner«[161] hängen, ist eine – vielleicht von Baader selbst gestreute – Legende. Die Abhängigkeit, auf der seine Autonomie gegründet ist, läßt sich so wohl besser ertragen. Seiner Mutter, die er nun regelmäßig anpumpt, erzählt er hingegen, daß er auf die Weiterzahlung der von ihr so hart erkämpften Halbwaisenrente bewußt verzichtet habe, »weil ich von diesem Staat kein Geld will«.

1966 bringt der Soziologe Viggo Graf Blücher eine empirische Studie unter dem Titel ›Die Generation der Unbefangenen‹ heraus. Ihr Fazit lautet: »›Anti-Ideologien‹ entwickelt die Jugend nicht. Anlaß zu ernstgemeintem Protest gibt es wenig. Wogegen sollte die Jugend aufbegehren? Gegen die sich stabilisierenden Ordnungsformen? Die zunehmend gewährte gesellschaftliche Freiheit?«[162] Eine Untersuchung des Allensbacher Instituts vom Winter 1966/67 zeichnet ein ähnliches Bild. Die bundesdeutschen Studenten, heißt es dort, seien »konformistisch, apolitisch, vergnügungs- und karriereorientiert«[163]. Weniger als ein halbes Jahr später setzt der tödliche Schuß eines Polizeibeamten in den Hinterkopf des Studenten Benno Ohnesorg ein Datum, das diese Prognosen Lügen straft. Am 2. Juni 1967 stirbt er während einer mit ungeheurer Brutalität durchgeführten Jagd auf die Teilnehmer einer studentischen Demonstration gegen den Berlin-Besuch des Schahs von Persien. Weithin sichtbar tut sich nun auch im Innern der Frontstadtprovinz eine blutig markierte Grenze auf: Sie verläuft nicht zwischen Ost und West, sondern zwischen den Generationen. Auf der einen Seite steht eine durch NS-Terror, Krieg und Teilung hochgradig traumatisierte und aggressionsbereite Mehrheit, die ihre Schuldgefühle und Ängste in selbstgefälliger Erstarrung hegen will; auf der anderen Seite stehen die von ihrem sittlichen Adel überzeugten, doch nicht minder verunsicherten Täter-Kinder der Reeducation und des Wirtschaftswunders, die ihre Rebellionsbereitschaft angesichts der mora-

Der Tod von Benno Ohnesorg am 2. Juni 1967 wurde für viele Studenten zum Fanal ihrer Politisierung. Andreas Baader hingegen blieb zu diesem Zeitpunkt noch unberührt von aller Politik. Den Sommer 1967 verbrachte er, wieder einmal wegen eines Verkehrsdelikts, in bayerischer Strafhaft.

lischen Krise der demokratischen Schutzmacht USA seminarmarxistisch zu fundieren suchen.

»Wer Terror produziert, muß Härte in Kauf nehmen«, kommentiert die ›BZ‹ am folgenden Tag. Derart zynische Töne sind nichts Ungewöhnliches mehr in einem durch die Überreaktion von Presse und Politik seit Monaten eskalierenden Konflikt zwischen der hochgerüsteten Berliner Polizei und den vom SDS mobilisierten Studenten. Seit die einen Berlin in Saigon und die anderen Saigon in Berlin verteidigt sehen, herrscht Pogromstimmung gegenüber der vom Regierenden Bürgermeister Albertz als »lebensgefährliche Minderheit« titulierten Studentenschaft. Die Anwesenheit amerikanischer Truppen in der Stadt wirkt auf beiden Seiten als Verstärker. »Nun haben die ihren Toten. Aber ich sage Ihnen ..., einer ist noch zu wenig«[164], vertraut der Westberliner Polizeipräsident Duensing in der Nacht des 2. Juni einem Senator an. Doch die »Symptome der Berliner Krankheit«[165], die der studentische Untersuchungsausschuß nach den Vorfällen ermittelt, glauben viele junge Menschen bald auch in Westdeutschland entdecken zu können. In den Wochen nach dem Tod Benno Ohnesorgs verläßt die Studentenbewegung das Ghetto West-Berlins wie der Universität und bringt einer linken Minorität den Durchbruch innerhalb einer ganzen Generation. Fünfundsechzig Prozent der bundesdeutschen Studenten werden später angeben, in den Wochen nach dem 2. Juni politisiert worden zu sein.

Andreas Baader, der derweil im bayerischen Traunstein eine Jugendstrafe absitzt, bekommt diese Entwicklung allenfalls in den Nachrichten mit. Als er im Juli 1967 wieder in West-Berlin auftaucht, mag es ihn daher einigermaßen überraschen, seinen Bekanntenkreis gänzlich verändert vorzufinden. Die unbekümmerten Jahre der alten Boheme sind vorbei. Leute, mit denen er zuvor in Kneipen locker geredet und geflippert hat, sprechen nun von kapitalistischen Zwängen und psychischer Repression, vor allem aber von Aktion und Veränderung. Ihr und bald auch Baaders Bezugspunkt sind die sich antiautoritär gebärdenden Politclowns von der Kommune I, deren experimentelles Leben und Treiben seit Anfang des Jahres über das Schaufenster der Boulevardzeitungen bundesweit Aufsehen erregt. Vielleicht sind es das von den Kommunarden beschworene Pathos der Vergangenheitslosigkeit und die Phantasie schuldloser Triebe, die das nachgerade ekstatische Interesse der Presse an dieser relativ kleinen Gruppe erklären können. »Hofnarren Springers«[166] nennt der zeitweilige Bundesvorsitzende des SDS, Reimut Reiche, die Genossen, die Mitte Mai 1967 aus dem Berliner Landesverband ausgeschlossen werden. »Bemerkungen wie ›Was geht mich Vietnam an – ich habe Orgasmusschwierigkeiten‹ (Dieter Kunzelmann) zeigen, daß an die Stelle von Subjektivität Insistenz auf eine Unmittelbarkeit getreten ist, auf die sich auch ein am Vietnam-Krieg verdienender Rüstungsfabrikant berufen kann«[167], heißt es in der Begründung für den Ausschluß. Gleichwohl sind es weniger die Akademiker vom SDS als die Propagandisten neuer Lebensformen und des Tabubruchs in der Kommune, die für viele die Faszination der Rebellion ausmachen und ihr Schubkraft geben. Einige der Kommunarden, so Fritz Teufel, Rainer Langhans und Dieter Kunzelmann, werden die Popstars der Jugendrevolte.

Auch einige von Baaders Freunden machen plötzlich Schlagzeilen und werden über Nacht berühmt. Peter Homann, der mit einem Buchstaben-Ballett auf dem Kurfürstendamm das nach dem Tod Ohnesorgs erneut verhängte Demonstrationsverbot phantasievoll unterlaufen hat, ist sogar bundesweit im Fernsehen gezeigt worden. Selbst Privates gibt sich nun politisch: Kurz nach Baaders Rückkehr zieht Manfred Henkel aus dem Scheitern der prekären Dreiergemeinschaft, in der er über die Jahre gegenüber Andreas Baader immer mehr ins Hintertreffen geraten ist, spektakuläre Konsequenzen: »Der Maler schmeißt den Pinsel weg und macht Kommune« heißt das Happening, bei dem er, von Schaulustigen umringt, auf dem Kurfürstendamm seine Bilder verbrennt, um seine Trennung von Profession, Frau, Freund und Kindern öffentlich anzuzeigen. Andreas Baader verfolgt die Aktion vom Kranzlereck aus mit äußerer Ungerührtheit. Und doch kann es ihm in seiner chronischen Alarmiertheit, in seinem Ringen um Leib und Identität nicht gleichgültig sein, daß mit kleinen Triumphen in der Berliner Boheme jetzt nichts mehr zu gewinnen ist. Um so mehr muß es ihn beschämen, daß ihn die eitlen Stars

der Kommune I, mit denen er bald Kontakt sucht, laut Aussage Dieter Kunzelmanns wie einen »Nobody«[168] behandeln.
Als ihn Peter Homann Anfang August zu einem Treffen mitnimmt, bei dem der Kreis des Buchstaben-Balletts und einige Kommunemitglieder über neue Aktionen beraten, gibt sich Andreas Baader denn auch betont radikal. Auf die Idee, vom Turm der Gedächtniskirche ein riesenhaftes Transparent mit dem Slogan »Enteignet Springer« herabzulassen, reagiert er mit dem Vorschlag, doch gleich den ganzen Turm in die Luft zu sprengen. Den anderen geht dieser Plan entschieden zu weit. Doch eine junge Frau mit langen blonden Haaren ist von Baader und seiner Militanz zutiefst beeindruckt. Sie heißt Gudrun Ensslin. In der Nacht vom 2. Juni ist sie in völliger Auflösung im SDS-Zentrum am Kurfürstendamm erschienen und hat geschrien: »Die werden uns alle umbringen – ihr wißt, was für Schweine wir hier gegen uns haben. Das ist die Generation von Auschwitz ... Man kann mit den Leuten, die Auschwitz gemacht haben, nicht argumentieren. Die haben Waffen und wir nicht. Wir müssen uns bewaffnen!«[169] Über ihr Zusammentreffen mit Andreas Baader wird sie später schreiben: »›Freiheit ist nur im Kampf um Befreiung möglich ...‹, und mir jedenfalls ist vor A. niemand begegnet, der das wirklich wollen konnte.«[170]

6. Terror und Utopie

Gudrun Ensslin, das vierte von sieben Kindern eines pietistischen, linksliberal gesinnten schwäbischen Pfarrers, ist mit ihren sechsundzwanzig Jahren in der Studentenbewegung kein unbeschriebenes Blatt. Seit langem ist sie politisch engagiert. 1964 hat sie mit ihrem langjährigen Verlobten Bernward Vesper im Selbstverlag eine Sammlung literarischer ›Stimmen gegen die Atombombe‹ herausgegeben, danach aber auch eine Auswahl nachgelassener Werke des Vaters ihres Freundes, des Nazi-Dichters Will Vesper. Gefolgt sind 1966 die ›Voltaire Flugschriften‹, zu deren Titeln Veröffentlichungen von Peter Weiss, Rudi Dutschke und Bertrand Russell gehören. Beim Bundestagswahlkampf 1965 noch in dem von Günter Grass gegründeten »Wahlkontor deutscher Schriftsteller« für die SPD tätig, hat sie sich in der Enttäuschung über die Große Koalition dem SDS angeschlossen. Doch sobald der antiautoritäre Aktionismus der Revolte Triebkraft gibt, erscheinen der Germanistikstudentin die Debatten im SDS zunehmend steril. Sie sehnt sich nach kompromißloser Einheit von Wort und Tat, und spätestens mit dem Tod von Benno Ohnesorg schreit es in ihr nach Vergeltung. »Mir ist sie in ihrer Unversöhnlichkeit damals wie ein Todesengel erschienen«, sagt der Westberliner SDS-Aktivist Tilman Fichter rückblickend.

Kurz vor der Geburt ihres Sohnes Felix, der Mitte Mai 1967 zur Welt kommt, hat sie sich von Bernward Vesper entfremdet. Daß die Beziehung in die Brüche geht, ist freilich nicht »allein Ausdruck der objektiven Widersprüche der Gesellschaft«[171], wie Vesper anderthalb Jahre später vor Gericht bezeugt. Als Gudrun Ensslin im Januar 1968 endgültig aus der gemeinsamen

Wohnung auszieht, sind Andreas Baader und sie längst ein festes Paar. Der Abbruch der Doktorarbeit über Hans Henny Jahnn und die Mitwirkung in einem Sex-Kurzfilm dokumentieren das Ende von Gudrun Ensslins Leben als Germanistikstudentin und Pfarrerstochter.

Am 26. September 1967 tritt Pfarrer Heinrich Albertz von seinem Amt als Regierender Bürgermeister von Berlin zurück. Er zieht damit die Konsequenz aus dem skandalösen Versagen von Senat und Polizei, die zunächst die Studenten für den Tod von Benno Ohnesorg am 2. Juni 1967 verantwortlich gemacht hatten. Der maßgeblich von dem APO-Anwalt Horst Mahler initiierte studentische Ermittlungsausschuß muß im Verlauf seiner Arbeit allerdings auch entdecken, daß der verleumderische Ton von Presse und Politik sich im Vergleich zu der aggressiven Feindseligkeit und Häme, die ihm in Zuschriften Tausender Berliner Bürger entgegenschlagen, geradezu harmlos ausnimmt. Die Studenten deuten »Volkes Stimme« sozialpsychologisch als »unbegriffene Wahrheit«, als eine resignative Reaktion auf die verschwörerische Omnipotenz »einer Regierung, die längst in Notstandsübungen und Atommanövern bewiesen hat, daß sie auch ohne Volk auskommt«[172]. Unmut erregt vor allem die Tatsache, daß der Polizeibeamte, der den tödlichen Schuß abgegeben hat, auf freiem Fuß ist, während der Kommunarde Fritz Teufel wegen eines angeblichen Steinwurfs seit der Anti-Schah-Demonstration im Gefängnis sitzt. Zu seiner Unterstützung veranstaltet die Kommune I im Sommer und Herbst 1967 einige Solidaritätsaktionen und Polithappenings, an denen sich selbstverständlich auch Andreas Baader beteiligt. Für den SDS jedoch, der nach dem 2. Juni zunächst die Führungsposition innerhalb der Revolte zurückgewinnen kann, hat Baader nur Verachtung übrig. »Der Intellektuelle nimmt nur die Mimikri der proletarischen Existenz an … Das war der Ekel am SDS«[173], schreibt er rückblickend. Die »leere Debattentradition intellektueller Zirkel« ist ihm verhaßt.

Andreas Baader und Rainer Langhans beim »Kudamm-Happening« anläßlich der Haftverschonung für den Kommunarden Fritz Teufel am 12. August 1967.

Tatsächlich ist der ideologische Aufwand, mit dem man im SDS die Generationsrevolte mit neomarxistischen und psychoanalytischen Kategorien zu rationalisieren sucht, durchaus beträchtlich: Am Anfang steht zwar Karl Marx. Doch die Aneignung seiner Kapitalismuskritik geschieht in charakteristischer Abwertung ihrer Geltung für die diagnostizierte Ära des Spätkapitalismus mit Hilfe der »Kritischen Theorie«. Die kulturpessimistische Düsterkeit und den resignativen Konservatismus ihrer durch Nationalsozialismus und Exil geprägten Wortführer, allen voran Max Horkheimer und Theodor W. Adorno, kann man angesichts der eigenen Aufbruchsstimmung natürlich nicht teilen; vielmehr wird die philosophisch-radikale Ablehnung alles Bestehenden positiv zur Aktions- und Revolutionstheorie umgedeutet. Aber mit Blick auf die überbordende Spießigkeit der Republik, in der schon lange Haare als tätlicher Angriff auf die Gesellschaft empfunden werden, bedarf die andauernde revolutionäre Einsamkeit der akademischen Elite zusätzlicher theoretischer Anker: Diese findet man in der von Georg Lukács und Herbert Marcuse angebotenen Auslegung der Marxschen Entfremdungstheorie. Mit ihr gelingt den missionsbereiten Studenten ein vielfaches Kunststück, gewissermaßen eine Ausstattung für alle revolutionären Fälle: Erstens kann der Elitarismus der jungen Intelligenz durch den Hinweis auf die für den schlichten Normalmenschen undurchschaubare manipulative Übermacht des kapitalistischen Systems begründet, mithin auch ihr Wissensmonopol und Aufklärungsauftrag geschichtsphilosophisch erhöht werden. Zweitens wird mit der Einführung eines subjektiven Faktors die Notwendigkeit einer objektiv reifen Klassensituation zugunsten des individuellen revolutionären Bewußtseins verabschiedet. Und drittens gibt die dialektische Verwobenheit von Peripherie und Zentrum den studentischen Rebellen die Möglichkeit, sich gleichberechtigt mit Völkern der Dritten Welt in globaler Verbundenheit selbst als revolutionäre Randgruppe zu begreifen. Auf dieser internationalistischen Bezugsebene gewinnen dann neben Lenins Imperialismustheorie die Revolutionen in Kuba, China und Vietnam sowie die lokal gefärbten Befreiungsschriften von Che Guevara, Fanon und Mao Tse-tung unmittelbare Bedeutung für das Selbstverständnis der Studentenrebellion.

Wenn Andreas Baader ab und an mit Leuten aus der Kommune bei Sitzungen des SDS auftaucht, verspottet er die Anwesenden als »Schwätzer«[174] und ruft bei jeder Gelegenheit nach Aktion. Einer der Schlüsseltexte der Studentenbewegung aber,

Herbert Marcuses Aufsatz ›Repressive Toleranz‹, leuchtet ihm, wie so vielen, entschieden ein. »Ich glaube, daß es für unterdrückte und überwältigte Minderheiten ein ›Naturrecht‹ auf Widerstand gibt, ein Naturrecht, außergesetzliche Mittel anzuwenden«[175], beginnt eine der nahezu sprichwörtlich gewordenen Passagen. Baader wird sie im Herbst 1968 vor Gericht zu seiner Rechtfertigung zitieren. Außerdem wird er sich auf den amerikanischen Schwarzenführer Stokeley Carmichael berufen, Gründungsmitglied der »Student Non-violent Coordinating Community«, die sich trotz ihres Namens seit 1966 zu einer militanten »Black-Power«-Organisation gewandelt hat. Was Bernward Vesper, der Carmichael im August 1967 in London erlebt, ihm über den Afroamerikaner erzählt, beeindruckt Andreas Baader offenbar zutiefst. »Go home, kill father and mother, hang up yourself!«[176], hatte Carmichael die weißen Teilnehmer des Kongresses »Dialectics of Liberation« angebrüllt. Der an der Liebe zu seinem Nazi-Vater leidende Vesper wird diesen Satz seiner postum veröffentlichten Autobiographie voranstellen, die er neben Gudrun Ensslin und seinem Sohn auch Stokeley Carmichael widmet. Am 15. Mai 1971 nimmt sich Bernward Vesper in einer Hamburger Klinik das Leben.

Seit indes »in die Uni gepilgerte Schüler und pennälerhafte Erstsemester mit gelangweiltem Kennerblick die Reden über imperialistische Globalstrategie oder die Rolle Springers verfolgten«[177], geraten die Theoretiker der Revolte zunehmend unter Erwartungsdruck. Innerhalb des SDS wird inzwischen besonders über Rudi Dutschkes und Hans-Jürgen Krahls Organisationsreferat vom September 1967 gestritten: »Die ›Propaganda der Schüsse‹ (Che) in der ›Dritten Welt‹«, so ihre Überlegung, »muß durch die ›Propaganda der Tat‹ in den Metropolen vervollständigt werden … Der städtische Guerillero ist der Organisator schlechthinniger Irregularität als Destruktion des

Systems der repressiven Institutionen.«[178] Was das ganz große Programm, laut Dutschke »der neue Mensch, der im Kampf seine individuelle und gattungsgeschichtliche Vergangenheit aufhebt«[179], in der Praxis tatsächlich bedeutet, bleibt bis auf weiteres ungeklärt. Im kleinen aber hat der Alltag der Revolte schon durch die gebräuchliche Formel »Hinter die Qualität dieser Aktion dürfen wir nicht zurückfallen« eine selbstläufige Eitelkeit des Extremismus entwickelt. Daß die Zeichen auf Militanz stehen, wird schließlich Anfang Februar 1968 deutlich: Bei einer Großveranstaltung der »kritischen Universität« zur Anti-Springer-Kampagne wird ein Lehrfilm des Studenten Holger Meins über die Herstellung und Verwendung von Molotowcocktails vorgeführt.

Auch in Nürnberg finden seit Sommer 1967 Demonstrationen und Polithappenings statt, auf denen nicht nur ein radikaler Bruch mit der Vergangenheit und der Kampf gegen das Establishment gefordert werden, sondern auch die Frage von Gewalt und Gegengewalt zunehmend an Bedeutung gewinnt. Doch zur Beruhigung des Polizeipräsidenten Horst Herold, der jede Gelegenheit nutzt, mit den Studenten ins Gespräch zu kommen, bleibt trotz des revolutionären Gestus und einer – gegen den eigenen Anspruch – oft autoritären Sprache der Protest über viele Monate hinweg friedlich. Erst Anfang 1968 ändert sich das Bild. »Die Verhältnisse«, so Herold, »begannen zu tanzen, die Institutionen wichen zurück, die Situation trug vorrevolutionäre Züge, und ein dialektischer Sprung schien heranzurücken. Nicht mehr die Arbeiterklasse war das revolutionäre Subjekt, sondern die Intelligenz, die, von Zukunftsängsten geschüttelt und sich proletarisch gebend, zu gesicherter Geltung drängte. Angesichts der Lähmung des Staates, der Unschlüssigkeit der Medien und der Passantenmentalität der lediglich zuschauenden Massen schloß ich nicht aus, daß der Staat kippen könnte.« Im Frühjahr ist er zunehmend davon überzeugt, »daß die Verhältnisse kippen könnten«. Als jedoch auf dem Höhepunkt des Aufruhrs Ende Mai 1968 der bayerische Innenminister Merk Oberbürgermeister und Polizeichefs nach München ruft, hat sich Herolds Einschätzung bereits grundlegend geändert. »Die Bewegung verfügt nicht über den inneren Elan«, prophezeit er den eher skeptischen Kollegen, »und wird bald auseinanderlaufen. Aber ihre radikalen Zerfallsprodukte werden zum politischen Terrorismus übergehen, der uns über Jahre hinaus beschäftigen wird.« Vier Jahre später wird der Münchner Oberbürgermeister und spätere Bundesjustizminister Hans-Jochen Vogel Herold an diese Prognose erinnern.

Beim SPD-Parteitag, der zwischen dem 17. und 21. März 1968 in der Nürnberger Meistersingerhalle stattfindet, kommt es in Herolds Heimatstadt erstmals zu gewalttätigen Auseinandersetzungen – und dies, so erinnert sich Horst Ehmke, »unter den Augen von Polizei und Ordnungsdienst, die nicht so recht wußten, was sie machen sollten«[180]. Rund 5000 Bürger, darunter auch zahlreiche Arbeiter, sind den Aufrufen des SDS und der IG Metall gefolgt, um gegen die anstehende Verabschiedung der Notstandsgesetze zu protestieren. Wut und Empörung liegen in der Luft. Aufgebrachte Demonstranten beschimpfen und attackieren die eintreffende SPD-Führung, die sich in dem heillosen Durcheinander nur mit Mühe in die Kongreßhalle flüchten kann. Herbert Wehner, der sich nicht rechtzeitig in Sicherheit bringt, verliert durch einen Stockschlag ins Gesicht einen Zahn, und als man kurz darauf versucht, den Parteitag zu stürmen, gibt es zahlreiche Verletzte. Die Demonstranten verwüsten das Vorfeld der Halle, benutzen Fahnenmasten als Rammböcke und verbrennen die SPD-Fahnen. Schon am Vorabend hatte der Nürnberger Polizeipräsident Horst Herold die Parteispitze vor möglichen Tumulten gewarnt. Doch seine Empfehlung an die SPD-Führung, die Halle unauffällig durch einen Nebeneingang zu betreten, war am Widerspruch des Frak-

Als Polizeipräsident von Nürnberg erlebte Horst Herold 1968 beim SPD-Parteitag die Übergriffe demonstrierender Studenten und Arbeiter. Bei den Tumulten vor dem Haupteingang bezogen die führenden Parteimitglieder Prügel. Herold hatte dies vorausgesehen und frühzeitig dazu geraten, das Gebäude durch den Hintereingang zu betreten.

tionsvorsitzenden Helmut Schmidt gescheitert. »Herr Herold«, hatte Schmidt bei der Lagebesprechung im Grand Hotel kühl gesagt, »das haben wir nicht nötig. Wir gehen hocherhobenen Hauptes durch das Haupttor.« Es war ihre erste Begegnung.

»Dieser ›deutsche Sinn für Ordnung‹, auf welchem die Hypothek von sechs Millionen vergaster Juden liegt … das ist die Sprache von Sozialistengesetz und März 1933, das gipfelte in Festungshaft und KZ«[181] – so hatte die Journalistin Ulrike Meinhof 1960 die naßforsche Notstandsvorlage des Bundesinnenministers Gerhard Schröder in der Zeitschrift ›konkret‹ kommentiert. Ihr Resümee ist einem Blatt, das bis 1964 von der DDR finanziert wird, gewissermaßen antifaschistische Ehrensache. Aber sie bleibt nicht die einzige, die die Notstandsfrage allein im Licht historischer Analogien betrachtet. Das Thema, das in der zweiten Hälfte der sechziger Jahre zum Kristallisationspunkt der außerparlamentarischen Opposition avanciert, steht schon seit 1955 auf der politischen Tagesordnung. Damals waren der Bundesrepublik mit Inkrafttreten des Deutschlandvertrages von den drei westlichen Besatzungsmächten die Rechte eines souveränen Staates gegeben worden. Für den Fall eines inneren oder äußeren Notstands waren indes alliierte Vorbehaltsrechte fixiert worden, die bis zur entsprechenden gesetzlichen Regelung durch die Bundesregierung gelten sollten. Allerdings war die für eine Änderung des Grundgesetzes nötige Zweidrittelmehrheit unter den Kanzlern Adenauer und Erhard im Deutschen Bundestag nicht zu bekommen.
Mit der Bildung der Großen Koalition im Jahre 1966 ist zwar die politische Mehrheit für eine tragfähige Regelung endlich vorhanden, eine nüchterne öffentliche Diskussion der Notstandsfrage jedoch längst nicht mehr möglich. Ganz abgesehen von der grundsätzlichen Skepsis, mit der etliche Bürger einem solchen Gesetzeswerk begegnen, sorgt das Bekanntwerden der sogenannten Schubladenverordnungen just in dem Moment, in dem sich CDU und SPD zumindest auf eine gemeinsame Erörterung des überfälligen Vorhabens geeinigt haben, für einen gewaltigen Skandal. Die Adenauerregierung, so kommt heraus, hat mit Zustimmung der Alliierten zahllose geheime Maßnahmen beschlossen, die im Fall eines Ausnahme-

zustands, zu dem selbst Generalstreiks gerechnet werden, den Behörden unbeschränkte, ja geradezu diktatorische Vollmachten einräumen. All das scheint jene Kritiker zu bestätigen, die hinter der Notstandsregelung autoritäre Staatsstreichpläne vermuten. Jegliche politische Rationalität geht jetzt in der vergifteten Atmosphäre verloren; statt dessen wird die Erinnerung an das Ende der Weimarer Republik, an die unheilvollen Folgen des Artikels 48 der Weimarer Verfassung und der Brüningschen Notverordnungen zum historischen Dreh- und Angelpunkt einer fundamentalen Opposition. Geschmacklosigkeiten werden dabei nicht gescheut. In KZ-Häftlingskleidung zu demonstrieren gilt weder als peinliche Projektion noch als Verhöhnung der Opfer, sondern als Ausdruck ernster Überzeugung. Zeitweise mutet die Kampagne wie ein mit mehr als dreißig Jahren Verspätung geführtes Nachholgefecht gegen das Ermächtigungsgesetz an.

Die Aktivisten des im Oktober 1966 gemeinsam von der IG Metall und dem SDS veranstalteten Kongresses »Notstand der Demokratie« werden gemeinhin mit der außerparlamentarischen Opposition gleichgesetzt. Aber die Protestbewegung ist in ihrer Zusammensetzung weitaus heterogener, als es auf den ersten Blick scheinen mag. So sind unter den 24.000 Teilnehmern der Abschlußkundgebung, auf der Ernst Bloch eine flammende Rede hält, nicht nur Gewerkschafter und Studenten, sondern auch Liberale und Konservative verschiedener Prägung sowie zahlreiche Sozialdemokraten. Die SPD, die derweil mit ihrem Koalitionspartner um eine maßvolle und demokratischen Kriterien genügende Notstandsregelung ringen muß, gerät, wie so oft in ihrer Geschichte, in eine undankbare Zweifrontenstellung.

Die These des SDS, daß bereits mit den unter der Regierung Erhard im Sommer 1965 beschlossenen »Sicherstellungsgesetzen« eine postfaschistische Periode in eine präfaschistische umgeschlagen sei, hält allerdings ein wesentlicher Teil der Notstandsopposition schon damals für falsch. Spätestens mit der lauter werdenden Kritik am amerikanischen Engagement in Vietnam aber erscheint es manchem Gewerkschafter zunehmend unplausibel, warum der SDS die alliierten Notstandsbefugnisse einer deutschen Regelung weiterhin vorzieht. Zwar können kurz vor der zweiten Lesung der Notstandsgesetze im Bundestag Mitte Mai 1968 mehr Bürger als je zuvor zum Protest mobilisiert werden. Doch das Zweckbündnis zwischen Gewerkschaften und Studentenbewegung, das bei den marxistischen Theoretikern der APO die Illusion einer klassenkämpferischen Aktionsfront genährt hatte, ist zu diesem Zeitpunkt bereits zerbrochen. Als das Kuratorium »Notstand der Demokratie« einen Sternmarsch auf Bonn organisiert, an dem am 11. Mai etwa 40.000 Menschen teilnehmen, führt der DGB am selben Tag eine Konkurrenzveranstaltung in Dortmund durch. Mit der Verabschiedung der Gesetze am 30. Mai 1968 verschwindet das Thema umgehend aus der öffentlichen Diskussion. »Wir alle haben den Notstand satt«[182], faßt Hans Matthöfer die allgemeine Stimmung zusammen. Noch drei Tage zuvor hatte der SDS-Sprecher Hans-Jürgen Krahl in einer Rede vor 12.000 Menschen auf dem Frankfurter Römerberg ausgerufen: »Die Demokratie in Deutschland ist am Ende ... Dieser Staat ist bereit, sich selbst zum faschistischen Führer zu machen.« Eine zweite »Machtergreifung« aber bleibt aus. Trotz der vereinzelten Wahlerfolge der NPD seit 1966 ist ein neuer Adolf Hitler nicht in Sicht. Im Gegenteil: Als Bundeskanzler Kiesinger am 7. November 1968 von Beate Klarsfeld wegen seiner politischen Vergangenheit als NSDAP-Mitglied öffentlich geohrfeigt wird, ist die vorherrschende Reaktion Schadenfreude.

»Keine Periode ist der Bewegung der Studenten und Jugendlichen so präsent, so sinnlich faßbar und gegenwärtig gewesen wie die Zeit des Faschismus und das, was ihr vorausging«[183], hat Oskar Negt im Rückblick auf »Achtundsechzig« notiert.

Tatsache ist allerdings auch, daß eine Generation, die nicht zuletzt die Verdrängung der Vergangenheit durch ihre Eltern anklagt, selbst ein bemerkenswertes Desinteresse an der konkreten Aufarbeitung der Geschichte zeigt. Zwar ist von Vergangenem ständig die Rede. Aber ebenso, wie man an die abgerissene Theorietradition der zwanziger Jahre, die neu aufgelegten Schriften all der Emigranten, Dissidenten und Vergessenen vornehmlich unter dem Gesichtspunkt gegenwärtiger politischer Praxis anknüpft, dient auch die nationalsozialistische Gewaltvergangenheit in erster Linie als schlagkräftiges Argument im Tageskampf. Kaum jemand in der »Neuen Linken« nimmt die Mühen empirischer Geschichtsforschung auf sich. Auschwitz bleibt Metapher, und die Chiffre »NS« steht im Jargon der Jahre für »Notstand«. Selbst wenn es darum geht, die Kontinuität deutscher Eliten freizulegen und die nationalsozialistische Vergangenheit öffentlicher Funktionsträger anzuprangern, greift man überwiegend auf die bereits zu Beginn der sechziger Jahre erschienenen »Braunbücher« zurück und bedient sich bereitwillig der antifaschistischen Propaganda der DDR. Charakteristisch für diese eigentümlich geschichtsblinde Form der Vergangenheitsfixierung ist denn auch die Art und Weise, in der ein aus dem Zusammenhang gerissenes Diktum Max Horkheimers aus dem Jahr 1939 zur politischen Losung vereinfacht und als Handlungsmaxime rezipiert wird: »Wer … nicht vom Kapitalismus sprechen will, sollte vom Faschismus schweigen.«[184] Der bald inflationäre Gebrauch der Faschismusformel, vermischt mit einer laufend schärfer werdenden Kapitalismuskritik, führt indes zu neuen Strategien der Verdrängung. Denn das Reden vom Faschismus dient nun weniger der Aufhellung der Vergangenheit als der Infragestellung der bestehenden Ordnung. Daß hier Projektionen und Entlastungswünsche am Werk sind, wird nicht zuletzt in der seltsamen Eilfertigkeit deutlich, mit der man die Bundesrepublik nun auch historisch zum Vasallen des amerikanischen Impe-

rialismus zu machen sucht. Und daß die Formel »USA-SA-SS« im Land der Täter einen gänzlich anderen Klang besitzt als in Paris oder Berkeley, will damals kaum jemand sehen. Im Gegenteil: Durch den Internationalismus der Ausdrucks- und Protestformen, der theoretischen Lehrbücher und Idole entsteht ein »Rausch der Selbstvergewisserung«[185] unter der deutschen Jugend, der sie für einen kurzen historischen Augenblick die Möglichkeit eines Ausstiegs aus der quälenden Vergangenheit erträumen läßt. Diesem Rausch ist wohl auch die merkwürdige Unbefangenheit zuzuschreiben, mit der Parlamente erneut als »Schwatzbuden« diffamiert werden und in dem zugleich der Kult um Mao und die chinesische Kulturrevolution als Ikonographie eines einsamen Führers vor einer uniformen, ekstatischen Masse wahrgenommen und als Bild ästhetischer Schönheit begriffen werden kann.
So entgeht vielen Deutschen zunächst auch, daß die weltweite Jugendrevolte national unterschiedliche Züge und Bedeutungen annimmt. 1968 steht allein in der Bundesrepublik für eine tiefgreifende Zäsur in der Nachkriegsgeschichte, während die Franzosen die Ereignisse in die republikanische Tradition von 1789 einbetten und in England die Studentenbewegung als Teil des »Swinging London« betrachtet wird. Selbst im Mutterland der Protestbewegung, den USA, bleibt die Revolte trotz der ungeheuren Mißstände, gegen die sie sich richtet – von der Rassendiskriminierung bis zum Vietnamkrieg –, immer seltsam pragmatisch und erhält nie jenen für Westdeutschland typischen oppositionellen Fundamentalismus. Anders als in den USA, wo die Protestbewegung an den politisch-spirituellen Anspruch der eigenen Nation anknüpfen, also den verheißungsvollen »American dream« gegen den etablierten »American way of life« ins Feld führen kann, verfügen die deutschen Jugendlichen mit Blick auf die jüngste Geschichte und den historischen Ausgangspunkt von 1945 über keinerlei positive Identifikationsmöglichkeiten.

»Wenn die Revolution nicht von oben kommt, ist sie uns von unten gewiß«, zitierte der ›Stern‹ 1968 Horst Herold, als sich, nicht nur in Berlin, die Ungeduld der Linken auf den Straßen Ausdruck verschaffte. Das Bild zeigt die »Vietnam-Demonstration« in Berlin am 18. Februar 1968.

Am 17. und 18. Februar 1968 findet im restlos überfüllten Audimax der Technischen Universität Berlin ein vom SDS und anderen Hochschulbünden organisierter »Internationaler Vietnam-Kongreß« statt. Für die rund 5.000 Teilnehmer, darunter Andreas Baader und Gudrun Ensslin, wird die Veranstaltung ein großes Erlebnis. »Draußen Wintersonne, blauer Himmel, Polizeiwagen, Späher. Drinnen drängten die Teilnehmer, setzten sich auf das Podium, auf die Gänge ... Impressionen kamen auf: 1917 in Petrograd, 1918 im Zirkus Busch in Berlin, 1936/37 in Madrid«[186], erinnert sich Bernd Rabehl. Es ist eine Art Jahrmarkt der Revolution. Aus der Losung »Frieden für Vietnam« ist jetzt »Waffen für den Vietcong« geworden. Diskussionen werden in den vom Arbeitskreis »Revolutionäre Kunst und Marxismus« effektvoll ausgestatteten Räumlichkeiten kaum geführt. Statt dessen steigert sich die versammelte Empörung zu einem seltsamen Hochgefühl, die Solidarität mit dem vietnamesischen Volk nährt das revolutionäre Selbstbewußtsein. Höhepunkt der Veranstaltung ist eine Rede des charismatischen Rudi Dutschke, der zum Leidwesen mancher SDS-Genossen inzwischen die Konturen eines Medienstars besitzt und als Chefideologe und unumstrittener Führer der Studentenbewegung gilt. Im Auditorium, in dem eben noch Tausende »Ho, Ho, Ho Chi-minh« skandiert haben, wird es still vor Erwartung. »Genossen, Antiautoritäre, Menschen! Wir haben nicht mehr viel Zeit ... Es hängt primär von unserem Willen ab, wie diese Periode der Geschichte enden wird«, hebt Dutschke an. Nach der Skizzierung einer neuen, marxkritischen Revolutionstheorie, der zufolge die faschistischen Herrschaftsinteressen staatlicher Institutionen das ökonomische Profitstreben eindeutig überlagern; nach einer Deutung des mangelnden Klassenbewußtseins der Arbeiterschaft und des Volkes als eines alleinigen Ergebnisses psychischer Deformations- und Manipulationsprozesse; nach einem rhetorischen und politischen Parforceritt vom Fernen und Nahen Osten über die Black-Panther-Bewegung bis zum Schülerprotest in der Bundesrepublik schließt Dutschke mit dem Appell: »Die Revolutionierung der Revolutionäre ist ... die entscheidende Voraussetzung für die Revolutionierung der Massen. Es lebe die Weltrevolution und die daraus entstehende freie Gesellschaft freier Individuen!«[187] Ein Gefühl von Stärke und Kampfeswillen wogt durch die Reihen der Zuhörer. Manch einer fühlt sich bereit und berechtigt, zum frontalen Angriff überzugehen. Es fehlt nur noch der Startschuß zu den Fanalen, die im Aufruf zum Vietnamkongreß angekündigt worden sind. »Dieser Kampf wird«, hatte es in der Einladung geheißen, »wie Che Guevara

auf Lenin fußend uns gezeigt hat, ... mit dem Gewehr und/oder mit Massenaktionen der Unterdrückten geführt werden.«[188]
Doch der ursprünglich geplante Sturm auf amerikanische Kasernen in Berlin-Lichterfelde unterbleibt. Vielmehr ziehen bei der Abschlußkundgebung 12.000 Menschen in einem Meer roter und schwarzer Fahnen und in ausgelassener Stimmung durch die Westberliner Innenstadt.
Drei Tage später, am 21. Februar 1968, findet wenige hundert Meter von Andreas Baaders Wohnung auf dem inzwischen nach John F. Kennedy benannten Platz vor dem Schöneberger Rathaus eine Gegenkundgebung statt, zu der die Parteien des Abgeordnetenhauses und der Westberliner DGB aufgerufen haben. Rund 80.000 Menschen – in der Berliner Tagespresse spricht man gar von 150.000 – nehmen daran teil. Die Stimmung ist, wie sich an zahlreichen selbstgemalten Plakaten ablesen läßt, äußerst erregt: »Dutschke – Volksfeind Nr. 1!« oder »Dutschke und Kunzelmann über die Mauer!«[189] heißt es. Als das Gerücht umgeht, der Studentenführer selbst befände sich unter den Demonstranten, kommt nach Schluß der Veranstaltung regelrechte Pogromstimmung auf. Ein Dutschke ähnlich sehender Mann, der von einer völlig entfesselten Menge verfolgt wird, kann sich nur mit letzter Kraft in einen Polizeiwagen retten. Mehr als hundert Polizisten müssen die aufgebrachten Menschen, größtenteils Arbeiter, mit Schlagstöcken daran hindern, den Wagen aufzubrechen. Rufe werden laut: »Lyncht die Sau! Schlagt ihn tot! Kastriert das Judenschwein! Dutschke ins KZ!«[190]
Weniger als sieben Wochen später, am Nachmittag des 11. April 1968, wird Rudi Dutschke von dem dreiundzwanzig Jahre alten Münchner Hilfsarbeiter Josef Bachmann durch Revolverschüsse in Brust und Kopf lebensgefährlich verletzt. Weihnachten 1979 stirbt er im Alter von neununddreißig Jahren an den Spätfolgen des Attentats. Zu den Menschen, die ihn in den Jahren zuvor moralisch und finanziell unterstützt hat-

ten, gehört der deutsche Bundespräsident Gustav Heinemann. Der Attentäter, dessen Anschlag von vielen auf die Hetze der Springer-Presse zurückgeführt wird – der sich aber tatsächlich von einem Schmähartikel in der ›Deutschen Nationalzeitung‹ anstacheln ließ –, ist zu diesem Zeitpunkt schon mehr als neun Jahre tot. Im März 1970 nimmt er sich in seiner Zelle in der Haftanstalt Tegel das Leben. Zu den fünf Trauergästen, die zu seiner Beerdigung kommen, gehört auch Rudi Dutschkes Anwalt Horst Mahler. Die Binde eines Blumenstraußes, der auf sein Grab gelegt wird, trägt die Aufschrift: »Ein Opfer der Klassengesellschaft.«[191]

Ende März 1968 versuchen Andreas Baader und Gudrun Ensslin die Freunde von der Kommune I für einen eigenen Plan zu begeistern. In westdeutschen Kaufhäusern, so ihre Idee, wollen sie demnächst »zündeln«[192]. Sie glauben sich an der richtigen Adresse, schließlich haben die Kommunarden auf den Brand in einem Brüsseler Kaufhaus im Mai des vergangenen Jahres, bei dem 251 Menschen ums Leben gekommen sind, mit drei Flugblättern reagiert, in denen unter anderem stand: »Unsere belgischen Freunde haben endlich den Dreh heraus, die Bevölkerung am lustigen Treiben in Vietnam wirklich zu beteiligen: Sie zünden ein Kaufhaus an, dreihundert saturierte Bürger beenden ihr aufregendes Leben, und Brüssel wird Hanoi ... Wenn es irgendwo brennt in der nächsten Zeit, ... seid bitte nicht überrascht.«[193] Was das Gericht, von dem Rainer Langhans und Fritz Teufel wenige Tage zuvor vom Vorwurf der »Aufforderung zur Brandstiftung« freigesprochen worden sind, inzwischen amtlich als Satire gewertet hat, wollen sie nun doch wörtlich nehmen. Bis auf Michael »Bommi« Baumann, der später Mitglied der RAF-Konkurrenz »Bewegung 2. Juni« wird und nur aus Termingründen ablehnt, will sich keiner der Kommunarden an einem solchen Anschlag beteiligen. Baader und Ensslin aber drängt es nach Aktion. Mit ihrem Freund Thorwald Proll, der sein Studium der Kunstgeschichte inzwischen zugunsten »lumpenproletarischer Arbeit« aufgegeben hat, machen sie sich auf den Weg nach Westdeutschland. Über München, wo sich ihnen ein alter Freund Baaders anschließt, fahren sie nach Frankfurt am Main.

Ihre beiden kleinen Kinder lassen Baader und Ensslin in Berlin zurück. Es ist ein Abschied auf Dauer. Zwar wird sich Baader der Adoption seiner Tochter durch die Pflegefamilie, in der sie aufwächst, noch aus dem Gefängnis heraus zu widersetzen suchen, dennoch sieht er sie nur ein einziges Mal wieder. Neun Jahre später besucht sie ihn im Stammheimer Hochsicherheitstrakt. »Es war schrecklich, völlige Fremdheit«, erinnert sich Anneliese Baader, die ihre zwölfjährige Enkelin damals mitgenommen hatte. Auch Gudrun Ensslins Sohn Felix, im März 1968 gerade einmal zehn Monate alt, wird von Pflegeeltern aufgezogen. »Unsere ganze Generation«, urteilt er später, »ist Kind der RAF.«[194]

Am 2. April 1968 bricht gegen Mitternacht im Abstand weniger Minuten in zwei Kaufhäusern der Frankfurter Innenstadt Feuer aus. Unter den rasch zusammenströmenden Schaulustigen, die den Einsatz der Feuerwehr beobachten, stehen auch Andreas Baader und Gudrun Ensslin. »Gleich brennt's bei Schneider und im Kaufhof. Es ist ein politischer Racheakt«[195], lautet die einigermaßen dürftige Botschaft, die sie kurz zuvor dem Frankfurter Büro der Deutschen Presseagentur telefonisch durchgegeben haben. Noch, so scheint es, will man weniger die Massen als vor allem die Berliner Freunde mit der Brandstiftung ansprechen. Im nahe gelegenen »Club Voltaire«, einem beliebten Treffpunkt der Frankfurter Linken, brüstet sich Baader noch in derselben Nacht mit dem Anschlag. Endlich, so erzählt er ein paar zufällig anwesenden SDS-Mitgliedern aus Berlin, sei nicht mehr bloß »geschwätzt worden«[196]. Schon zwei Tage nach der Tat, am 4. April 1968, werden Andreas Baader, Gudrun Ensslin und die beiden anderen Brandstifter, Horst Söhn-

lein und Thorwald Proll, aufgrund eines »konkreten Hinweises« von der Polizei festgenommen. In ihrem Gepäck findet man Herstellungsanleitungen und Bauteile der Brandbomben. Im übrigen hält sich sowohl im Kaufhof, wo neben den Nachtwächtern zur Brandzeit eine Malerkolonne gearbeitet hat, als auch im Kaufhaus Schneider der durch das Feuer angerichtete Schaden in Grenzen. Per Zufall bald entdeckt und gemeldet, hat man die Brände in beiden Häusern schnell löschen können. Die Schäden von insgesamt fast 700.000 DM sind vor allem durch Löschwasser und Sprinkleranlagen entstanden.
Eine Woche nach der Verhaftung der vier Brandstifter setzen in Reaktion auf das Attentat auf Rudi Dutschke die sogenannten Osterunruhen ein. Mehr als 60.000 überwiegend junge Menschen beteiligen sich an den fünftägigen Protesten, die sich in erster Linie gegen Druckereien und Verlagshäuser des Springer-Konzerns richten. Die Molotowcocktails, mit denen in Berlin der Fuhrpark des Verlags in Brand gesetzt wird, hat der rührige Staatsschutzagent Peter Urbach zuvor eigenhändig unter den Demonstranten verteilt. Bei bundesweiten Ausschreitungen gibt es vierhundert zum Teil schwer Verletzte, in München sogar zwei Tote. Dort kommen ein Journalist und ein Student durch Steinwürfe aus den Reihen der Demonstranten ums Leben. »Das ist genau so, wie wenn ich mich an das Steuer eines Autos setze und damit rechnen muß, daß ein Reifen platzt«[197], erklärt Horst Mahler im Audimax der TU Berlin, als einige Studenten mit Bestürzung auf die Todesopfer reagieren. Deutschland erlebt die schwersten Straßenschlachten seit den Tagen der Weimarer Republik.
Genf, Wien, Rom, Belgrad, New York, Buenos Aires, Tokio – im Mai 1968 kommt es rund um den Globus in zahllosen Universitätsstädten zu Hochschulbesetzungen, Massendemonstrationen und gewalttätigen Auseinandersetzungen. Nicht nur in der Bundesrepublik, wo sich im Laufe der sechziger Jahre die Zahl der mit Fernsehgeräten ausgestatteten Haushalte verdrei-

facht hat, erscheinen die buntgefiederten Spatzen des Aufruhrs plötzlich als gleichförmige Vorboten eines bevorstehenden Weltbürgerkriegs auf den Bildschirmen. Besonders die sich von Paris aus rasch ausbreitende Erhebung französischer Studenten und Arbeiter versetzt die deutsche Linke in revolutionäre Begeisterung. »Siegt Dutschke in Paris?« fragt die Zeitschrift ›konkret‹ in einem euphorischen Artikel und drückt damit eine in der APO verbreitete Hoffnung aus. Wenige Wochen vor dem Scheitern der Notstandsopposition wähnt man sich auf der Straße des Sieges. Es war der »Schein der Gleichzeitigkeit, der das metropolitane Selbstmißverständnis der Revolte als Revolution begünstigte«[198]. Auch Andreas Baader lassen die Ereignisse nicht unberührt: »Noch eine Bitte: Wenn Bonn gefallen ist, laßt uns die NATO übrig«[199], schreibt er am 10. Mai aus dem Gefängnis an die Kommune I. Fünf Monate später wird er seine Brandstiftung damit begründen, er habe die Gefahr gesehen, daß die APO vom System »gefressen und verdaut« werde, wenn man nicht »zur Aktion«[200] übergehe.

Es ist nicht bekannt, ob sich Baader über seinen Traunsteiner Gefängnisaufenthalt im Sommer 1967 jemals beklagt hat. Doch die harten Bedingungen der Untersuchungshaft, die er zum ersten Mal erlebt, machen ihm bald schwer zu schaffen: Dreiundzwanzig Stunden am Tag bleiben die Gefangenen in ihren Zellen eingeschlossen, Tagesablauf und Kontakte sind streng geregelt. Um sechs Uhr wird geweckt, gegen Mittag steht ein einstündiger Hofgang auf dem Plan, den man wahlweise allein oder mit anderen Häftlingen verbringen kann. Abgesehen von Anwaltsbesuchen, die immer möglich sind, darf man nur alle zwei Wochen für eine halbe Stunde Besuch empfangen; Telefonate müssen beantragt werden und unterliegen ebenso wie Briefe der Kontrolle. Für Baader ist diese Situation schier unerträglich und erniedrigend. »In diesem Grabenkrieg um Identität«, der, wie er später formuliert, »Gefängnis immer ist«[201], wird das Gefühl der Beeinträchtigung durch eine feindliche Umwelt, das ihn seit jeher umtreibt, zur bedrohlichen Tatsache. Wachsam und mißtrauisch wie immer, ist sein inneres Radarsystem im Daueralarm. Er vermutet »irgendwas im Fraß, das mich ruhig und elegisch macht«[202], glaubt seine Potenz sabotiert und spricht von »Mißhandlungen in den Haftanstalten«[203], während die Behörden ihm wiederholte Ausbruchsversuche vorwerfen. Mehrfach wird er verlegt. Doch aus der Eindeutigkeit, mit der er in dieser Situation die Staatsmaschine als unversöhnlichen Gegner zu erkennen glaubt, erwächst Baader zugleich das Bewußtsein von Stärke und Autonomie, hat er durch diese Erfahrung »den Feind und sich kennengelernt«[204]. »Niemand kämpft«, wird Gudrun Ensslin später über die RAF schreiben, »weil er ausgebeutet, unterdrückt, geschlagen, bevormundet, zum Affen gemacht wird. Wer kämpft, hat irgendwann, irgendwie jedenfalls aber als seine Sache Stärke kennengelernt, gespürt, gemerkt ... Damit ist aber auch schon das ganze Geheimnis oder der Dreh von Andreas und damit das Selbstverständnis der Gruppe auf dem Tisch.«[205]

Abgesehen von Andreas Baader, der gleich nach der Verhaftung jede Beteiligung an den Brandanschlägen bestreitet, schweigen die Verdächtigen während der Untersuchungshaft zu ihrer Tat beharrlich. Und doch sind bis zum Prozeßbeginn im Oktober 1968 ihre Namen bundesweit ein Begriff. Nicht wenige im Umkreis der Studentenbewegung wollen die Tat als jenes Fanal begreifen, das während des Berliner Vietnamkongresses ausgeblieben ist. Sie haben, wie die Kommune I verlauten läßt, durchaus »Verständnis für die psychische Situation, die einzelne jetzt schon zu diesem Mittel greifen läßt«[206]. Als Baaders Rechtsbeistand, der bekannte APO-Anwalt Horst Mahler, versucht, die Unterstützung des Frankfurter SDS zu erhalten, sieht dieser sich noch vor der Anklageerhebung zu einer seltsam vorverurteilenden Presseerklärung genötigt, in der es heißt: »Der SDS ist zutiefst darüber bestürzt, daß es in der Bundesrepublik Menschen gibt, die glauben, an den gesellschaftlichen und politischen Zuständen in diesem Land durch unbegründbare Terroraktionen ihrer Opposition Ausdruck verleihen zu können.«[207] Andreas Baader zeigt sich in seinem Kommentar hellsichtig: »Damit ist bewiesen, daß die revolutionäre Bewegung in der Bundesrepublik tot ist.«[208] Im September 1968 findet die letzte reguläre Delegiertenkonferenz des SDS statt. Achtzehn Monate später löst sich der Verband selbst auf.

Um welche Zustände und welche Opposition es ihnen geht, machen die vier Brandstifter indessen weiterhin nicht publik. Ulrike Meinhof, die Baader und Ensslin in der Untersuchungshaft besucht, ist darüber schwer enttäuscht. Wie manch anderer aus der APO hofft sie, daß die durch den Anschlag entstandene öffentliche Aufmerksamkeit für eine Aufklärung über den »Zusammenhang zwischen der Konsumwelt der Kaufhäuser und dem tödlichen Alltag in Vietnam«[209] genutzt wird. Den geplanten Bericht über ihr Interview schreibt sie nicht. »Dann kommen die nie aus dem Knast«[210], erklärt sie in der Redaktion. Ihre Frage, ob er bei der Brandstiftung Menschenleben in Kauf genommen habe, soll Baader bejaht haben.

Am 14. Oktober wird vor dem Frankfurter Landgericht der mit Spannung erwartete Prozeß eröffnet. Die Angeklagten verweigern die Aussage. »Ich halte diese Justiz für eine Justiz der herrschenden Klasse, und vor einer solchen Justiz, die Unrecht spricht, will ich mich nicht verteidigen«[211], erklärt Andreas Baader kurz und bündig. Das ist mit Blick auf die landläufige These vom Faschismus in den Herrschaftsapparaten durchaus konsequent gedacht und gesprochen. Gleichwohl regt sich unter den Prozeßbeobachtern Zweifel an der politischen Überzeugung der Angeklagten. Denn vielen von ihnen, schon jetzt Erben und Nostalgiker einer zerfallenden Revolte, geht es nur vordergründig um Person und Haltung eines Andreas Baader. Sie wollen vielmehr ihr eigenes Verhältnis zu jener quälenden Frage klären, die das Triebrad der Radikalisierung in APO und

»Das kollektive Bewußtsein, die Moral der Erniedrigten und Beleidigten, das Metropolenproletariat – das ist Andreas«, hat Gudrun Ensslin einmal über Baader gesagt. Die erste gemeinsame Aktion der beiden war der Anschlag auf das Frankfurter Kaufhaus Schneider im Sommer 1968. Die Aufnahme zeigt sie während des anschließenden Prozesses.

SDS im Verhältnis zum Staat und seinem Gewaltmonopol aufgeworfen hatte: Welches Etikett sollten die eigenen Aktionen erhalten? Symbolische Gewalt, Gewalt gegen Sachen, Gegengewalt oder Widerstand? Um den Rubikon zwischen Theorie und Praxis zu überschreiten, bedarf es offenbar der reinigenden Kraft des stellvertretenden Rechtsbruchs, der im wahrsten Sinne des Wortes befreienden Aktion.
Mit Erleichterung reagiert man daher, als Gudrun Ensslin sich am dritten Prozeßtag »im Einverständnis mit Andreas Baader« zumindest zu dem Brand im Kaufhaus Schneider bekennt und

erklärt: »Wir haben es aus Protest gegen die Gleichgültigkeit gegenüber dem Krieg in Vietnam gemacht.« Baader führt anschließend aus, man habe nicht den Vorsatz gehabt, »Menschen zu gefährden oder auch nur einen wirklichen Brand zu verursachen ... Es sollte nur den Monopolkapitalismus und die Versicherungen treffen, die sowieso in ihren Profiten erstikken.«[212] Außerdem beruft er sich auf Stokeley Carmichael und Herbert Marcuse. Das genügt. Von der APO bis hin zur liberalen Presse, die sich insbesondere der Pfarrerstocher Ensslin angenommen hat, ist man sich augenblicklich einig: Die Tat ist ebenso verständlich wie falsch, die Täter sind Nächste und Fremde zugleich. Die hilflose Grundbefindlichkeit des Sympathisanten zeichnet sich ab. Daß die Angeklagten wenig später ihr Geständnis dahingehend widerrufen, daß sie in fremdem Auftrag gehandelt und nicht um die Brandbomben in den von ihnen abgelegten Taschen gewußt hätten, wird kaum zur Kenntnis genommen. Die Indizien sprechen, zumindest was einen der Brände angeht, sowieso eine deutliche Sprache.
Um so aufmerksamer werden die Plädoyers der Verteidigung verfolgt. Und tatsächlich spricht Horst Mahler zum Schluß des Verfahrens, in dem sich viele aus der APO gewissermaßen selbst vor Gericht fühlen, noch einmal jenes Grundmotiv an, das die Revolte ursprünglich bestimmt hatte. Baaders Tat, so Mahler, entspringe weniger der Empörung über den Vietnamkrieg, als vielmehr der »Rebellion gegen eine Generation, die in der NS-Zeit millionenfache Verbrechen geduldet und sich dadurch mitschuldig gemacht«[213] habe. Daraus habe Baader die Konsequenz gezogen, sich unter keinen Umständen in eine Gesellschaft einzuordnen, die auf Ausbeutung, Ungerechtigkeit und Unterdrückung beruht. Den Richtern hält er schließlich vor, solche Gedankengänge nicht nachvollziehen zu können: »Sonst müßten Sie Ihre Roben ausziehen und sich an die Spitze der Protestbewegung setzen.«
Am 31. Oktober 1968 werden Andreas Baader und die drei an-

deren Angeklagten »wegen versuchter menschengefährdender Brandstiftung« zu drei Jahren Zuchthaus verurteilt. Es ist eine harte Stafe. Die Verlesung der Urteilsbegründung geht im Tumult unter. »Faschist, Faschist!« tönt es aus dem Publikum. Unter dem Applaus zahlreicher Zuschauer springt Baader über die Barriere vor der Anklagebank und läuft, von Justizwachmeistern verfolgt, lachend vor der Richterbank hin und her. Als vor der Tür schließlich Rauchbomben geworfen werden, kommt es zur Räumung des Saals. Erst eine Stunde später wird die Sitzung fortgeführt.

Nach dem Urteilsspruch wird in den deutschen Feuilletons Kritik an dem Strafmaß von drei Jahren laut. In einem offenen Brief an den Frankfurter Oberlandesgerichtspräsidenten betonen die Schriftsteller Luise Rinser, Hans-Hellmut Kirst und Jean Améry, »daß gerade jene Menschen, die der Gesellschaft ihrer Zeit gegenüber als Rebellen auftraten, diejenigen waren, welche die Geschichte vorantrieben, indem sie Mißstände aufzeigten und den Anstoß zu wichtigen Veränderungen gaben«[214]. Auch Anneliese Baader ist bestürzt. In einem Brief wendet sie sich an den hessischen Generalstaatsanwalt Fritz Bauer: »Ich kenne meinen Sohn. Seine Ideen, seine Gesinnung, seine Überzeugungen sind mir vertraut. Seine Tat, verzweifelter Ausdruck dieses seines Denkens, ist das und nur das und ausschließlich das und muß das bleiben, wenn Gerechtigkeit einen Hauch von Wahrhaftigkeit behalten soll: Schrei und Aufschrei, Prophetie und Warnung. Klage und Anklage.«[215]

Am 13. Juni 1969, vierzehn Monate nach ihrer Verhaftung und acht Monate nach der Urteilsverkündung, kommen Andreas Baader, Gudrun Ensslin und die beiden anderen Brandstifter vorläufig auf freien Fuß. Über die von ihnen beim Bundesgerichtshof eingelegte Revision ist noch nicht entschieden, das Urteil des Landgerichts Frankfurt mithin noch nicht rechtskräftig. Da die Haftstrafe in vergleichbaren Fällen nach zwei

Dritteln zur Bewährung ausgesetzt wird, den vier Verurteilten also eine Reststrafe von nicht mehr als zehn Monaten bleibt, hält man die Fluchtgefahr für äußerst gering.

Am 28. September 1969 finden die Wahlen zum sechsten Deutschen Bundestag statt. Der Abend wird dramatisch. Nachdem die Hochrechnungen zunächst auf einen klaren Vorsprung von CDU und CSU deuten, zeichnet sich eine kleine Koalition von SPD und FDP ab, die nicht allein Bundeskanzler Kiesinger »zwar rechnerisch, aber nicht politisch möglich«[216] erscheint. Noch in der Wahlnacht reißt Willy Brandt schließlich das Gesetz des Handelns an sich und macht deutlich, daß er trotz knapper Mehrheit das Amt des Bundeskanzlers anstrebt. Gut drei Wochen später wird er gewählt. Es kommt zum Machtwechsel. Die auf den Straßen längst verebbte Euphorie der Jugendrevolte kann Willy Brandt nun noch einmal im Parlament neu entstehen lassen. Er verspricht eine »Politik der inneren Reformen« und will »mehr Demokratie« wagen. Zugleich sucht er die Aussöhnung mit der kritischen Jugend und eine Kanalisierung ihres Protests in die Bahnen staatlicher Politik: Anfang Mai 1970 wird eine begrenzte Amnestie für Demonstrationsdelikte erlassen, die Zehntausende von Verfahren betrifft. Und tatsächlich setzt bald die jüngere Generation ihre emanzipatorischen Hoffnungen auf die Sozialdemokraten. Rund 100.000 neue Mitglieder unter fünfunddreißig Jahren treten in die SPD ein. In den folgenden Jahren ändert sich das Lebensgefühl der Westdeutschen grundlegend. Der Historiker Arnulf Baring hat diesen Prozeß sehr treffend als eine »Bewußtseinsrevolution«[217] beschrieben.

Nach ihrer vorläufigen Haftentlassung im Sommer 1969 sind Andreas Baader und Gudrun Ensslin in Frankfurt am Main geblieben. Seit dem Prozeß sind sie prominent, und selbst in bürgerlichen Kreisen schlägt ihnen neben Mitleid auch Bewunderung entgegen. Im Juni beteiligen sie sich gemeinsam mit Thorwald Proll und seiner Schwester Astrid an der Erziehungsheimkampagne, die die außerhalb der Universität agierende rauhbeinige »Lederjackenfraktion« des Frankfurter SDS betreibt. Nachdem sich die deutschen Arbeiter von ihren akademischen Vordenkern nicht emanzipieren lassen wollten, hat die Avantgarde ohne Gefolgschaft neue Randgruppenstrategien erdacht. Fürsorgezöglinge, so die Idee, sollten zu revolutionären Subjekten erzogen werden. »In die Knäste müssen wir«[218] – das glaubt auch Andreas Baader, obgleich seine Versuche, bei den Frankfurter Mithäftlingen agitatorische »Wühlarbeit zu leisten«[219], bis zuletzt erfolglos geblieben sind. Ganz besonders nimmt man sich der nordwestlich von Marburg gelegenen Erziehungsanstalt Staffelberg an, unter der Devise: »Kampf dem kapitalistischen Erziehungssystem«[220]. Im Juli 1969 flüchtet fast die Hälfte der Heimbewohner nach Frankfurt, wo die rund siebzig Jugendlichen vor allem in Wohnungen von Mitgliedern jener studentischen Basisgruppe unterkommen, die die Staffelbergaktion organisiert hat. Bald jedoch gibt es Streit.

Während nämlich die Studenten den Heimzöglingen durch Lehr- und Arbeitsstellen ein proletarisches Klassenbewußtsein geben wollen, hat Andreas Baader ganz andere Vorstellungen. Er sieht in der Verweigerung »eine eigene, positive Rebellion gegen diese Gesellschaft, also etwas prinzipiell Klassenkämpferisches«[221]. Seine Losung heißt: »Starten wir den Großangriff auf die Heime – machen wir die Heime leer, und befreien wir das Heer der Hunderttausenden von Heimgenossen!« Seiner Meinung nach sollen sich die Jugendlichen »erst mal entspannen, sollen Urlaub machen von dem großen Streß in den Heimen«. So veranstaltet Baader wilde Autorennen in der Frankfurter Innenstadt sowie »Aktiönchen gegen alles und jedes, was einem gerade über den Weg läuft, in einem Café gegen einen Kellner und gegen diesen oder jenen ›libe-

ralen Arsch‹«[222]. Aus Baaders Sicht gehört das zum »punktuellen Angriff proletarischer Politik«[223], als die er die Kampagne deutet. Und auch bei den nächtelangen Diskussionen mit den Jugendlichen sieht er sich auf dem richtigen Weg. Gefangenen aus der RAF, die sich vor ihrem Prozeß fürchten, wird er später ausrichten: »Wenn du Identität herstellen kannst mit dem, was zu sagen ist … lernt man auch reden, ich habs jedenfalls irgendwann mal so gelernt und ich habs an 'ner Menge Typen *gesehen* – Lehrlingen –, daß es nur so läuft, wenn du nicht aus der leeren Debattentradition irgendwelcher studentischer Zirkel kommst.«[224]
Auch deshalb lehnt der traditionalistisch gesinnte SDS-Bundesvorstand jede finanzielle Unterstützung des Staffelbergprojekts ab. »Randständige Jugendliche«, lautet die Begründung, hätten sich bislang in allen kritischen Konflikten als »Reservoir der Konterrevolution«[225] erwiesen. Mehr Erfolg bringen die Verhandlungen Gudrun Ensslins mit den städtischen Behörden und Wohlfahrtsorganisationen. Den Leiter des Frankfurter Jugendamtes beeindruckt sie als eine »außergewöhnliche Frau mit pädagogischem Impetus«[226]. Im September 1969 werden ein öffentlicher Trägerverein gegründet und sechs Wohnungen angemietet, in denen am Ende über dreißig Jugendliche in Wohngemeinschaften zusammenleben. Andreas Baader, der das Jugendamt mit seinen Schützlingen vorübergehend besetzt, macht auf den Leiter einen weniger guten Eindruck. Angeblich soll Baader, auf einem Stuhl stehend, ein Bündel Geldscheine unter die Jugendlichen geworfen und sich über ihre anschließende Rangelei köstlich amüsiert haben.

Am 10. November 1969 verwirft der Bundesgerichtshof den Revisionsantrag gegen das Urteil des Frankfurter Landgerichts vom 31. Oktober 1968. Baader, Ensslin und Thorwald Proll haben mit der Ablehnung ihres Antrags nicht gerechnet. Ihre Arbeit mit Heimkindern und Lehrlingen ist in der Öffentlichkeit als erfolgreiche Resozialisierung gewertet worden, und so sind sie auch ihren polizeilichen Meldeauflagen eher sporadisch nachgekommen. Gudrun Ensslin sieht der Aussicht auf erneute Haft – formal annähernd zwei Jahre, vermutlich jedoch nur zehn Monate – recht gefaßt entgegen. Andreas Baader dagegen scheint der Gedanke an eine Rückkehr ins Gefängnis unerträglich. Aber auch die Unselbständigkeit der Jugendlichen ist ihm inzwischen lästig. »Wir sind physisch und psychisch fertig ... Wir wollen nicht, daß die Lehrlinge sich an uns hängen«[227], schreibt er an die Kommune I. Er will fort. Von Schweden bis Algerien wird alles in Erwägung gezogen, nur soll es ein Ort sein, »an dem gekämpft«[228] wird. In Paris, der Schweiz und Italien, wo sie sich zunächst aufhalten, kann davon keine Rede sein.

Was nun folgt, ist eine mehrmonatige Komödie der Flucht, eine Farce der Illegalität, die von Baader indessen mit vollem Ernst gespielt wird: Bereits am Tag nach der Ablehnung des Revisionsantrags stehen verschiedene Fluchtwagen mit Fahrern in diversen Tiefgaragen bereit und werden unterwegs mehrfach gewechselt; Haare werden gefärbt und abgeschnitten, falsche Pässe besorgt, leerstehende Wohnungen und heimliche Quartiere bezogen. Doch die Mühen der Konspiration, der ganze Aufwand an Verschleierungen und verwischten Spuren geschieht ohne jede Not: Die Staatsmacht, in deren Fängen sich Andreas Baader sieht, nimmt ihn vorerst überhaupt nicht zur Kenntnis. Schon weil noch ein Gnadengesuch bei der hessischen Landesregierung anhängig ist, läßt man sich mit der Aufforderung zum Strafantritt viel Zeit. Erst mehr als vier Monate später, Mitte März 1970, als die Frankfurter Polizei den Haftbefehl zu vollziehen sucht, stellt sich heraus, daß Baader und Ensslin »nach unbekannt verzogen« sind.

Darüber allerdings, was man jetzt tun soll, sind sich die Flüchtigen keineswegs einig. Schon in Paris, wo sie sich in der Wohnung von Régis Debray einquartieren, der als Kampfgefährte

Che Guevaras seit zwei Jahren in Bolivien im Gefängnis sitzt, gibt es deswegen Streit. Gudrun Ensslin, die über den Kaufhausbrand bereits ein umfangreiches Archiv angelegt hat, möchte zunächst einen Bericht über die Frankfurter Lehrlingskampagne schreiben. Astrid Proll drängt es, die bewaffneten Kämpfer der palästinensischen Al Fatah zu besuchen, während ihr Bruder Thorwald, der zunehmend resigniert wirkt, am liebsten zurück nach Deutschland will, um sich den Behörden zu stellen. Für Baader ist diese Vorstellung ein Unding. So machen sie sich bald wieder auf den Weg, wobei Thorwald Proll, der in Baaders Augen zuwenig belastbar ist, unterwegs abgehängt wird. Stundenlang wartet er an einem Brunnen in Straßburg, während die drei anderen längst auf dem Weg in die Schweiz sind. Baader, der die beiden Frauen chauffiert, genießt die Fahrt und ist guter Laune. Ulrike Edschmid hat bemerkt, daß Baader am liebsten in einem großen amerikanischen Wagen herumgefahren wäre, während er in anderen Dingen spartanisch und rigide war. Bei Autos wurde er Opfer eines Bildes, das er von sich selber hatte.[229]

In Zürich treffen die drei Giovanni Blumer, Autor eines in der Linken fast schon klassischen Buches über die chinesische Kulturrevolution. Theo Pinkus, legendärer Buchhändler und Antiquar, versorgt sie mit Lektüre und zahlreichen Verbindungen. Dazu gehören auch freundschaftliche Kontakte zu dem Mailänder Aristokratenverleger und Revolutionsromantiker Giangiacomo Feltrinelli, der schon Rudi Dutschke Sprengstoff beschafft hatte, als dieser erwog, ein Schiff mit einer Waffenlieferung für den Vietnamkrieg in die Luft gehen zu lassen. Dann geht es weiter über die verschneiten Alpen.

Am 12. Dezember 1969 kommen sie in Mailand an. Lange bleiben sie nicht, denn die Stadt ist voller Polizisten. Am Morgen sind bei einem Bombenanschlag neofaschistischer Terroristen auf eine Bank an der Piazza Fontana siebzehn Menschen ums Leben gekommen. Anders als in Deutschland, wird es in Italien in den siebziger Jahren sowohl links- wie rechtsextremistische Terrorakte geben, einen spezifisch italienischen Synchronismus der Gewalt, den man als Nachhall jener tiefen politischen Spaltung verstehen mag, die das Land zwischen 1943 und 1948 durchlaufen hat.

Noch einmal setzt sich die Reise mehrere hundert Kilometer weiter fort, von Mailand über den Apennin bis nach Rom. Dort treffen sie die Schriftstellerin Luise Rinser, den Komponisten Hans Werner Henze sowie den seit zwei Jahren in Rom lebenden Romancier Peter Chotjewitz, der zu Andreas Baaders Berliner Kneipenbekanntschaften gehört.[230] Baader und Ensslin geben sich verliebt wie auf einer Hochzeitsreise. Während Astrid Proll tagsüber einkauft, lieben sie sich; am Abend wird diskutiert, gelesen oder Rauschgift genommen. Immer mehr gerät die Fahrt, die die kleine Gruppe über Sorrent und Neapel bis nach Sizilien führt, zur klassischen Grand Tour. Doch für Tourismus hat Andreas Baader wenig Sinn. Man sei hier nicht zum Vergnügen, sondern auf der Flucht, schreit er seine Freundin Gudrun an, als ihr in Palermo ein Koffer voller Liebesbriefe aus dem Auto gestohlen wird, und er malt ihr aus, wie ein zufällig auf einer Müllkippe entdeckter Brief die Spur auf sie lenken könnte. Die Rolle des von aller Welt Gesuchten ist und bleibt die Rolle seines Lebens.

In Sizilien besucht das Trio auch ein selbstverwaltetes Camp von Opfern des Erdbebens vom Januar 1968, das von den römischen Behörden allein gelassen worden ist und in dem der Dichter Danilo Dolci mit von ihm aufgesammelten halbkriminellen Jugendlichen lebt. Zwei Jahre später werden hier die Zwillingstöchter Ulrike Meinhofs eine Zeitlang untergebracht, bevor sie ihrer von der RAF beschlossenen Verschickung in ein palästinensisches Waisenlager entgehen können. An der trostlosen Südküste Siziliens geht die Reise schließlich nicht mehr weiter. »Andreas bastelte an unserem Auto, Gudrun beobachtete den Sonnenaufgang, ich ging einkaufen. Wir langweilten uns zu Tode und erfanden die RAF«[231], beschreibt Astrid Proll rückblickend die Stimmung. Am Strand spricht Baader von seinen Plänen. Er weiß, worauf er sich einläßt. »Und dann kommst du in den Knast und bist zehn Jahre drin und wirst es nicht aushalten«, versucht er Astrid Proll, die in seinen Augen »dem Großen, dem Illegalen, dem Militanten«[232] nicht gewachsen ist, klarzumachen.

Als sie auf dem Rückweg erneut in Rom Station machen, bekommen Baader und Ensslin Besuch aus Deutschland. Es ist Horst Mahler. »Ich kannte die Situation der Leute und habe ihnen etwas Geld mitgebracht, das mir in München von hochmögenden Kulturschaffenden zugeschanzt wurde«[233], erinnert er sich. Auch ihm ist bekannt, daß der hessische Justizminister Hempfler am 4. Februar 1970 das Gnadengesuch abgelehnt hat. Viele Leute, darunter der Leiter des Frankfurter Jugendamts, der betonte, daß das Lehrlingsprojekt nicht ohne sie weitergeführt werden könne, sowie Ulrike Meinhof, die sich auf ihre alten Beziehungen zu Bundespräsident Gustav Heinemann berief, hatten es unterstützt. Auch Mahler treibt mittlerweile die Überzeugung, daß nach dem Verlust des revolutionären Impetus der Studentenbewegung eine illegale Guerillaorganisation aufgebaut werden müsse. Wenige Monate zuvor, im September 1969, hat er deshalb den inzwischen in London lebenden Rudi Dutschke aufgesucht, der ihm von seinen Plänen jedoch abrät. In Rom, das weiß Mahler, wird er auf offenere Ohren stoßen. Schließlich hat Gudrun Ensslin ihm bereits beim Kaufhausbrandprozeß im vergangenen Jahr vorhergesagt, daß er einmal die Anwaltsrobe ausziehen »und mit der Maschinenpistole in der Hand argumentieren«[234] werde. Nachdem man sich in einer nächtlichen Diskussionsrunde über die weitere Vorgehensweise verständigt hat, kehrt Mahler nach Berlin zurück, um erste Vorbereitungen zu treffen. Andreas Baader und Gudrun Ensslin folgen ihm kurze Zeit später.

In Berlin melden sie sich bei Ulrike Meinhof, die den unerwarteten Besuch vorübergehend bei sich aufnimmt. Sie hat auch nach dem Kaufhausbrandprozeß mit Baader und Ensslin Kontakt gehalten und sie während des Staffelbergprojekts regelmäßig in Frankfurt besucht. Da in der Stadt noch aus den Tagen der Desertionskampagne des SDS für amerikanische GIs zahlreiche Unterschlupfmöglichkeiten vorhanden sind, können sie jedoch bald ein eigenes Quartier beziehen. Baader gibt gleich Proben seines konspirativen Talents. Wie in den Unterkünften der RAF später üblich, wird der Eingangsbereich gutbürgerlich mit Teppich, Biedermeierkommode und modischen Lampen hergerichtet, während der Rest der Wohnung lediglich mit Matratzen ausgestattet bleibt. Um bei den Nachbarn für den Eindruck eines Wohnbüros zu sorgen, bespielt er überdies ein Tonband mit Schreibmaschinengeklapper und läßt es stundenweise ablaufen. Und auch sich selbst verpaßt Andreas Baader ein neues Kostüm: Mit Anzug, Schlips und Kragen legt er die Maske der Bürgerlichkeit an.

Aus den Trümmern der Studentenrevolte sind seit 1969 zahlreiche marxistisch-leninistische, maoistische oder sonstwie kommunistische Organisationen, die sogenannten K-Gruppen, hervorgegangen. Ihrem Selbstverständnis nach Vorhutparteien mit absolutem Wahrheitsanspruch, werden sie in den nächsten Jahren ein sektiererisches Revolutionstheater mit endlosen Linienkorrekturen, Spaltungen und Ausschlüssen aufführen, das nicht wenige der Darsteller zu politischen Wracks macht. Doch auch der kulturrevolutionär-anarchistische Flügel der APO, die sogenannte Aktionslinie, bleibt vom Gründungsfieber nicht verschont. Besonders in Berlin bemühen sich die sogenannten Haschrebellen aus dem Umkreis der Kommunebewegung, die Richtigkeit der von Rudi Dutschke und Hans-Jürgen Krahl formulierten These nachzuweisen, daß »eine Urbanisierung ruraler Guerilla-Tätigkeit möglich« sei. Nach der Parole »Macht kaputt, was euch kaputt macht« hat es im Kampf

gegen »das moderne Sklavenhaltersystem des Spätkapitalismus« seit Herbst 1969 in Berlin zahlreiche Brandanschläge gegeben, die zumeist auf das Konto loser Gruppierungen gehen, die sich als »Tupamaros West-Berlins« bezeichnen. Auch linksradikale Szeneblätter wie ›Agit 883‹ sind mittlerweile voll von Gewaltaufrufen. Gleichwohl kann von einem klaren Konzept für einen bewaffneten Guerillakampf in Deutschland noch nicht die Rede sein. Dies wird auch bei den nun einsetzenden Diskussionen zwischen Andreas Baader, Gudrun Ensslin, Horst Mahler und einigen anderen deutlich, denen Ulrike Meinhof zunächst eher als Zaungast beiwohnt.
Horst Mahler, einige Mitglieder seines »Sozialistischen Anwaltskollektivs« sowie diejenigen, die sich mit der Basisgruppenarbeit in einer Hochhaussiedlung beschäftigen, denken zunächst nicht an kompromißlosen Untergrundkampf, sondern an eine Art sozialrevolutionären Ungehorsam: »Zum Beispiel, wenn im Märkischen Viertel ... kinderreiche Familien, die mit der Mietzahlung im Verzug waren, exmittiert werden sollten, wollten wir eingreifen, um diese Exmittierung, Zwangsräumung, zu behindern ... Auf diese Weise sollte das Bewußtsein, daß hier ein gerechter Kampf gekämpft wird, gegen Macht- und Profitinteressen, in den Kreisen der Betroffenen, also im Stadtviertel, lebendig werden und eine politische Form erhalten.«[235] Andreas Baaders Vorstellungen sind jenseits seines subjektivistischen, rebellischen Gestus und der Forderung nach Bewaffnung noch äußerst vage. Trotzdem kann man wohl davon ausgehen, daß er mit Mahlers »Angel im Tümpel der studentischen Linken«[236], wie er es später nennt, schon jetzt wenig konform geht. Als »wirklich RAF-feindliche Position« wird später auch Ulrike Meinhof Mahlers Schrift ›Über den bewaffneten Kampf in Westeuropa‹[237] vom Juni 1971 verurteilen und kritisieren, »daß er darin nicht Stadtguerilla, sondern Stadt*teil*guerilla propagiert«[238]. Andreas Baader hingegen hat mit seinem vorauseilenden Gang in den Untergrund,

mit seinem eigentümlichen Beharren auf der angeblichen Illegalität seiner Existenz schon seit einigen Monaten bewiesen, daß ihn halblegale Konzepte kaum reizen können.

Mit der Autorität desjenigen, der die Grenze zwischen Reden und Handeln längst überschritten hat, zieht er die anderen zunehmend in seinen Bann. Übereinkunft wird in den Debatten zwar noch nicht erzielt, doch zumindest in einem Punkt ist man sich einig. Wer den bewaffneten Kampf ernsthaft plant, braucht vor allem eines: Waffen. Bereits der erste Ausflug in die revolutionäre Praxis wird für Baader zur Falle, denn Horst Mahler wendet sich ausgerechnet an den einschlägig bekannten Peter Urbach. Zwar ist der Anwalt gleich von zwei Seiten, von einem Mitglied des Berliner SDS sowie dem Haschrebellen Georg von Rauch, vor Urbach »einwandfrei gewarnt«[239] worden. Doch angesichts des Konkurrenzverhältnisses militanter Gruppen, im Wettlauf um den deutschen Guerillakampf, glaubt er derlei Bedenken in den Wind schlagen zu können. Kurz nach der ersten Kontaktaufnahme mit dem Verfassungsschutzagenten Urbach wird Andreas Baader in der Nacht zum 4. April 1970 von der Polizei festgenommen. Trotz seiner übergroßen Wachsamkeit beherrscht Baader noch längst nicht alle Regeln der Illegalität: Als er bei der Verhaftung nach den Vornamen und Geburtsdaten der Kinder, die in seinem gefälschten Paß eingetragen sind, gefragt wird, muß er passen.

Baaders Festnahme macht die Wichtigkeit seiner Person für den Rest der Gruppe mehr als deutlich. Nicht nur für Gudrun Ensslin, die Nacht für Nacht Briefe an ihren Geliebten schreibt, ist sein Verlust entsetzlich. Auch die anderen, die wie Horst Mahler den Boden der Legalität nicht gänzlich verlassen wollen, spüren nun, daß sie seiner ansteckenden Radikalität und antibürgerlichen Konsequenz bedürfen. Andreas Baader, so ist man sich schnell einig, muß befreit werden. Doch nicht nur dies; mit der Befreiung soll ein weithin sichtbares Zeichen für die ermüdete westdeutsche Linke gesetzt werden. An diesem

Der Wandel Ulrike Meinhofs von der gefeierten Kolumnistin der Zeitschrift ›konkret‹ zur gescheiterten Terroristin wird auch im Wechsel ihres Erscheinungsbildes deutlich.

Konzept hält auch Baader selbst fest. Als Bommi Baumann, sein Zellennachbar im Krankenhaus der Haftanstalt Moabit – Baader leidet wegen seines Drogenkonsums wieder einmal an einer Gelbsucht –, einen leichten Fluchtweg herausgefunden hat und ihn zum Ausbruch auf eigene Faust zu bewegen sucht, lehnt er ab. Statt dessen läßt sich Baader wieder in die Vollzugsanstalt Tegel zurückverlegen. In den folgenden zwei Wochen erhält er regelmäßig Besuch von Horst Mahler, der weiterhin als sein Anwalt tätig ist, sowie von Ulrike Meinhof und seiner furchtlosen Freundin Gudrun. Obwohl diese wegen des zum 25. Februar 1970 nicht erfolgten Haftantritts in Frankfurt am Main seit Mitte März zur Fahndung ausgeschrieben ist, besucht sie ihn, mit falschen Papieren ausgerüstet, gleich dreimal im Gefängnis. Die Vorbereitungen für seine Befreiung laufen auf Hochtouren.

Ulrike Meinhof schließt mit dem Verleger Klaus Wagenbach einen Vertrag für ein Buch über das Frankfurter Lehrlingsprojekt ab, in dem Andreas Baader als Co-Autor genannt wird. Außerdem besorgt man sich über Kontakte ins rechtsradikale Milieu, das sich in der Neonazikneipe »Wolfsschanze« trifft, Pistolen. Nach einigem Insistieren bei der Anstaltsleitung ist der Plan perfekt: Der Häftling Andreas Baader erhält für die wissenschaftliche Arbeit an dem angeblichen Buchvorhaben eine Ausführungsgenehmigung ins Dahlemer Institut für Soziale Fragen. Am späten Vormittag des 14. Mai 1970 wird er dort mit Waffengewalt befreit. Dabei werden ein Institutsangestellter, der einen Lebersteckschuß erhält, an dem er ein Leben lang zu leiden hat, sowie ein Polizeibeamter verletzt. Ulrike Meinhof, die Baader mit einem Sprung aus dem Fenster folgt, beendet an diesem Morgen ihre journalistische Karriere. Am folgenden Tag ist das Porträt, das viele Jahre die Kolumnen von Ulrike Meinhof in ›konkret‹ geziert hat, an den Westberliner Litfaßsäulen zu sehen: »Mordversuch in Berlin – 10.000 DM Belohnung«. Ihr gilt die erste steckbriefliche Fahndung in Berlin seit 1945.

Das Thema Gefangenenbefreiung erfreut sich im Frühjahr 1970 in den Berliner Szeneblättern großer Beliebtheit. Vor allem die Tatsache, daß es bei der Befreiung Baaders Schüsse und Verletzte gegeben hat, stößt umgehend auf Kritik. In Reaktion darauf veröffentlichen Baader und seine Befreier am 22. Mai 1970 in der Zeitschrift ›Agit 883‹ einen Aufruf mit dem Titel ›Die Rote Armee aufbauen‹. Die geäußerte Kritik am blutigen Ausgang ihrer bewaffneten Aktion tun sie dort kurzerhand als »opportunistische Scheiße« ab und fragen: »Glaubten die Schweine wirklich, wir könnten den Genossen Baader im Kampf gegen den amerikanischen Imperialismus für 2–3 Jahre entbehren?« Zugleich wird der Weg beschrieben, den sich die Grupppe künftig vorstellt: Es habe keinen Zweck, den falschen Leuten das Richtige zu erklären. Vielmehr gelte es denen »die Aktion zu übermitteln, die für die Ausbeutung, die sie erleiden, keine Entschädigung bekommen durch Lebensstandard, Konsum, Bausparvertrag, Kleinkredite, Mittelklassewagen. Die sich den ganzen Kram nicht leisten können, die da nicht dran hängen … Denen – und nicht den kleinbürgerlichen Intellektuellen – habt ihr zu sagen, daß jetzt Schluß ist, daß es jetzt losgeht, daß

die Befreiung Baaders nur der Anfang ist! Daß ein Ende der Bullenherrschaft abzusehen ist!« Nur diese Randgruppen, heißt es weiter, könne man als die »objektiv Linken« verstehen, und ihnen gilt auch der Ruf: »Die Klassenkämpfe entfalten! Das Proletariat organisieren! Mit dem bewaffneten Widerstand beginnen! Die Rote Armee aufbauen!« Noch wird die Verbindung zwischen bewaffneter Aktion und politischer »Arbeit im Betrieb, im Märkischen Viertel, im Gerichtssaal« beschworen. Neben Horst Mahler vertritt anscheinend auch Ulrike Meinhof zunächst eine solche Linie. Es sind freilich bloß Lippenbekenntnisse, denn tatsächlich wird die RAF ihrem ursprünglichen Anspruch von Anfang an nicht gerecht. Als im August 1970 im Umkreis der Berliner Haschrebellen militante Aktionen gegen Massenentlassungen in einem Neuköllner Betrieb geplant werden, lehnt die Gruppe jegliche Beteiligung ab. Vier Jahre später schreibt Baader über Mahlers Rolle: »Verfolgt hat er in der RAF nichts, was man Politik nennen soll, schon weil die RAF von Anfang an den Bourgeois in ihm ... verfolgen mußte, um überhaupt zur Politik zu kommen.«[240]
Abgesehen von Andreas Baader und Gudrun Ensslin hat keiner in der kleinen Gruppe mit dem großspurigen Namen Erfahrungen mit dem Leben im Untergrund. Wie gerufen kommt es daher, daß im Mai 1970 das ›Minihandbuch der Stadtguerilla‹ von Carlos Marighella erstmals in deutscher Sprache verbreitet wird. Seinen Anweisungen, eigentlich geschrieben für den Kampf gegen die brasilianische Militärdiktatur, folgt die sich aufbauende RAF in den nächsten Monaten mit geradezu rührender Genauigkeit. »Niemand kann ein Stadtguerillero werden, der nicht seiner technischen Vorbereitung besondere Aufmerksamkeit widmet«, schreibt Marighella, und »am wichtigsten und entscheidend für den Stadtguerillero ist, daß er mit der Waffe kämpft.«[241] Diese Sätze nimmt man sich besonders zu Herzen.
Fünf Wochen nach seiner Befreiung aus der Haft steigt Andreas

Baader am 22. Juni 1970 gemeinsam mit Gudrun Ensslin, Ulrike Meinhof und einigen anderen in ein Flugzeug auf dem Ostberliner Flughafen Schönefeld. Die Stasi hat die Deutschen mit den arabischen Pässen am Bahnhof Friedrichstraße freundlich passieren lassen. Das Ziel der Gruppe ist Jordanien. In einem Camp der Al Fatah, einer militanten Organisation innerhalb der PLO, wollen sie sich in der Nähe von Amman zu Guerillakämpfern ausbilden lassen. Kurz vor der Abreise hat Ulrike Meinhof ein Gespräch mit der französischen Journalistin Michèle Ray geführt, das Mitte Juni 1970 auszugsweise im ›Spiegel‹ abgedruckt wurde.[242] Neben einer Begründung der Befreiungsaktion – »erst mal natürlich deswegen, weil Andreas Baader ein Kader ist« – hat Ulrike Meinhof darin die Position linker Intellektueller kritisiert, die »den nächsten Schritt, der jetzt zu machen ist – nämlich das, wovon sie reden, auch zu tun – nicht machen werden«. Ebenso verlogen sei es, wie in der radikalen Linken damals üblich, für Polizisten das von den Black Panthers übernommene Wort »pig« zu benutzen und den konkreten Polizisten auf der Straße dennoch als Mitmenschen anzusehen. Dem hält sie entgegen: »Wir sagen natürlich, die Bullen sind Schweine, wir sagen, der Typ in der Uniform ist ein Schwein, das ist kein Mensch, und so haben wir uns mit ihm auseinanderzusetzen, das heißt … es ist falsch, überhaupt mit diesen Leuten zu reden und natürlich kann geschossen werden … Das heißt eben, daß die Polizei als Repräsentant des Systems zu bekämpfen ist, und natürlich rücksichtslos zu bekämpfen, und natürlich skrupellos und bedenkenlos zu bekämpfen ist.«

Andreas Baader und die Seinen haben sich die Solidarität mit allen Befreiungsbewegungen und revolutionären Minderheiten rund um den Globus auf die Fahnen geschrieben. Doch für die Sache der Palästinenser schlägt ihr Herz ganz besonders. Sie sind nicht die einzigen Westdeutschen, denen es so geht.

Bereits im Jahr zuvor, im Herbst 1969, ist eine Gruppe aus dem Umkreis der Berliner Haschrebellen zur militärischen Ausbildung in Jordanien gewesen und hat sich nach ihrer Rückkehr den Namen »Palästina-Front« gegeben. Aus ihr wird im Januar 1972 der eher proletarische Rivale der RAF, die sogenannte Bewegung 2. Juni, entstehen. Selbst als nach massenhaften Protesten der US-Bürger das Ende des Vietnamkriegs absehbar scheint, bleibt die antiamerikanische Stoßrichtung der Jugendrevolte erhalten. Doch seit dem Sechstage-Krieg im Juni 1967 und angesichts der aggressiven israelischen Besatzungspolitik gewinnt innerhalb der radikalen Linken auch der Antizionismus zunehmend an Bedeutung. Es wäre jedoch falsch, darin allein eine Reaktion auf das Vorgehen der Israelis sowie auf den demonstrativen Philosemitismus eines Axel Springer zu sehen. Denn ähnlich wie sich im Antiamerikanismus der APO Elemente der konservativen Tradition amerikafeindlicher Ressentiments finden lassen, greift der Antizionismus recht unbekümmert die althergebrachten antisemitischen Stereotypen wieder auf. Dementsprechend richtet sich der Zionismus-Vorwurf der antiimperialistischen Linken nicht allein gegen den Staat Israel: Vielmehr macht die Überzeugung, alle Juden weltweit kurzerhand zu »Zionisten« erklären und gleichsam in Sippenhaft nehmen zu können, selbst vor den wenigen übriggebliebenen deutschen Juden nicht halt. Am 9. November 1969, dem Jahrestag der »Reichskristallnacht«, werden mehrere jüdische Mahnmale in Berlin mit der Aufschrift »Schalom und Napalm« oder »El Fath« beschmiert. Außerdem wird im Jüdischen Gemeindehaus eine Brandbombe deponiert. »Beide Aktionen«, heißt es dazu in einem Flugblatt seltsam lakonisch, »sind nicht mehr als rechtsradikale Auswüchse zu diffamieren, sondern sie sind ein entscheidendes Bindeglied internationaler sozialistischer Solidarität ... Aus den vom Faschismus vertriebenen Juden sind selbst Faschisten geworden.«[243]
Zwar regt sich innerhalb der extremen Linken selbst Kritik an

dieser »Schwachsinnsaktion«[244]. Aber so paradox und perfide die Grundfigur auch ist: Ein sich über die antisemitischen Exzesse des Nationalsozialismus legitimierender neuer Antisemitismus im Gewand des Antifaschismus und Antizionismus ist zu Beginn der siebziger Jahre kein unerhebliches Phänomen. In ›Agit 883‹, deren Auflage in Berlin zeitweise 15.000 Stück beträgt, wird inzwischen regelmäßig notiert, »was die Zionisten von den Nazis gelernt haben«[245], und frohgemut verkündet, »daß die zionistische Absicht, die Judenfrage zu lösen, gescheitert ist«[246]. Angesichts solcher Töne ist es keine Überraschung, daß die moralische Selbstherrlichkeit antiimperialistischen Bewußtseins sich auf Auschwitz berufen und doch zugleich schamlos über die Opfer erheben kann. »Der Protest der jüdischen Mitbürger gegen die Verbrechen der Hitlerclique«, so wird im Juli 1970 in ›Agit 883‹ allen Ernstes von den deutschen Überlebenden des Holocaust gefordert, »ist nur dann glaubhaft, wenn sich diese heute von den zionistischen Verbrechen in Palästina distanzieren.«[247]

Das Zeltlager der Al Fatah, das Andreas Baader am frühen Abend des 22. Juni 1970 erreicht, liegt auf einem Hochplateau inmitten der jordanischen Gebirgswüste. Baader betritt es wie eine Fechtbühne. Seitdem seine eher ängstliche Natur durch die völlige Furchtlosigkeit von Gudrun Ensslin Halt und Sicherheit findet, ist sein Selbstbewußtsein kaum mehr zu bremsen. Unmittelbar nach seiner Ankunft kommt es zu heftigen Auseinandersetzungen mit Horst Mahler, der mit einigen anderen Mitgliedern der insgesamt rund zwanzigköpfigen RAF-Aufbaugruppe bereits seit zwei Wochen in Jordanien ist. Daß ihn sein ehemaliger Anwalt mit dem Gehabe eines Guerillachefs empfängt, kann Baader nicht ertragen. Mit der wirkungsvollen Unterstützung Gudrun Ensslins setzt er seinen Führungsanspruch denn auch in kürzester Zeit durch. Aber auch mit dem Lagerkommandanten und den gestandenen Kämpfern der Al Fatah legt Baader sich sofort an: Mit der vom Ausbilder angeordneten Trennung von Männern und Frauen wollen er und Gudrun Ensslin sich keineswegs abfinden. Bei aller Solidarität: Für die Sitten und religiösen Empfindlichkeiten der Palästinenser hat nicht nur er wenig Sinn. Vielmehr führen sich die meisten der Berliner »Leninisten mit Knarre«, wie die RAF genannt worden ist, im Camp wie antiautoritäre Pop-Teutonen auf.

Fortdauernd beklagen sie sich über die Hitze, die öde Landschaft, das frühe Aufstehen, den häufigen Nachtalarm, die karge Unterkunft und das primitive Essen. Und ganz im Stil rebellischer Studenten wird auf Betreiben Baaders die Rationierung der Munition kurzerhand mit einem Ausbildungsstreik beantwortet, während dem die Frauen der Gruppe unter den Augen der Fedajin nackt sonnenbaden. Für die entsetzten Reaktionen der muslimischen Gastgeber hat man kein Verständnis. Statt dessen wird unter den Deutschen beraten, wie man den Palästinensern den Zusammenhang zwischen antiimperialistischem Kampf und sexueller Befreiung beibringen könne. »Ficken und Schießen«, faßt Andreas Baader zusammen, »sind ein Ding.«[248] Die komplizierte Lage im Nahen Osten, gerade aus deutscher Sicht, ist indes kein Gegenstand ihrer Diskussionen – und das trotz des Hitlerkults unter den Fedajin, der gelegentlich über ihren Köpfen kreisenden israelischen Kampfflugzeuge und der ersten schweren Gefechte zwischen jordanischen Königstruppen und Palästinensern.

Der Lagerkommandant hat in Anbetracht des heraufziehenden arabischen Bruderkriegs in Jordanien wohl größere Sorgen, als sich mit den kapriziös anmutenden Problemen der Deutschen zu beschäftigen. Trotzdem kommt er ihren Forderungen zunächst weit entgegen. Die Berliner beziehen eines der wenigen festen Häuser im Camp, sie dürfen gemischt schlafen, bekommen besseres Essen als die Palästinenser, und gelegentlich fährt man sie zur Erholung nach Amman. Nur die

Bitte eines Gruppenmitglieds um Aufstellung eines Colaautomaten bleibt mitten in der Wüste unerfüllbar. Nach scharfen Protesten Baaders, der den Kampfanzug verweigert und in engen Samthosen durch den Dreck robbt, wird schließlich auch die Ausbildung den Vorstellungen der deutschen Stadtguerilla angepaßt. Waffen- und Sprengstoffkunde, Schießübungen mit Pistolen, Maschinengewehren und Mörsern sowie das Werfen von Handgranaten gibt es weiterhin; die leidigen Nahkampf- und Geländeübungen werden zugunsten des Trainings von Banküberfällen eingestellt.

Die Bevorzugung und das Entgegenkommen, das Baader und die Seinen erfahren, haben sie nicht allein der Kultur arabischer Gastfreundschaft zu verdanken. Es ist auch dem Gefühl von Dankbarkeit geschuldet, mit dem sich die Kämpfer der Al Fatah an die Unterstützung der Achsenmächte, insbesondere Deutschlands, während des Zweiten Weltkriegs erinnern. Dies gilt auch für den mächtigen Oberkommandeur der palästinensischen Ausbildungslager, den weltgewandten Ali Hassan Salameh. Die Israelis nennen ihn »den roten Prinzen«. Sein Vater, der legendäre arabische Volksheld Scheich Hassan Salameh, hat Anfang der vierziger Jahre gemeinsam mit dem Mufti von Jerusalem sogar eine Zeitlang im Berliner Schloß Bellevue residiert, bevor er nach einer militärischen Ausbildung in Holland im Sommer 1944 mit einer Gruppe Fallschirmjäger über Jericho abgesprungen ist. Doch das Verhalten der deutschen Antiimperialisten, das er bei einem Kontrollbesuch im Camp erlebt, strapaziert selbst das Wohlwollen des Oberkommandeurs. Anstatt seinen Vortrag über die Lage des palästinensischen Befreiungskampfes anzuhören, konfrontieren sie ihn mit neuen Forderungen. Am folgenden Tag wird die Aufbau-RAF schließlich entwaffnet und das militärische Training abgesagt.

Für Baaders alten Bekannten Peter Homann, der schon kurz nach dem Eintreffen in Jordanien seinen Ausstieg aus dem

Projekt Stadtguerilla beschlossen hatte und längst abgesondert untergebracht ist, bedeutet dies eine glückliche Fügung. Denn unter dem Vorsitz Horst Mahlers ist von den ehemaligen Freunden in einer Art revolutionärem Prozeß seine Ermordung als Verräter beschlossen worden. Für die Exekution, die auf Vorschlag Baaders zur »Stärkung der Solidarität«[249] von allen gemeinsam ausgeführt werden sollte, gibt es nun keine Gelegenheit. Bis die Deutschen im August 1970 in ihre Heimat abgeschoben werden, bleiben sie in ihrer Baracke interniert.

Ungeachtet des miserablen Einstiegs: Der Kontakt mit der Al Fatah, die den Aufbau der RAF mit Waffenlieferungen unterstützt, hat sich gelohnt. Tatsächlich wird er sich über die Jahre zu einer zuverlässigen internationalen Verbindung für die deutschen Terroristen entwickeln, wie sich nicht zuletzt bei der Entführung eines Flugzeugs mit deutschen Urlaubern im Herbst 1977 zeigen soll. Und auch Ali Hassan Salameh, dem, so Peter Homann, die Berliner Stadtguerilleros als ein »Banditenhaufen von durchgeknallten Deutschen«[250] erschienen sind, beweist zwei Jahre später Solidarität. Als ein Kommando der von ihm aufgebauten Terrororganisation »Schwarzer September« im Herbst 1972 die israelische Olympiamannschaft in München überfällt, befinden sich auf der insgesamt 236 Namen umfassenden Liste zu befreiender, vornehmlich palästinensischer Gefangener auch zwei Deutsche: Andreas Baader und Ulrike Meinhof. Erst drei Monate zuvor, im Juni 1972, waren sie gefaßt worden.
Ulrike Meinhof ist die mörderische Attacke, die mit einem Massaker auf dem Münchner Flughafen Fürstenfeldbruck endet, Anlaß zur Abfassung einer umfangreichen RAF-Programmschrift, die ihr zur antiimperialistischen Verklärungshymne gerät: »Die Aktion des ›Schwarzen September‹ war antifaschistisch. Sie hat den Zusammenhang zwischen dem alten NS-Faschismus und dem entfalteten Imperialismus als dem erst

durch und durch faschistischen System hergestellt ... Israel hat seine Sportler verheizt wie die Nazis die Juden – Brennmaterial für die imperialistische Ausrottungspolitik.« Denn, so das bekannte Muster der Verharmlosung, »der Nationalsozialismus war nur die politische und militärische Vorwegnahme des imperialistischen Systems der multinationalen Konzerne«.[251] Angesichts des »ungeheuer hohen Niveaus von marxistischer Theorie und revolutionärer Praxis, das der ›Schwarze September‹ hat«, hat dann auch plötzlich die verstiegene Behauptung Sinn, die APO-Generation könne über den Terroranschlag ihre »politische Identität« wiederfinden.

Folgt man dem Beginn ihrer eigenen Zeitrechnung, der Befreiung Andreas Baaders, so kann die RAF im Sommer 1971 ihren ersten Jahrestag begehen. Nicht nur im Hinblick auf ihren politischen Anspruch fällt die Bilanz trostlos aus. Zwar hat es einige Neuzugänge gegeben. Doch von den ursprünglich zwei Dutzend Mitgliedern der Kerngruppe sind nur noch zehn übrig. Weitere zehn, darunter Horst Mahler, hat die Polizei inzwischen festgenommen. Andere haben sich aus freien Stücken oder, wie Hans-Jürgen Bäcker, aus Angst vor der angedrohten Tötung als angeblicher Verräter von der RAF abgesetzt. Seit der Rückkehr aus Jordanien im August 1970 hat man sich vor allem um eins gekümmert: die Logistik des bewaffneten Kampfes. Abgesehen von dem großen Bedarf an gefälschten Papieren und geheimen Unterkünften, folgt man dabei treu den Vorgaben Carlos Marighellas. M-G-W-M-S heißt die von ihm ausgegebene Formel, die für Motorisierung, Geld, Waffen, Munition und Sprengstoff steht. In diesem Zusammenhang ist und bleibt das Ergebnis der kriminellen Aktivität der RAF bis zum Frühjahr 1972 tatsächlich bemerkenswert: In anderthalb Jahren erbeuten sie bei bewaffneten Banküberfällen fast eine Million Mark, stehlen rund 280 Autos, an die hundert Pistolen, Maschinengewehre, Tausende Schuß Munition und mehrere hundert

Kilogramm Chemikalien zur Bombenherstellung, beschaffen bei Einbrüchen in Rathäusern und Meldeämtern Hunderte Blankoformulare von Personalausweisen, Reisepässen und Führerscheinen nebst Stempeln und Dienstsiegeln. Andreas Baader spricht denn auch mit Stolz davon, »daß die RAF ihr eigenes Einwohnermeldeamt hat«[252]. Allein bis zum Herbst 1972 werden über fünfzig konspirative Wohnungen und Schlupfwinkel von der Polizei entdeckt.

Auf Betreiben des Bundesinnenministers Hans-Dietrich Genscher wird die Fahndung nach der RAF im September 1971 dem Wiesbadener Bundeskriminalamt und der ihm unterstehenden Sicherungsgruppe Bonn übertragen. Dies ist nicht mehr als eine Geste an die Öffentlichkeit. Denn das dem Innenministerium unmittelbar nachgeordente BKA ist bis dahin eine Behörde ohne Bedeutung. Auch das von der sozialliberalen Regierung drei Monate zuvor beschlossene »Sofortprogramm zur Modernisierung und Intensivierung der Verbrechensbekämpfung« ändert an dieser Tatsache wenig. Der Mangel an Kompetenzen hat historische Gründe: Nach dem Krieg hat man sich mit einer bewußt föderalen Organisation der Polizei von der zentralistischen Polizeistruktur des Nationalsozialismus abgrenzen wollen; Verbrechensbekämpfung ist daher Sache der Landeskriminalämter und insbesondere der lokalen Polizeipräsidien. So ist das 1951 gegründete BKA vorwiegend eine Nachrichtensammelstelle ohne exekutive Befugnisse. Von der laut BKA-Gesetz bestehenden Möglichkeit, in besonders schwerwiegenden Fällen mit überregionaler Bedeutung die Ermittlungen dem Amt zu überantworten, haben die Länder und der Bund bis 1970 nur fünfmal Gebrauch gemacht.

Genschers mithin eher symbolischer Akt ist vor allem den vehementen Reaktionen der Öffentlichkeit, von Teilen der Presse und der Opposition auf die ersten spektakulären Aktivitäten der RAF geschuldet. Die linksliberale Regierung, heißt es weithin, werde mit den »Anarchisten« auf der Straße wie in einer vom Schlage der wilden Denker aus der – mit Alfred Döblin gesprochen – »Republik ohne Gebrauchsanweisung«. Horst Herold fügt dem Spektrum der Deutungen noch eine weitere, eigenwillige Interpretation hinzu. In seinen Augen gehört Niekisch »keineswegs in den Umkreis der Konservativen Revolution, der er gemeinhin zugerechnet wird«. Bei Niekisch sei »bereits alles vorhanden, was später auch die Studentenbewegung nachgeholt hat: der frühe Antiamerikanismus – als Ausdruck des Antiimperialismus – und die antikapitalistische Bestrebung«. Wie zeitgebunden die ideologischen Wandlungen und auch Verirrungen sind, von denen Niekisch manche nach dem Krieg nicht ohne Grund lieber vergaß, ist Herold natürlich bewußt. Und es ist bezeichnend, daß gerade die leidenschaftliche Abrechnungsschrift ›Deutsche Daseinsverfehlung‹ vom November 1945, in der Niekisch viele seiner früheren Positionen, darunter die grundlegende preußische Idee, verwirft oder sogar verleugnet, Herolds besondere Wertschätzung findet. Doch auch Niekischs »egalitäre Sehnsucht« und »Unbeugsamkeit«, seine »revolutionäre Permanenz und rücksichtslose Problematisierung alles Bestehenden« beeindrucken Herold nachhaltig, nicht anders als die Idee einer proletarischen Nation, die Niekisch schon in den zwanziger Jahren formuliert. Überdies wird den Dialektiker Herold wohl der chronisch antithetische, nie zur Ruhe zu bringende Habitus des politischen Publizisten anziehen. »Niekisch, Drexel, Günther Nenning, Erich Kuby und Sebastian Haffner – das sind Köpfe, die mich faszinieren«, umreißt er eine Art Galerie privater Säulenheiliger: »Sie leiden alle am Scheitern der Revolution von 1918/19, wollten deren Vollendung und waren oder sind geeint durch den Traum von einem sozialistischen Großdeutschland im brüderlichen Bund der Nationen.« Es ist mehr als ein rückwärtsgewandtes, melancholisches Wunschbild, das Herold mit dieser Vorstellung verbindet. Bis heute – und nach der Desavouierung marxistischer Ideen durch den Zusammenbruch der

Sowjetunion erst recht – mißt er der Dialektik »eine ungeheure Modernität« zu, erscheint sie ihm angesichts weltweiter Globalisierungswehen als »die bessere Methode zur Bewältigung von Zukunftsfragen«.

Die Zweifel, die Horst Herold seit Anbeginn seiner Tätigkeit als Staatsanwalt und Richter den strafprozessualen Normen und Verfahren gegenüber hegt, werden mit den Jahren nicht geringer. Anfang der Sechziger, nach gut zehn Jahren im Dienst der Gerichtsbarkeit, liegt ihm vieles wie ein Stein auf der Seele: Je ungeschickter oder je auffälliger der Angeklagte, desto sicherer die Strafe; je gewandter oder je teurer der Anwalt, desto größer die Chance davonzukommen. Und dann die Verzweiflung der Frauen bei Abtreibungsverfahren, die ihn im Gerichtssaal immer wieder an den sarkastischen, das Gleichheitsprinzip ad absurdum führenden Satz von Anatole France denken

Säulenheilige I: Horst Herolds politische Vorbilder ergeben eine erstaunlich bunte Reihe. Neben Marx, dessen Lektüre Herold einmal als die »größte Bereicherung« bezeichnet hat, die ihm »je zuteil wurde«, stehen der nationalbolschewistische Publizist Ernst Niekisch sowie die Journalisten Sebastian Haffner und Günther Nenning, die er, bei allen Unterschieden, in einem Punkt vereint sieht: In dem Wunsch nach Vollendung der gescheiterten Revolution von 1918.

läßt: Niemand, ob arm oder reich, solle unter den Brücken der Seine sein Nachtlager aufschlagen dürfen. »Es traf ja nur die armen Luder, während die Bourgeoisie nach Holland fuhr«, erinnert sich Herold. Gerade die Geschichte des Paragraphen 218 erscheint ihm exemplarisch für eine Strafrechtsbestimmung, die von vornherein die Tendenz zur Ausgrenzung und Selektion enthält. Doch dies ist beileibe nicht alles, was ihm als Richter und Staatsanwalt aufstößt.

Da ist in seinen Augen noch das Problem der Zeugenschaft, ja überhaupt der Aussage vor Gericht: Wie steht es denn um die

Unbedingheit des Gleichheitsgrundsatzes, wenn sich noch der gewissenhafteste Richter der Wirkung von Auftreten und Eloquenz im Strafprozeß nicht entziehen kann? Und wie steht es um den Anspruch auf Wahrheitsfindung, wenn in einem Zeitalter weitgehender Säkularisierung noch der ungläubigste Mensch sich ausgerechnet durch den Eid gebunden sehen soll? Ist nicht, fragt sich Herold immer wieder, der Zeugenbeweis schon aufgrund der Tücken subjektiver Erinnerung eigentlich ganz untauglich? Ja, ist sein Einsatz in einem Verfahren, das aus Gründen der Legitimität wie der Gerechtigkeit größtmögliche Objektivität verlangt, nicht sogar geradezu inhuman? Aufgrund dieser Zweifel sollte der Zeugenbeweis, soweit dies möglich ist, durch den Sachbeweis ersetzt werden, der »mathematischen, physikalischen, chemischen, also naturwissenschaftlichen Gesetzen unterliegt. Der Sachbeweis ist objektiv, er wertet nicht, er lügt nicht, sein Erinnerungsvermögen läßt nicht nach, er klagt Unschuldige nicht an und widerspricht sich nicht, wie wir dies vom Menschen kennen.«[149] Und was schließlich den Prozeß der Normsetzung angeht: Warum wird um Eigentum und Vermögen unermüdlich ein immer lückenloserer juristischer Schutzwall errichtet, während andere, nach Herolds Empfinden »mindestens gleichwertige Rechtsgüter wie die Ansprüche auf gerechten Lohn, bezahlbare Mieten und angemessene Preise« einen verhältnismäßig geringen Schutz genießen? Warum also steht der einerseits nahezu totalen rechtlichen Vergatterung einzelner Lebensbereiche andererseits eine hochgradige Blindheit des Rechts gegenüber? Diese und noch viel mehr Fragen treiben Herold um. Sie werden ihn nie loslassen. Noch 1974 schreibt er: »Leider hat der Begriff der Klassenjustiz wegen seines Platzes in der marxistischen Gesellschaftstheorie, mit der Justiz und Polizei als Instrumente zur zwangsweisen Aufrechterhaltung und Sicherung der bürgerlichen Klassenherrschaft beschrieben werden, in der Diskussion den Stellenwert eines Reizwortes erlangt ... Klassenjustiz als objektiver Begriff sollte als Vorwurf durchaus ernst genommen werden.«[150]

Doch mit bloßer Entrüstung will er sich nicht begnügen. Ebenso fern liegt es ihm, die ihn quälenden Mißstände auf bewußte Manipulationen zurückzuführen; schließlich sieht er, wie sich die Kollegen am Gericht nach Kräften um Sorgfalt bemühen. Aber die juristische Literatur kann ihm nur sehr begrenzt Antwort auf seine Fragen bieten, weil es bereits an der nötigen Datenbasis mangelt. Für Herold ergibt sich daraus nur eine Schlußfolgerung: Erkenntnisse über die ihn bedrängenden Fragen, Erkenntnisse etwa über den Zusammenhang von Normstruktur und Ausgrenzungsmechanismen im Strafrecht, werden sich nur an der vordersten Front der Verbrechensbekämpfung, aus den Informationen und Hinweisen, über welche die Polizei verfügt, gewinnen lassen. Doch »die erste Datenerhebungsinstanz«, wie Herold die Polizei später gern nennt, hat das ihr zugängliche Material bislang kaum unter derartigen Gesichtspunkten gesammelt, geschweige denn ausgewertet. Diese riesigen »Aktenfriedhöfe« endlich zum Sprechen zu bringen wird jetzt Herolds erklärtes Ziel. Da er sich aufgrund seines Interesses für die wissenschaftliche Kybernetik schon eingehend mit massenstatistischen Verfahren beschäftigt hat, ist ihm klar, daß dies nur im Zuge moderner, computerisierter Datenverarbeitung gelingen kann. Anfang der sechziger Jahre ist diese Einsicht äußerst ungewöhnlich.

Durch seine nebenamtliche Lehr- und Prüfungstätigkeit an der Bayerischen Verwaltungsschule für den mittleren Polizeidienst pflegt Herold schon seit 1954 einen engen Kontakt zur Polizei und namentlich zum Nürnberger Polizeipräsidenten Heß. Ausschlaggebend für seinen Abschied vom Gericht wird indes ein kompliziertes Scheck- und Wechselbetrugsverfahren, mit dem der EDV-begeisterte Staatsanwalt Anfang der sechziger Jahre befaßt ist. Denn Herold entwickelt dabei ein völlig neuartiges, räumlich-statistisches Ermittlungsmodell, das es ermöglicht,

den Wegen und Methoden der Täter bis ins letzte Detail nachzugehen: Es handelt sich um nichts weniger als die Erfindung der Kriminalgeographie. Der Fall sorgt weit über Nürnberg hinaus in Polizeikreisen für Furore. So wird dem promovierten Landgerichtsrat, dem schon aufgrund seiner Kriegsverletzungen eine Polizeilaufbahn normalerweise wohl verwehrt geblieben wäre, im Mai 1964 die Stellung des Stellvertretenden Polizeipräsidenten und Chefs der Kriminalpolizei in Nürnberg angeboten. Herold nimmt die Berufung bereitwillig an. Mit dem Umzug in das weitläufige Präsidium am Nürnberger Jakobplatz, in dessen Zellentrakt Ernst Niekisch 1937 mehrere Monate von der Gestapo gequält worden war, verbindet er große Hoffnungen. Und die Pläne für die ihm vorschwebende »Kybernetisierung der Polizei« hat er bereits in der Tasche.
Doch bevor Horst Herold mit der nachfolgenden Ernennung zum Polizeipräsidenten am 1. Februar 1967 seine Ideen tatsächlich verwirklichen kann, muß er zuallererst die Polizeistellen von der Bedeutung elektronischer Datenverarbeitung überzeugen. In einer Zeit, in der der Einsatz von Computern in Gestalt monströser Großrechner noch vornehmlich dem Militär und der Grundlagenforschung vorbehalten ist und in der Industrie erst ansatzweise Verbreitung findet, ist das kein leichtes Unterfangen. Daß sich mittels moderner EDV-Technik das langwierige manuelle Suchen und Registrieren in oft noch handgeschriebenen polizeilichen Karteien vereinfachen und beschleunigen läßt, leuchtet manch aufgeschlossenem Kollegen trotz fehlender Kenntnisse zwar durchaus ein. Doch daß der »Kommissar Computer«[151], wie Herold bald genannt wird, darüber hinaus den revolutionär gemeinten Anspruch vertritt, durch die neuen Datenverarbeitungsmethoden eine grundlegende Demokratisierung des Wissens und eine Verwissenschaftlichung nicht nur der Polizeiarbeit leisten zu können, bleibt den meisten unverständlich.

den eigenen Reihen nicht fertig. Durch den damals noch äußerst umstrittenen außenpolitischen Ausgleich mit dem kommunistischen Osten, den später alle Bundesregierungen suchen werden, sieht sich die erste Linksregierung in der Geschichte der Bundesrepublik Deutschland innenpolitischen Verdächtigungen ausgesetzt. Was bei Franz Josef Strauß zur maßlosen Polemik gerät, ist als tendenzielles Gefühl durchaus verbreitet: die Annahme nämlich, »daß die Regierung die rote Unterwanderung unserer Gesellschaft, einschließlich Mord und permanenter Gewalttätigkeit, einfach deshalb dulden muß, weil sie es sich nicht mehr erlauben kann, die Sowjetunion als hochgelobten und schon unverzichtbaren Vertragspartner noch zu verärgern«[253]. Und auch wenn es bereits während der Großen Koalition erste Ansätze zu einer neuen Ostpolitik gegeben hat, setzt doch die nach zwanzig Jahren Regierungsbeteiligung mit ihrer neuen Rolle als Oppositionspartei wenig glückliche CDU/CSU zunächst auf die Strategie einer »totalen Konfrontationspolitik«. Daß »Sympathisanten der Baader-Meinhof-Verbrecher in der SPD- und FDP-Fraktion in Bonn drinsitzen« und die Regierung »eine politische und moralische Mitschuld«[254] am Terrorismus habe, wie Strauß dann 1975 formuliert, bleibt ein fester Topos der politischen Auseinandersetzung. Noch im Herbst 1977, als mit dem Großen Krisenstab der parlamentarische Widerstreit der Parteien gänzlich aufgehoben scheint, wird von der Bundesgeschäftsstelle der CDU eine Zitatensammlung veröffentlicht, in der unter anderen Willy Brandt und Horst Herold als Sympathisanten des Terrors dargestellt werden.

So wird für die Regierung Brandt, deren knappe Mehrheit im Bundestag durch Übertritte aus den eigenen Reihen zur CDU weiter bröckelt, ein festes Auftreten im Bereich der »Inneren Sicherheit« zunehmend zur Überlebensfrage. In diesen Zusammenhang gehört auch die Zustimmung Willy Brandts zu dem Anfang 1972 von der Innenministerkonferenz beschlossenen »Radikalenerlaß«. Mit einer bewußten »innerstaatlichen Feindkonstruktion« hat der Erlaß indes, wie immer wieder behauptet wird, nichts zu tun. Vielmehr geht es um die Zustimmung der im Bundesrat mehrheitlich vertretenen CDU zu den Ostverträgen. Im übrigen ist es nicht der geltendes Recht bloß bestätigende Extremistenbeschluß selbst, der die bald einsetzende Gesinnungsschnüffelei begründet. Zum eigentlichen demokratischen Sündenfall wird die drei Wochen später von der Innenministerkonferenz beschlossene Regelüberprüfung aller Bewerber für den öffentlichen Dienst. Erst diese bietet die Grundlage für die sich rasch verselbständigende bürokratische Praxis der Staatsschutzbehörden, die sich auch im Reflex auf ihre öffentliche Blamage durch die Affäre Guillaume mächtig ins Zeug legen. Die mit der Amnestie für Demonstrationsstraftäter gerade erst begonnene Aussöhnung mit der APO-Generation wird so über Jahre erfolgreich konterkariert. Mehr noch: Die seit der Studentenbewegung in bezug auf den Staat gängigen Verschwörungsszenarien und Allmachtsphantasien erhalten reichlich Nahrung. Zwischen Januar 1973 und Juni 1975 werden rund 455.000 Personen im Hinblick auf ihre politischen Überzeugungen und ihre Verfassungstreue überprüft. Nur 312 Verfahren enden mit einer Ablehnung der Bewerber.

Ende Dezember 1970 gelingt der Polizei die Festnahme des RAF-Mitglieds Karl-Heinz Ruhland, der über die Pläne und Kontakte der Gruppe bereitwillig aussagt. Doch schon zuvor überbieten sich besonders die von Regierungssprecher Ahlers inzwischen als »Kampfpresse«[255] gebrandmarkten Boulevardzeitungen des Springer-Verlags in Terrorphantasien. Zwei der mit Horst Mahler im Oktober 1970 festgenommenen Frauen »schrien in den Verhören ... Rachepläne wie ein Posaunenchor in die Polizei-Protokolle. Elektrizitätswerke in die Luft sprengen, Lebensmittellager vernichten, und, wenn es sein müßte, auch das Wasser vergiften«[256], fabuliert die ›Bild‹-Zeitung für Millionen Leser. Das ministerliche Edikt wird dementsprechend lauthals begrüßt. »Bonner Geheimpolizist jagt Staatsfeind Nr. 1: Die Baader-Bande«, titeln die ›Welt am Sonntag‹ und die Münchner ›Abendzeitung‹ im Februar 1971. Beim BKA, wo die RAF vorerst schlicht »die Gruppe«[257] heißt, wundert man sich über die psychotischen Reaktionsweisen von Bevölkerung und Presse, und der Bonner Sicherheitschef Günter Nollau fragt sich öffentlich, »welche Motive die wohl haben, das so hochzuspielen«[258]. Zugleich aber gibt er zu verstehen, daß man »so eine Gruppe von Desperados ... seit Kriegsende nicht mehr gehabt«[259] habe. Von Besonnenheit kann denn auch beim Vorgehen der Polizei, die sich angesichts der Flut von Hinweisen aus einer hysterischen Öffentlichkeit regelmäßig zu spektakulären Fehleinsätzen verleiten läßt, wahrlich nicht die Rede sein. Bis zum Jahresende werden sich bei der Fahndung nach der RAF rund 18.000 Polizisten beteiligt haben.

Im Sommer 1971 meldet sich die »Rote Armee Fraktion«, wie sie sich ihrem Selbstverständnis zufolge als Teil eines weltumspannenden revolutionären Kampfes ab sofort nennt, gleich zweimal ausführlich schriftlich zu Wort. Ende April 1971 erscheint als Broschüre das ›Konzept Stadtguerilla‹, im Juni kommt unter dem Tarntitel ›Die neue Straßenverkehrsordnung‹ die Schrift ›Über den bewaffneten Kampf in Westeuropa‹ heraus. »In der Situation des hoffnungslos Unterlegenen gewann das ›Kollektiv RAF‹ plötzlich das Wohlwollen nicht nur einiger Randständiger, sondern ganzer Segmente der (Post-)Revolte.«[260] Das ist kein Wunder. Schließlich sind beide Schriften, wenngleich auf höchst unterschiedliche Weise, ganz den Theorie- und Argumentationslinien der Studentenbewegung verpflichtet. Und auch die von dem inhaftierten Horst Mahler im Alleingang verfaßte Abhandlung ›Über den bewaffneten Kampf in Westeuropa‹[261] wird zum heimlichen Renner – nicht nur in Berlin. Von den RAF-Aktivisten selbst wird das Pamphlet allerdings schon seiner fußnotenreichen, dogmatischen Gelehrsamkeit wegen abgelehnt, während es für die ermüdeten Romantiker und marxistischen Akademiker der Revolte gerade dadurch an Attraktivität gewinnt. Daß Mahler den bewaffneten Kampf als »ein zentrales Problem der revolutionären Theorie« deutet, gibt dem Buch die noch von 1968 her gewohnte Unverbindlichkeit, und dem Ton wie dem Inhalt nach läßt der Text sich durchaus als Fortführung der einst im SDS geführten Diskussionen sehen. »Scheiße«, wird Ulrike Meinhof später dazu sagen, »denn RAF heißt Praxis, bewaffneter antiimperialistischer Kampf und genau nicht: noch 'ne Theorie ... Was unser Zeug aber sein muß, ist immer: 'ne Waffe – die Faschisten entlarven, die Opportunisten entwaffnen, die Szene polarisieren, Freund und Feind trennen.«[262]

In ›Konzept Stadtguerilla‹ wird daher ganz unverblümt betont, daß die RAF »mit diesen Schwätzern, für die sich der antiimperialistische Kampf beim Kaffee-Kränzchen abspielt, nichts zu tun« habe, gerade weil sie »ihre Vorgeschichte als Geschichte der Studentenbewegung« nicht leugne. Und in der Tat kann der von der RAF immer wieder betonte »Primat der Praxis« als ebenso konsequente wie fatale Fortführung der sogenannten Aktionslinie der Revolte, ihrer Haltung zur Gewaltfrage und ihrer revolutionären Ungeduld gesehen werden. Das Fazit lautet dementsprechend: »Ob es richtig ist, den bewaffneten Widerstand zu organisieren, hängt davon ab, ob es möglich ist; ob es möglich ist, ist nur praktisch zu ermitteln.« Daß diese angesichts der politischen Realität der Bundesrepublik von vornherein zu verneinende Frage überhaupt als offen dargestellt werden kann, macht das ›Konzept Stadtguerilla‹ als das kenntlich, als was es sich selbst versteht: Teil eines Selbstgesprächs der APO-Generation. Denn die Theoreme und Überzeugungen der Studentenbewegung, mit denen eben noch die notwendige Zerschlagung der parlamentarischen Demo-

Geradezu unheimlich aber wird der neue Polizeipräsident für viele seiner Beamten, als es im Sommer 1967 auch an der Universität Erlangen-Nürnberg politisch zu brodeln beginnt. Denn Herold, der auf die Frage nach seinem Idealbild von Polizei zumeist mit der Marxschen Abhandlung vom Holzdiebstahl antwortet, wird zum gerngesehenen Gast in studentischen Teach-ins und Sit-ins. »Ich ging da hin, sooft ich konnte, und verblüffte die Leute natürlich, weil ich für deren kritische Haltung Verständnis zeigte. Man hat mich deshalb auch angehört, mir manchmal sogar Wohlwollen entgegengebracht, obwohl ich mit meinem Standpunkt zugleich deutlich gemacht habe, daß Gewalt die unüberschreitbare Grenze ist«, erinnert er sich. Die »erstaunliche Breite marxistischer Kenntnisse« des »gescheiten Elmar Altvater«, seinerzeit Studentenführer in Nürnberg, hat ihn besonders beeindruckt.

»Als Polizist habe ich mich damals in einem kaum beherrschbaren Dilemma gefühlt«, so Herold heute, »da ich ja einerseits zur Staatstreue verpflichtet und auch aus Überzeugung staatstreu war, aber andererseits eine grundlegende Veränderung dieses Staats selbst für notwendig hielt.« Mit um so größerem Elan geht er nun daran, seine eigene Vision eines fundamentalen Umbaus der Gesellschaft für den Bereich der polizeilichen Organisation zu erproben. Die Zeitumstände erscheinen ihm dafür durchaus günstig. »Die Technik«, heißt es schließlich bei dem von ihm hochverehrten Ernst Bloch, auf den sich die protestierenden Studenten neuerdings gern beziehen, »ist cum grano salis selber schon sozialistisch.«[152]

Eine EDV-gestützte Bestandsaufnahme der Kriminalität in Nürnberg steht am Anfang von Herolds Reform. Denn da sich Verbrechen kaum dort ereignen, wo Polizisten nach Maßgabe starrer Stundenpläne und mit ein wenig Intuition auf Streife gehen, will er sie zukünftig nach kriminalgeographischen Gesichtspunkten einsetzen.[153] Ein halbes Jahr lang läßt er sämtliche Daten in den Computer füttern, bis sich ein einigermaßen differenziertes Bild der örtlichen und zeitlichen Konzentration von Vorfällen ergibt. Das Ergebnis ist nicht anders, als er erwartet hat: Weder die Streifengänge noch die Verteilung der Reviere in Nürnberg entsprechen dem realen Kriminalitätsgeschehen.

Doch Herold geht es nicht um eine einmalige Korrektur, sondern um eine permanente Anpassung der Arbeit seiner Polizisten an die sich ebenso beständig wandelnden Kriminalitätsverhältnisse. Durch die massenstatistische Auswertung werden Daten prognostisch nutzbar, liefert das Verbrechen mithin die Informationen, die zu seiner Eindämmung notwendig sind: Das Verbrechen bekämpft sich selbst, lautet seine Devise. Herold schafft daher alle herkömmlichen Einsatzpläne ab und gibt seinen Beamten statt dessen ständig aktualisierte Computerausdrucke als Tagesbefehle in die Hand. Die Wirkung ist schlagend: Herolds Neuerung führt zu einer dramatischen Senkung der Kriminalitätsrate in der Stadt und macht als »Nürnberger Modell« bald bundesweit von sich reden. »Es war im Grunde so simpel, daß es fast peinlich ist, darüber zu sprechen, und man sich wirklich wundern muß, daß vorher niemand auf diese Idee gekommen ist«, sagt Herold rückblikkend. Er hegt freilich keine Illusionen darüber, daß sein Modell, solange es nicht über Nürnberg hinaus flächendeckend eingeführt ist, die Kriminalität keineswegs aufhebt, sondern zum großen Teil bloß in die angrenzenden Regionen verdrängt. So groß die Begeisterung über seinen Erfolg bei der Verbrechensbekämpfung auch ist, so skeptisch reagiert man indessen auf seine weiteren Pläne. Denn Herold begreift die von ihm ins Werk gesetzte Reorganisation der Schutzpolizei nur als ersten kleinen Schritt hin zu einer »Kybernetisierung der Polizei«. Nicht nur die Einsatzpläne, sondern tatsächlich sämtliche denkbaren Bereiche der Polizeiarbeit will er durch die Entwicklung jeweils entsprechender Computermodelle »im herrschaftsfreien Selbstlauf des Lernens« funktionieren lassen. Im Bayerischen Staatsministe-

kratie begründet wurde, sind auch nach der Erschöpfung der rebellischen Euphorie im Selbstverständnis der Post-Revolte weiterhin präsent. Nur: Das Manipulationssyndrom und die Vorstellung vom totalen Staatsapparat dient jetzt vor allem als theoretisches Kostüm der eigenen politischen Müdigkeit. Die RAF-Schrift zielt in ihrer Diktion gleich doppelt auf die Katerstimmung, in der die »Neue Linke« nach der Revolte steckt: »Stadtguerilla«, heißt es, »zielt darauf, den staatlichen Herrschaftsapparat an einzelnen Punkten zu destruieren, ... den Mythos von der Allgegenwart des Systems und seiner Unverletzbarkeit zu zerstören.« Diejenigen aber, bei denen auch solche Signale keine Aufbruchsstimmung mehr erzeugen können, sollen zumindest zur bleiernen Solidarität gegen den gemeinsamen Gegner, den Staat, angehalten werden: »Es ist richtig, wenn behauptet wird, mit dem immensen Fahndungsaufwand gegen uns sei die ganze sozialistische Linke in der Bundesrepublik und Westberlin gemeint.«[263]

Folge des politischen Zwiespalts der Post-Revolte ist denn auch, daß zumindest die erste RAF-Generation in dem Gefühl leben kann, Vollstrecker eines durch Geist und Geschichte der Studentenbewegung legitimierten Aufstands gegen den Staat zu sein. Entsprechend hysterisch und ausfallend wird Ulrike Meinhof reagieren, wenn der Soziologe Oskar Negt sich im Frühjahr 1972 in einer Rede auf dem Frankfurter Opernplatz unmißverständlich von den Terrorakten distanziert. Gleichwohl wird kein geringer Teil der APO-Generation bis auf weiteres im Zweifelsfall nicht der Polizei, sondern der RAF die Daumen drücken. Dies zeigt sich nicht zuletzt in Umfragen, auf die auch die RAF später immer wieder hinweisen wird. Ihnen zufolge toleriert im Frühjahr 1971 jeder fünfte Bundesbürger den Schutz von RAF-Mitgliedern vor Verfolgung und Verhaftung, jeder siebte will »nicht ausschließen, daß er ein Mitglied der Gruppe für eine Nacht aufnehmen würde, um es vor der Polizei zu schützen, sechs Prozent bezeichneten sich sogar völlig frem-

den Interviewern gegenüber offen als potentielle Helfer«[264]. Im Lauf des Jahres wird sich das Maß an Verständnis und Hilfsbereitschaft sogar noch beträchtlich erhöhen: Ende Juli 1971 gesteht jeder vierte Bundesbürger unter dreißig Jahren den Meinungsforschern »gewisse Sympathien« für die RAF. Die Gruppe scheint in ihrem Handeln für manche gewissermaßen das zu verkörpern, was sie sich selbst nur in mehr oder minder sentimentalen Träumen zutrauen. »Ich habe wohl Leute erlebt«, erinnert sich das ehemalige RAF-Mitglied Klaus Jünschke an den Umgang mit Sympathisanten, »die gesagt haben, laß uns in Ruhe, oder die traurig gesagt haben, die kriegen euch doch, alle. Aber keiner hat sich vor mich hingestellt und gesagt, jetzt komm mal wieder zu dir ... was machst du für 'ne Scheiße ... Wir waren eine Autorität, wir waren eben bei der kämpfenden Truppe.«[265]
Es ist heute fast ein Gemeinplatz, daß die Rebellion der Achtundsechziger zu paradoxen Ergebnissen geführt hat: Angetreten, um Kapitalismus und Konsumterror zu bekämpfen, ist sie zum Wegbereiter des modernen Coca-Cola-Kapitalismus geworden. Eine Generation, die sich in ihrer internationalistisch-marxistischen Selbstbegründung einst an der Sowjetunion, China und den Befreiungsbewegungen in der Dritten Welt orientierte und sich den Liberalismus zum Erzfeind erkor, sieht sich mittlerweile gern als Avantgarde der Verwestlichung.

Schulreform und Hochschulreform, Gemeindegebietsreform und Finanzverfassungsreform, Regierungs- und Verwaltungsreform, Reform des Mitbestimmungsrechts, die Neuformulierung der Umweltpolitik, die Familien- oder die Psychiatriereform – Anfang der siebziger Jahre scheint fast nichts dem Griff der allgemeinen Reformfreudigkeit, dem Wunsch nach Erneuerung einer vielfach als verkrustet empfundenen Gesellschaft zu entgehen. Der Glaube an die Planbarkeit und Machbarkeit der Welt beherrscht auch die sozialdemokratischen Reformer der Bundesrepublik: Sozialkybernetik, Globalsteuerung der Wirtschaft, Feintuning – dies sind die Stichworte eines schon seit Mitte der sechziger Jahre weltweit um sich greifenden technokratischen Politikverständnisses. Die erste große Ölkrise des Jahres 1973 wird den hehren Erwartungen bald ein Ende machen. Zum innenpolitischen Reform- und Modernisierungsprogramm der sozialliberalen Koalition gehört von Anfang an das Feld der »inneren Sicherheit«, auf dem während der sechziger Jahre kaum etwas passiert ist. Dies stimmt ganz besonders für das Bundeskriminalamt, das Praktikern, so der ›Spiegel‹, als »eine reine Briefkastenbehörde«[266] gilt.

Im Sommer 1971 wird Horst Herold der neu zu besetzende Posten des BKA-Präsidenten angeboten. Nach längeren Verhandlungen, in denen Herold sich seine detaillierten Pläne für den Um- und Ausbau des BKA von Genscher bestätigen ließ, übernahm er am 1. September 1971 sein Amt. Herold, ebenso bekannt als erfolgreicher Polizeipräsident wie als linker Sozialdemokrat, soll vor allem für die schon längst überfällige Einführung moderner Datenverarbeitung sorgen. Das tut Herold gern, doch er verbindet damit größere Pläne. In seiner Antrittsrede führt er aus: »Allen Staatsorganen voraus, steht die Polizei der gesellschaftlichen Wirklichkeit unmittelbar gegenüber. Ihr werden gesellschaftliche Unzulänglichkeiten und Strukturdefekte in schmerzhafter Praxis am ehesten bewußt. Gelänge es, ihre riesig angehäuften Erkenntnisbestände zum Verbrechen forschend zu durchdringen, wären rationale Einsichten in das Wesen des Verbrechens möglich. Die bisher dahinsiechende Aufgabe der Prävention träte gleichrangig neben die der Verfolgung. Unter Mithilfe der Polizei könnte ein gesamtgesellschaftliches System entstehen, das befähigt, Problemen zuvorzukommen, bevor sie zutage treten, erst recht, bevor sie bedrohlich werden.«

»Der Hauptantrieb für mich, zum BKA zu wechseln«, erinnert sich Herold, »war der Gedanke, jene Strukturen und Me-

Nachdem er auf Geheiß von Bundesinnenminister Genscher im September 1971 seine Tätigkeit als Präsident des Bundeskriminalamts aufgenommen hatte, galt Horst Herold als »Wunderwaffe«. Auch Bundeskanzler Willy Brandt zeigte wohlwollendes Interesse für den Mann, der bereits im Juni 1972 die gesamte Führungsspitze der Baader-Meinhof-Gruppe festgenommen hatte.

chanismen in der Strafverfolgung aufzulösen, die bestimmte Schichten begünstigen und andere benachteiligen. Dies aber schloß die systematische Untersuchung der sozialen, politischen und leider oft interessenorientierten tatsächlichen Bedingungen mit ein, unter denen Strafrechtsregeln überhaupt entstehen.« Die Zeichen, glaubt er, stehen günstig. Der richtige Mann zur richtigen Zeit am richtigen Ort? Kybernetik immerhin, ein Begriff, den er vor Jahren noch mühsam erklären mußte, ist mittlerweile weltweit ein rechtes Zauberwort in Politik und Sozialwissenschaften geworden.

Für Herold steht außer Frage, daß »Staat und Gesellschaft sich, wie Lebewesen, der permanent veränderten Umwelt anzupassen haben, um effektiv zu bleiben. Dazu sind drei Arten von Informationen kontinuierlich nötig: 1. Informationen über die Um- und Außenwelt, 2. Informationen aus dem eigenen Status und 3. Informationen aus der Vergangenheit. Werden diese nicht wahrgenommen oder nicht verarbeitet, so geht dem System die Lernfähigkeit verloren. Das wichtigste Element der Zukunftsbewältigung bricht ab. Das System tritt in eine degenerative Phase ein. Es erstarrt in der Überbewertung des Formalen, lernt auf der Stelle tretend nur noch ›pathologisch‹, oder es wird an seinem Ziel vorbei getrieben.«[267] Muß das Unrecht denn immer erst himmelschreiend werden, muß das Kind immer erst in den Brunnen gefallen sein, bevor das System reagiert? Gibt es zu diesem geradezu pathologischen Lernprozeß nicht eine gangbare Alternative? Herold ist überzeugt, daß auf dem von ihm seit 1973 beschriebenen Weg in die Informationsgesellschaft die Information in den Rang eines Rohstoffes aufgestiegen und neben Kapital und der zunehmend verschwindenden Erwerbsarbeit als dritte und eigenständige Produktivkraft »bedeutungsvoller ist als Kohle und Stahl vor 100 Jahren«. Die Lösung kann für ihn nur sein: Wahrnehmung und Verarbeitung von Informationen durch Institutionalisierung in regelkreisartig aufgebauten, sich selbst organisierenden Dezentralmodellen, die die Wissensteilhabe aller sowie Anpassung und Wandel garantieren. »Information als Rohstoff trägt die Veränderung in sich. Er zwingt zum Lernen, zu innerer Akzentverschiebung und zur Verhaltensänderung nach außen. Der Rohstoff wird zum Axiom jedwelcher Politik. Ob wir den Weg solcher ›Informatisierung‹ gehen wollen, steht nicht mehr zur Entscheidung. Wenn unsere Gesellschaft über-

haupt eine Chance hat, ihre Zukunft in den Griff zu bekommen, so kann dies nur in der Bewältigung des Informationsproblems gelingen.«
Und schließlich hofft Herold auch und gerade bei den Theoretikern der APO auf Interesse und Wohlwollen gegenüber seinen Vorstellungen. Ganz unbegründet scheint seine Hoffnung nicht. Einige Thesen Rudi Dutschkes zur lernenden Gesellschaft, vor allem aber Äußerungen Christian Semlers in einem ›Kursbuch‹-Gespräch zum Thema konkrete Utopie könnten tatsächlich von ihm selbst stammen: »Wenn es die Computer nicht gäbe«, sagte Semler in einem im August 1968 abgedruckten ›Gespräch über die Zukunft‹, »müßten sie förmlich erfunden werden für die Räteverfassung. Nur sie ermöglichen es, Informationen zu sammeln, die Sachentscheidungen der bisherigen Bürokratie zu ersetzen ... Zum Beispiel darf es nie mehr Richter geben, es darf nie mehr einen Justizapparat geben, und das ist meiner Ansicht nach durch Technologie erreichbar.«[268] Daß Christian Semler drei Monate nach der Veröffentlichung des bereits im Herbst 1967 geführten Gesprächs in West-Berlin und Hannover die Ära der »neuen Militanz« gegen Staat und Polizei ausgerufen hat, ist Horst Herold im fernen Nürnberg freilich entgangen.
Die Berufung Herolds zum Präsidenten des Bundeskriminalamts wird einhellig begrüßt. Vor allem hofft man, daß der neue Chef die längst überfällige Computerisierung der Polizei vorantreiben wird. Doch die Meinungen über den sich zivil und linksliberal gebenden Herold gehen schon nach kurzer Zeit auseinander, weil einigen seine Berufung immer mehr als ein Affront gegen die konservative alte Garde der Polizeichefs und ihr militärisches Selbstverständnis erscheint. Die von Herold verlangte Umdefinierung der Polizei vom »meinungslosen Instrument, das, einer Marionette gleich, pariert und funktioniert und auf Knopfdruck hin- und herbewegt werden kann, zum lernfähigen, sich selbst verbessernden Teilsystem

der Verbrechensbekämfung«, setzt sich gegen die überlieferte Vorstellung von einer schlagkräftigen Polizei nicht durch. Was letztlich übrigbleibt von seinem Gesamtkonzept einer »präventiven« Polizei, das er seit 1968 kontinuierlich entfaltet hat, sind fast fünfhundert Aufsätze.

Herold will die Kriminalpolizei in kriminalgeographisch aufgebauten Einheiten der Länder dezentral organisieren, die »ihrem Wesen nach grenzenlose Information« aber beim BKA zentralisieren. »Alle für einen Informationspool – ein Informationspool für alle.« Die öffentliche Kritik an Herolds Vorstellungen nimmt just in dem Moment zu, als er in seinem Amt all jene Prinzipien aufgestellt hat, die seiner Vision von einem »informationellen Selbstbestimmungsrecht« entsprechen: grundsätzlicher Verzicht auf einen Datenverbund der Polizei mit anderen Behörden, Kanalisation der Amtshilfe zwischen den Behörden, Transparenz des Informationssystems, Auskunftserteilung an den Bürger, »programmiertes Vergessen« und technischer Datenschutz. Er hat weitreichende Visionen: eine Gesellschaft, in der jeder Bürger ein Auskunftsrecht hat. Das setzt voraus, daß das über Jahrhunderte gepflegte Prinzip der Amtsverschwiegenheit zugunsten eines Prinzips völliger Amtsöffentlichkeit zu allen nicht personenbezogenen Daten abgeschafft wird. »Erst dann«, sagt Herold, »ist die Informationsfreiheit, die nach Artikel 5 des Grundgesetzes ja Grundrechtsrang besitzt, aber realiter ungeheuren Beschränkungen unterliegt, tatsächlich zu verwirklichen.« Er stellt sich vor, daß das bisherige System der Gewaltenteilung zu einer Informationsgewaltenteilung ausgebaut und damit ein größerer Schutz des Persönlichkeitsrechts gewährleistet werden kann. Und dies alles hatte natürlich seine Entsprechung im Strafverfahren: Ablösen des Geheimverfahrens durch Parteiöffentlichkeit, Mitwirkungsrechte bei der Beweissicherung und so weiter. Heute hat die Polizei das Prinzip des »programmierten Vergessens«, der automatischen Löschung aller Straftäterdaten nach Ablauf einer bestimmten Zeit in ihr System eingeführt. Auch der Straftäter soll nicht immer wieder mit seiner kriminellen Vergangenheit konfrontiert werden, »auch und gerade ihm gebührt«, so Herold, »die Gnade des Vergessens«.

Im Januar 1972 faßt die Innenministerkonferenz den Beschluß zum Aufbau eines »Informationssystems der Polizei«, kurz Inpol genannt. Über Datenschutz macht sich damals niemand Gedanken, bis auf einen: Horst Herold. Schon als er 1971 Innenminister Genscher die Idee eines Inpolsystems beschreibt, weist er nachdrücklich auf die Gefahr hin, daß durch computerisierte Formen der Personen- und Kraftfahrzeugfahndung gewissermaßen Bewegungsbilder nahezu aller Bürger technisch möglich seien, und dies gelte es, schon aufgrund des Rufes, in den die Polizei dabei gelangen könnte, unbedingt zu verhindern. Herolds Befürchtungen werden zunächst nicht verstanden. Daß man in der erst zehn Jahre später einsetzenden öffentlichen Diskussion über Datenschutz dann ausgerechnet ihn als blindes »Monster des Überwachungsstaats« entlarven und belehren will, wird Herold deshalb besonders zu schaffen machen.

Da 1971/72 in Politik und Öffentlichkeit weder Interesse noch Verständnis für die von Herold beschriebenen Gefahren besteht, stellt er mit den Computerspezialisten des BKA auf eigene Faust Überlegungen zum Datenschutz an. So werden in das Inpolsystem von vornherein technische Sperren eingebaut, die die von den Polizisten erkannte Hauptgefahr, die Erstellung von Bewegungsbildern und Persönlichkeitsprofilen, ausschließen soll. Bewegungsbilder, meint Herold, »konnten schon deshalb nicht entstehen, weil die Protokollier- und Aufzeichnungsmöglichkeiten auf Magnetplatten oder -bändern oder auf Druckern physikalisch unterbrochen wurden«. Um überdies zu verhindern, daß das BKA mit seinem Zentralrechner »Überschau und zentrale Macht«[269] gewinnen kann, wird »das Prinzip der Spurenlosigkeit im System« in sämtliche Poli-

Als das Informationszeitalter noch in den Kinderschuhen steckte, erzeugten viele Ideen des »Kommissar Computer« schlichtweg nur Angst. Doch obwohl als »Gigantomane«, »verrückter Marxist« und »Technokrat« verschrien, war Horst Herold als Erfinder der Rasterfahndung und der Kriminalgeographie ohne Zweifel der ingeniöseste und intelligenteste Kriminologe seiner Zeit.

zeicomputer hineinprogrammiert. Das bedeutet, daß vom Inpolsystem weder Anfragen noch Antworten aufgezeichnet werden können, diese also sofort wieder vergessen werden.
Unter Horst Herold wird das Bundeskriminalamt nicht nur für seine Computerinnovationen bekannt, sondern auch für seine kriminologische Forschung. Man entwickelt ein Verfahren, mit dem Fingerabdrücke digitalisiert und aufbereitet werden können, sowie neue chemische und physikalische Methoden der Beweissicherung. Bald umgibt das BKA der Ruf, über die beste kriminologische Forschungsstelle der Welt zu verfügen.
Darüber hinaus gilt Herolds Interesse vor allem der sozialwissenschaftlichen Forschung und hier namentlich der Idee, in Zusammenarbeit mit Soziologen, Psychologen, Architekten

und Städteplanern Umweltkonzepte zu entwickeln, die »kriminalitätsarme Räume« schaffen. Auch das heute insbesondere in den USA diskutierte »elektronische Armband« wird in der von Herold installierten AG-Kripo schon 1975 erörtert. Denn »das bloße Einsperren denaturiert den muskelbepackten Arbeiter und den bleichgesichtigen Intellektuellen mit gleicher Einfallslosigkeit. Artikel 1 des Grundgesetzes hat das Gefängnis noch nicht erreicht.« Solche Gedanken erscheinen den Justizbehörden seltsam und verdächtig, wie auch die BKA-Tagung »Städtebau und Kriminalität« eine seltene Ausnahme bleibt. »Leider«, so Herold, »ist die nach der ersten Euphorie Anfang der siebziger Jahre eingetretene nachhaltige ideologische Denunziation der Sozialkybernetik eine der vielen Nebenfolgen des Kalten Krieges.«

Im Frühjahr 1972 beginnt die sogenannte Maioffensive der RAF. Die RAF bombt dabei gewissermaßen an den Themen und Aktionslinien der Studentenrevolte entlang: Justizkampagne, Springerkampagne, Vietnam. Am 11. Mai verwüsten drei Rohrbomben den Eingangsbereich des Offizierskasinos des 5. US-Korps im Frankfurter IG-Farben-Haus. Es gibt einen Toten und dreizehn Verletzte, alle Angehörige der US-Armee. Nur einen Tag später folgen weitere Anschläge: Innerhalb weniger Stunden gehen in der Augsburger Polizeidirektion sowie auf dem Parkplatz des Münsterlander Kriminalamtes zwei Sprengsätze hoch. Am 15. Mai wird die Frau des Bundesrichters Buddenberg durch eine in ihrem Wagen versteckte Bombe schwer verletzt. Am 19. Mai explodieren drei Bomben im Hamburger Springerhochhaus; siebzehn Arbeiter ziehen sich zum Teil schwere Verwundungen zu. Und am 24. Mai detonieren vor einem Kasernenblock und dem Kasino des Europa-Hauptquartiers der US-Armee in Heidelberg zwei Autobomben; drei amerikanische Soldaten werden getötet. Einen der Soldaten hat es buchstäblich zerrissen, seine Leichtenteile

Durch ihre Hetzparolen gegen jegliche Form studentischen Protests wurde die Springer-Presse Ende der sechziger Jahre zur Inkarnation des kleinbürgerlichen Ressentiments. Der Anschlag auf die Verlagszentrale in Hamburg am 19. Mai 1972, bei dem etliche Drucker und Setzer verletzt wurden, war als vermeintliche Aktion »symbolischer Gewalt« gleichwohl ein glatter Mißerfolg.

»USA-SA-SS!« hieß eine Kampfparole der Bewegung. Die Tatsache, daß die Führungsmacht der demokratischen Welt für den Krieg in Vietnam moralisch verantwortlich war, schien der deutschen Nachkriegsgeneration die Flucht aus der eigenen schuldhaften Geschichte zu verheißen. So galt auch der RAF-Anschlag auf das Heidelberger Hauptquartier der US-Streitkräfte im Mai 1972 vorgeblich einer »Zentrale von Imperialismus und Faschismus« in Europa.

sind meterweit auf Dächern, Bäumen und Sträuchern verteilt. Die RAF zieht in ihrer Begründung die Verminung vietnamesischer Häfen und das Bombardement vietnamesischer Deiche heran. Tatsächlich erfährt sie erst im nachhinein, daß durch die Explosion Computer der US-Armee zerstört wurden, mit denen Bombardements in Vietnam berechnet und dirigiert wurden.

Herold ist sich sicher, daß es nicht bei diesen Anschlägen der RAF bleiben wird, auch wenn er die von der Presse entworfenen Horrorszenarien von systematischen Grundwasservergiftungen oder wahllos zerbombten Innenstädten für vollkommen überzogen hält. Er weiß, daß dies kaum zum ideologischen Konzept und Selbstverständnis der RAF passen würde.
Ende Mai 1972 fährt Horst Herold auf Rat von Innenminister Genscher ins Kanzleramt. Sein Gesprächspartner ist Horst Ehmke, der sich als Chef des Kanzleramts Bundesminister für besondere Aufgaben nennen darf und als enger Vertrauter Willy Brandts gilt. Herold ist unruhig. Denn das, wofür er Unterstützung sucht, hat es in der bundesdeutschen Polizeigeschichte noch nicht gegeben: die Aktion »Wasserschlag«. Das BKA beobachtete seit Wochen eine Unterflurgarage im Kettenhofweg in Frankfurt am Main. Ein Beamter, der nächtlich in den Raum eindringt, stellt dort zwanzig Zentner selbstlaborierten Sprengstoff und zwei Kraftfahrzeuge fest. Es ist klar: Das Depot gehört der RAF, irgendwann wird jemand dort auftauchen. Herolds Idee ist, so erinnert sich Horst Ehmke, »wie die Fischer am Nil die Fische durch Schläge aufs Wasser in die Netze zu treiben, die Terroristen durch eine bundesweite, sich über ein ganzes Wochenende erstreckende Verkehrskontrolle zum Auswechseln ihrer Wagen zu bewegen«. Für diesen »Schlag ins Wasser« bedarf es nicht nur eines enormen Aufwands an Personal und Gerät, sondern auch der politischen Unterstützung des Kanzleramtes für den Fall des Scheiterns der aufwendigen Aktion. Ehmke stimmt zu, und so nimmt die für lange Zeit größte Polizeiaktion in der Geschichte der Bundesrepublik ihren Lauf.
Sämtliche Hubschrauber, die im öffentlichen Dienst verfügbar sind, werden in die Luft gebracht. Sie fliegen die Autobahnen ab, gehen an etlichen Auf- und Abfahrten herunter. Durch zahllose Kontrollen entsteht ein totales Verkehrschaos. Von den betroffenen Bürgern wird dies erstaunlich gelassen hinge-

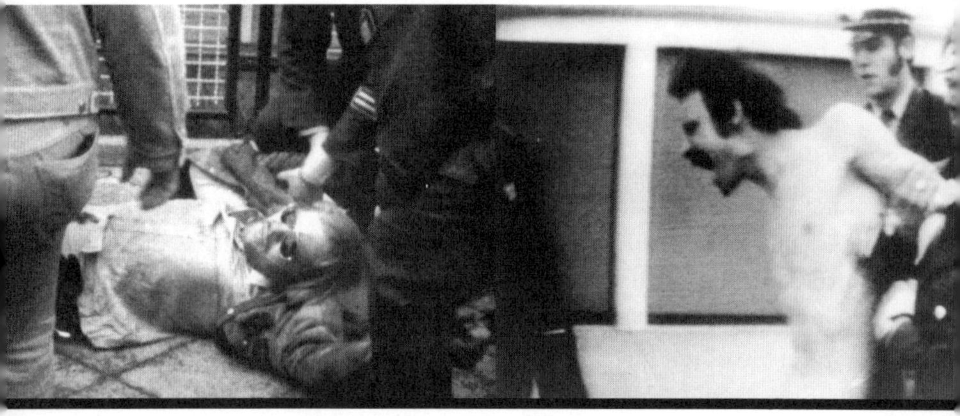

Im Sommer 1972 wurden mit Andreas Baader (links) und Holger Meins (rechts) zwei führende Köpfe der RAF gefaßt.

nommen. Die Leute stehen auf den verstopften Straßen und winken den Polizeihubschraubern freundlich zu. Der polizeiliche Erfolg der Mammutaktion wird bis heute von vielen bestritten. Unbestreitbar ist aber, daß am Tag darauf, am 1. Juni 1972, Andreas Baader, Holger Meins und Jan-Carl Raspe morgens um 5:30 Uhr ihre Garage aufsuchen und dabei überwältigt werden. Nur fünf Wochen später sitzt nach weiteren Verhaftungen die gesamte erste RAF-Generation fest. Die von Andreas Baader und Gudrun Ensslin bereits vorbereitete nächste Aktion muß nun ausfallen: die Entführung der drei alliierten Stadtkommandanten West-Berlins. Vier Jahre darauf erklärt Baader in einem Interview, daß die Bundesrepublik Deutschland »als Produkt der Diktatur der Alliierten Militärregierungen unter Führung der USA ... über keine nationale Souveränität im Verhältnis zu den USA verfügt«[270].

7. Finale

Als Horst Herold am Nachmittag des 5. September 1977 im oberbayerischen Lenggries eintrifft, herrscht wunderbares Spätsommerwetter. Der Herbst verspricht sonnig und warm zu werden. Herold hat eine Verabredung mit Günter Nollau, dem ehemaligen Chef des Bundesamts für Verfassungsschutz, in seinen Augen »ein konspirativer Meister – durchaus auch mit den negativen Aspekten, die das Wort beinhaltet«. Die beiden Männer kennen sich näher seit der unseligen Affäre Guillaume, die im Mai 1974 zum Rücktritt des Bundeskanzlers Willy Brandt geführt hat. Herold hat seine ganz eigene Version von den damaligen Vorgängen. Aber davon wird an diesem Montagabend nicht die Rede sein.

Herold macht sich gerade auf den Weg zum gemeinsamen Abendessen, als sein Fahrer aufgeregt auf ihn zustürzt: »Es muß etwas Furchtbares in Köln passiert sein!« Tatsächlich ist die Einsatzleitung des BKA in Bonn-Bad Godesberg gegen 18 Uhr vom Kölner Polizeipräsidium über ein Attentat informiert worden; nur zwei Minuten später versucht man bereits, den Präsidenten des Bundeskriminalamts zu verständigen. Ohne auch nur eine Sekunde zu verlieren, greift sich Herold sein Gepäck und springt in den Wagen. Er gibt Anweisung, sofort nach Bonn zu fahren.

Noch im Auto fällt er, der über Funktelefon ständig mit der Bonner Einsatzzentrale verbunden ist, die ersten Entscheidungen. Bei dem Überfall, so hört er, hat es ein Blutbad gegeben, vier Tote. Der Arbeitgeberpräsident Hanns Martin Schleyer ist offenbar entführt worden. Den Autoatlas auf den Knien, macht sich Herold mit der Topographie des Ortes und des Kölner

Der Tatort der Schleyer-Entführung in Köln am Abend des 5. September 1977: Während der Arbeitgeberpräsident in einem VW-Bus eilends davongeschafft wurde, verbluteten seine vier Begleiter, von insgesamt 72 Kugeln durchsiebt, auf offener Straße.

Umlands vertraut. Die Verwahrwohnung, in die man den Entführten bringen wird, liegt, da ist er sich sicher, innerhalb einer Zwanzig-Kilometer-Zone um den Tatort. Nach Osten, über die Rheinbrücken, werden die Täter im Feierabendverkehr kaum gefahren sein, Richtung Bonn oder Düsseldorf auch nicht; das Versteck muß im Westen liegen. Sein Instinkt ist richtig, aber er wird ihm nichts nützen. Der entscheidende Hinweis auf die Wohnung in Erftstadt-Liblar, in der Schleyer bis zum 15. September 1977 gefangengehalten wird, geht auf dem Amtsweg verloren. Noch rechnet der BKA-Präsident mit einem großen Triumph. Doch er wird eine totale Niederlage erleben. Denn selbst der gewaltige, mit äußerster Präzision arbeitende Apparat der Rasterfahndung ist am Ende vor menschlichen Fehlern nicht gefeit.

Herold hat über die Jahre eine klare Vorstellung vom Zuschnitt konspirativer Wohnungen entwickelt. Er kennt das immer gleiche Schema der terroristischen Lebenskulisse aus unzähligen Fällen: ein einigermaßen großes, anonymes Gebäude, oft ein Hochhaus; Tiefgarage und Lift; Barzahlung von Kaution und Miete unter Vorlage eines gefälschten Ausweises; Telefon und ein nahe gelegener Autobahnanschluß. Während der Fahrt gibt er drei Befehle: Um den Tatort ist ein zwanzig Kilometer breiter Sperring zu legen; außerdem müssen sofort zwanzig PIOS-Datenstationen zur Sonderkommission nach Godesberg geschafft werden; mit diesen sollen dann sämtliche im Sperring befindlichen anonymen Wohnungen abgefragt werden. Herold fühlt sich bestens für den Tag gerüstet. »Die Infrastruktur war bis ins kleinste vorbereitet, die Falle aufgestellt.« Daß sie nicht zuschnappte, schreiben viele dem Kompetenzchaos zu, das während der Schleyer-Entführung herrschte.

Nicht erst seit der Anfang April begonnenen Anschlagserie der RAF hat Herold ständig mit einem neuen Attentat gerechnet. Schon Ende November 1976 sind bei der Festnahme des vormaligen RAF-Verteidigers Siegfried Haag nicht nur Waffen, sondern auch Notizen gefunden worden. Herold war sofort klar, daß es sich dabei um einen verschlüsselten Arbeits- und Aktionsplan handeln mußte. Um die exakte Entzifferung der Codes hat man sich beim BKA jedoch vergebens bemüht. »Margarine ... Big raushole – Rache«, »Perspektive nach Margarine Big Money« oder »Big Money – H.M. auschecken«: Die vorwiegend älteren Beamten können mit dem assoziativen Slang der Popkultur wenig anfangen. Denn sosehr Herold auch beklagen mag, daß, wie er 1974 über die Polizei geschrieben

Die Ermordung des Generalbundesanwalts Siegfried Buback und seines Fahrers Franz Goebel war Teil der Eskalation terroristischer Gewalt im Zuge der RAF-Offensive '77.

hat, »deren exekutives, uniformiertes Vorgehen gegenüber den Erscheinungen des massenhaften Protestes« dazu geführt habe, »die Polizei als den reaktionären, bremsenden Teil des politischen Gesamtsystems«[271] mißzuverstehen: Von der APO-Generation ist beim Marsch durch die Institutionen keiner zum BKA gegangen. Die RAF kann kühl an ihren Plänen festhalten.

Erst als am 7. April 1977 das »Kommando Ulrike Meinhof« den Generalbundesanwalt Siegfried Buback und zwei seiner Begleiter in Karlsruhe von einem Motorrad aus niederschießt, wird den Fahndern die Bedeutung von »Margarine« klar: Die Marke SB verweist auf die Initialen des Generalbundesan-

walts. Am 30. Juli zeigt sich dann, was es mit »Big Money« auf sich hat. Bei einem fehlgeschlagenen Entführungsversuch wird Jürgen Ponto, Vorstandsmitglied der Dresdner Bank, in seinem Haus in Oberursel bei Frankfurt ermordet. »Rache« schließlich steht für den mißglückten Raketenwerferanschlag auf die Bundesanwaltschaft in Karlsruhe am 25. August.
Und nun »H. M.«. Immerhin hat man mit diesem Kürzel etwas anfangen können und auf den vom ›Spiegel‹ als »Boß der Bosse« bezeichneten Hanns Martin Schleyer getippt. Erst kürzlich ist er entsprechend gewarnt und ein verstärkter Begleitschutz angeordnet worden, der allerdings nicht in die Zuständigkeit des Bundeskriminalamts fällt. Herold, der in den vergangenen Jahren seine Wohnung auf dem Dach des BKA immer seltener verlassen hat, weiß, wie unfrei man sich durch ständige Bewachung fühlt. Außerdem nützt sie wenig. Aber man kann ja kaum mit dem Panzer durch die Straßen rollen.
Bei aller Hektik und dem ständigen Griff zum Telefon schweifen Herolds Gedanken, der sich in zahllosen Denkschriften und Veröffentlichungen mit dem Terrorismus befaßt hat, auf der langen Fahrt Richtung Bonn gelegentlich auch einmal ab. 1968 hatte er in der Hochphase der Studentenrebellion im ›Stern‹ gesagt: »Wenn die Revolution nicht von oben kommt, ist sie uns von unten gewiß.« Nach näherer Betrachtung hatte er dieses Urteil, das ihm nun doch als vorschnell erschien, dann wieder korrigiert. Die für eine Revolution typischen Gesetzmäßigkeiten lagen nicht vor. Das revolutionäre Gehabe intellektueller Gruppen enthüllte sich, so urteilte er später, als modische »Attitüde, bar jenes selbstlosen Elans und der Bereitschaft zur Askese, die dem revolutionären Subjekt in den Augen der Massen Glaubwürdigkeit verleiht«. Im März 1969 stellt Herold in seinem Vortrag ›Entwicklungstendenzen der APO‹ folgende Prognose: »Der Schwung der Bewegung ist kraft seiner inneren Schwierigkeiten gebrochen, aber man täusche sich nicht: Die Kräfte, die die Bedrückung als existentiell empfinden,

Der als Arbeitgeberpräsident und Vorstandsmitglied von Daimler-Benz auch »Boß der Bosse« genannte Hanns Martin Schleyer war aufgrund seiner biographischen Vorbelastung aus der Nazizeit ein durchaus typisches Produkt des deutschen Wirtschaftswunders. Der letzte Eintrag in seinem Terminkalender am 5. September 1977 lautete: »Herold anrufen«. Schleyer hatte wegen eines drohenden terroristischen Anschlags bereits eine Warnung erhalten; er sollte jedoch keine Gelegenheit mehr haben, sie sich zunutze zu machen.

werden nicht zögern, Bomben in das Bewußtsein zu schmeißen, das sich offenbar nicht anders aufbrechen läßt.« Und 1972, als sich seine Befürchtung schließlich bewahrheitet hatte, fragt er: »Die Welt ist immer ungerecht gewesen, sie war eigentlich nie anders als heute, da junge hochintelligente Menschen zu ihrem Sturmlauf angetreten sind. Wenn es heute Terrorismus gibt, weshalb dann nicht früher? Weshalb tritt der Terrorismus nur in bestimmten historischen Phasen auf, welche Merkmale zeichnen diese Situation aus?«
1977 findet Herold zu jener Antwort, die er auch heute noch für gültig hält: Zu allen Zeiten sind dem Terrorismus Phasen

der totalen geistigen und ökonomischen Umorientierung gefolgt. Terrorismus war stets nur das Präludium und frühe Signal für das Herannahen tiefgreifender gesellschaftlicher Veränderungen »vom Ausmaß eines Bebens«. Geradezu verzweifelt bemühte sich Herold, darauf hinzuweisen, »daß das Signal des Terrorismus auch eine Chance enthält: alle Kraft daranzusetzen, jene ökonomischen und gesellschaftlichen Bedingungen aufzuheben oder zu verändern, die den terroristischen Anreiz begründen«.

Aber was hat man aus solchen Äußerungen gemacht? Baaders Anwälte haben sie kurzerhand als »Manipulierung der öffentlichen Meinung mit den Mitteln psychologischer Kriegsführung«[272] gedeutet. Es ist zum Verrücktwerden. Die Leute wollen Herold nur als Polizisten sehen, als Büttel der Herrschenden, weil sie nicht anders können. Das Sein bestimmt das Bewußtsein; solange das so bleibt, ist der einzig sichere Schutz vor den Terroristen Herolds Aufgabe: ihre Festnahme. »Herold anrufen« steht als letzter Eintrag in Schleyers Terminkalender für den 5. September. Es ist nicht mehr dazu gekommen.

Andreas Baader erfährt von der Entführung Schleyers in seiner Zelle im sogenannten Hochsicherheitstrakt der Haftanstalt Stuttgart-Stammheim. Am Abend des 5. September sitzt er dort vor seinem Fernseher. Endlich ist es soweit. Wie Horst Herold hat er fest mit den Ereignissen gerechnet; vor drei Tagen hat er deshalb seinen letzten Hungerstreik abgebrochen. In einem Punkt ist er dem BKA-Präsidenten allerdings voraus. Baader weiß, daß demnächst auch sein Name in den Nachrichten auftauchen wird. Die vier Toten in Köln, die Entführung Schleyers: Sie gelten ihm und den zehn anderen inhaftierten RAF-Mitgliedern.

Trotz der Zusammenlegung in eine Gruppe mit Gudrun Ensslin und bis zu sechs anderen Terroristen, die man sich im Lauf der Zeit mit insgesamt fünf Hungerstreiks erkämpft hat, ist die

Nicht nur der architektonische Beton-Brutalismus der siebziger Jahre verbindet die Gegensätze: »Mein Stammheim« nannte Horst Herold nur mit halber Ironie bisweilen seine Dienstwohnung auf dem Dach des Bundeskriminalamts in Wiesbaden (oben). Andreas Baader sollte den eigens für ihn und seine Gefährten errichteten Hochsicherheitstrakt im siebten Stock des Stammheimer Gefängnisses (rechts) nicht mehr lebend verlassen.

Gefängnissituation für Baader immer unerträglich geblieben, fünf Jahre lang. »Es schafft nicht die Voraussetzung für 'ne Handlungsfreiheit, die Praxis im Knast«[273], hat er sein Dilemma als revolutionärer Gefangener einmal beschrieben. Die letzte Aktion, mit der ein RAF-Kommando versucht hat, ihn freizupressen, ist schon fast zweieinhalb Jahre her und gründlich schiefgegangen. Der Überfall auf die deutsche Botschaft in Stockholm am 24. April 1975 endete in einem Desaster; dabei waren die Genossen zu allem bereit gewesen. Innerhalb weniger Stunden hatten sie zwei der Geiseln hingerichtet, mit weiteren Erschießungen und der Sprengung des Gebäudes gedroht, wenn ihre Forderungen nicht erfüllt würden. Doch noch bevor es zu Verhandlungen mit der Bundesregierung kommen konnte, sind die in der Botschaft präparierten fünfzehn Kilogramm TNT vorzeitig detoniert. Wie es dazu kam, ist bis heute ungeklärt; möglicherweise hat ein Frequenzübersprung im Funkverkehr eine Selbstzündung ausgelöst. Das bei der Explosion schwerverletzte RAF-Mitglied Siegfried Hausner stirbt zwei Wochen später auf der Intensivstation der Stammheimer Haftanstalt an einem Lungenödem. Für die RAF ist es Mord: Trotz seiner schweren Brandwunden ist Hausner wenige Tage nach der Detonation mit einem Sonderflugzeug nach Deutschland geflogen worden. Die Schleyer-Entführer haben ihm ihre Aktion gewidmet.

Nach dem gescheiterten Versuch in Stockholm ist die Gruppe mehr als zwei Jahre lang nicht besonders aufgefallen. »Die RAF ist momentan in 'ner Krise, der ›2. Juni‹ hat gerade was anderes zu tun, so daß es nicht genug Genossen für eine Befreiungsaktion gibt«[274], beschreibt Hans-Joachim Klein, zeitweiliges Mitglied der »Revolutionären Zellen«, die resignierte Stimmung in der Unterstützerszene. Ausgerechnet in einem Moment, in dem der Justizalptraum von Stammheim tatsächlich Grund gibt, an der Rechtsstaatlichkeit der Bundesrepublik zu zweifeln, ist keiner zum bewaffneten Kampf auf dem Militanzniveau der RAF bereit. Für die letzte Aktion der »Bewegung 2. Juni«, die Ende Juli 1976 bei einem Banküberfall in Berlin Schokoküsse an die Kunden verteilt, hat Baader nur Verachtung übrig.

Vorher war es Neid. Denn mit der Entführung des CDU-Spitzenkandidaten Peter Lorenz ist der RAF-Konkurrenz Anfang März 1975 die bislang einzige erfolgreiche Freipressung inhaftierter Stadtguerilleros gelungen. Es war ein vollendeter Triumph, denn der Abflug der Terroristen wurde live im Fernsehen gesendet. Jetzt aber ist die »Bewegung 2. Juni« so gut wie am Ende: Bis September 1976 hat die Polizei fast all ihre Mitglieder festgenommen. Fünf von ihnen sind allerdings inzwischen schon wieder aus dem Gefängnis ausgebrochen.

Immerhin sind die »Revolutionären Zellen« aktiv, die Anfang Juni 1976 einen Bombenanschlag auf das 5. US-Korps in Frankfurt am Main verübt haben. Bei ihnen hat sich auch der Kontakt zu palästinensischen Terrororganisationen bewährt. So sind beim Überfall eines palästinensischen Kommandos auf die OPEC-Konferenz in Wien im Dezember 1975 ebenso zwei Deutsche beteiligt gewesen wie bei der Entführung eines von Tel Aviv kommenden französischen Passagierflugzeugs Ende Juni 1976. In Entebbe in Uganda hat dann eine israelische Spezialeinheit die von den Entführern zuvor selektierten jüdischen Geiseln verschiedener Nationalität befreit und sämtliche Kommandomitglieder erschossen.

Erst als Brigitte Mohnhaupt, ein RAF-Mitglied der ersten Stunde, am 8. Februar 1977 aus der Haft entlassen wird, kommt wieder Bewegung in die auch durch den Fahndungsdruck verunsicherte Szene. Mohnhaupts guter Kontakt zu den Symbolfiguren der RAF, Andreas Baader und den anderen Gefangenen in Stammheim, verleiht ihr Autorität und Mandat. Beim täglichen Umschluß im Gefängnis hat man stets das gemeinsame Vorgehen beraten; nachdem die Kommunikation zwischen den Inhaftierten und den Illegalen wiederhergestellt ist, die über das Stuttgarter Anwaltsbüro Croissant läuft, geht sie Anfang März 1977 erneut in den Untergrund. Die »Offensive '77«, wie die RAF ihren Aktionsplan nennt, läßt erstmals wieder Erinnerungen an den Bomben-Mai des Jahres 1972 hochkommen, nachdem in der antiimperialistischen Linken schon der Vorwurf laut geworden ist, die RAF sei zu einer »Befreit-die-Guerilla-Guerilla«[275] verkommen. Das ist das Dilemma der zweiten RAF-Generation. »Die Guerilla der Jahre 1975 bis 1977«, schreibt der Historiker Karl Heinz Roth, »diente nur noch der Rettung und Rekonstruktion der Guerilla. Selbstkritik und Reflexionen über die Grenzen emanzipatorischer Gewalt waren ausgeschaltet.«

Tatsächlich kennen die Terroristen nur noch ein Ziel: die Befreiung der Gefangenen. Gemessen an den Ansprüchen, die noch im Frühjahr 1971 die Grundlage des Konzepts Stadtguerilla gebildet hatten, ist die RAF ohnehin bereits im Sommer 1972, mit der Verhaftung ihrer Stammgruppe, gescheitert. Und

doch gehört zu den Besonderheiten, ohne die sich die Entwicklung des deutschen Nachkriegsterrorismus nicht denken läßt, auch dies: daß die Geschichte der RAF mit der Inhaftierung ihrer Mitglieder keineswegs zu Ende ist und daß sich trotz widrigster Bedingungen immer wieder neue Aktivisten gewinnen lassen. In der Interaktion von »Zellensteuerung« einerseits und »Isolationsfolter« andererseits wird die Gruppe gewissermaßen zur festen politischen Institution.
Indessen sind über die Jahre auch in der revolutionären Linken die Sympathien für das einstige Projekt Stadtguerilla geschwunden. Ausdruck dieses Gesinnungswandels ist nicht zuletzt der sogenannte Mescalero-Aufruf eines Göttinger Studenten, der im Frühjahr 1977 bis hin zu Heinrich Böll beispiellos hysterische Reaktionen in Öffentlichkeit und Politik hervorruft. Geschmackvoll ist der Aufruf tatsächlich nicht. Übersehen wird aber meist, daß der Autor nach dem Buback-Anschlag zwar eine »klammheimliche Freude nicht verhehlen« kann, doch zugleich betont: »Woher könnte ich, gehörte ich den bewaffneten Kämpfern an, meine Kompetenz beziehen, über Leben und Tod zu entscheiden? Wir müssen davon runterkommen, die Unterdrücker des Volkes stellvertretend für das Volk zu hassen.« Anfang der siebziger Jahre wäre eine solche Äußerung manchem noch als Verrat erschienen. Der Glaube, daß Mord bereits beim bösen Wort beginnt, wie der ›Spiegel‹ in einer Serie über »Sympathisanten« andeutet, hat seit dem Januar 1976 sogar eine gesetzliche Grundlage, die zu zahlreichen Prozessen gegen linke Verleger und Buchhändler führt. Die die Meinungs- und Pressefreiheit beschneidenden Paragraphen 88a und 130a des Strafgesetzbuches werden allerdings im Juni 1980 schon wieder abgeschafft. Zu diesem Zeitpunkt sind bereits zweieinhalb Jahre vergangen, seit die Bundesrepublik mit dem Ende des sogenannten Deutschen Herbsts eine Phase unausgesetzter Erregung hinter sich gelassen und die Nachgeschichte des Terrorismus begonnen hat.

Trotz der neuen Anschlagserie der RAF ist die Moral der Stammheimer im Spätsommer 1977 auf einem Tiefpunkt. Für Andreas Baader laufen die Dinge nicht so, wie er es sich vorgestellt hat. »Die Kriterien ... bringen die Aktionen im Mai 72. Darunter läuft nichts«, hat er schon vor Jahren nach draußen signalisiert. Und nachdem die Raketenwerferattacke auf die Bundesanwaltschaft gescheitert ist, regt sich in ihm Unmut gegen die aktiven RAF-Mitglieder. Pistolen und ein wenig Sprengstoff haben sie zwar inzwischen in den Stammheimer Hochsicherheitstrakt schmuggeln können. Doch die Aktion »Spindy«, wie die RAF Hanns Martin Schleyer getauft hat, läßt auf sich warten. »An den Haufen, der sich RAF nennt. Unsere Geduld mit Euch ist zu Ende ... Von Euch wollen wir nur eins lesen: die Kommandoerklärung zu Spindy ... Ihr habt noch 14 Tage, dann nehmen wir unser Schicksal selbst in die Hand«[276], heißt es drohend in einem Kassiber an die Illegalen. Andernfalls werde man ihnen das Recht absprechen, sich noch RAF zu nennen.
Der schroffe Ton wird von der Truppe sofort verstanden. Zu ihr gehört auch Peter-Jürgen Boock, der im Rahmen des Staffelbergprojekts einst von Baader und Ensslin aus einer geschlossenen Erziehungsanstalt geholt worden war. Nach dem Erhalt der Nachricht aus Stammheim entschließt man sich deshalb in der Nacht vom 4. September spontan zur sofortigen Durchführung der seit längerem geplanten Aktion.
Kurz nach 21:30 Uhr wird Andreas Baader im Stammheimer Hochsicherheitstrakt für einige Stunden in eine Ausweichzelle verlegt. Die Ansprache des Bundeskanzlers, die gerade über den Bildschirm läuft, kann er nicht zu Ende sehen. Bis in die Nacht hinein findet eine Zellendurchsuchung statt, die sich nicht nur angesichts der Funzelbeleuchtung an der Decke schwierig gestaltet. Der Boden der über zwanzig Quadratmeter großen Zelle ist über und über mit Büchern, Aktenordnern, Schallplatten, Essensresten und Schmutz bedeckt. Fast tau-

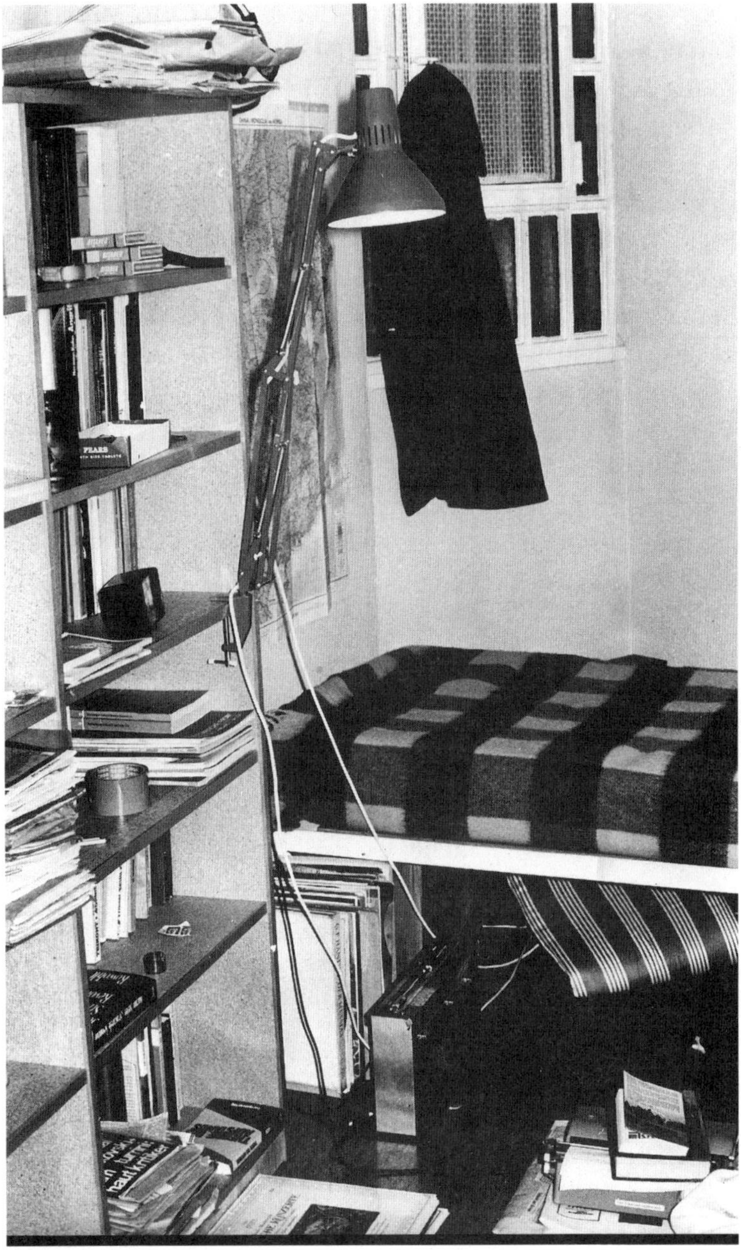

Die Zelle von Andreas Baader im Stammheimer Hochsicherheitstrakt.

send Bücher, eine Mundharmonika, einen Plattenspieler mit Verstärker und zwei Boxen, fünfzig Gewürzgläser, zwei Pelzmäntel, Lidschatten, Haarspray und vieles mehr zählen die Beamten. Eine Pistole finden sie nicht.

Während sein Wagen von Lenggries Richtung Norden jagt, hat Herold auch mit seinem Dienstherrn, dem Innenminister Werner Maihofer, telefoniert. »Gehen Sie nicht nach Godesberg zur Einsatzleitung, sondern gehen Sie gleich ins Kanzleramt«, befiehlt ihm dieser. Kurz vor Mitternacht trifft Herold in Bonn ein. Drei Stunden zuvor hat im Kanzleramt unter Vorsitz von Helmut Schmidt eine erste Krisensitzung im kleinen Kreis stattgefunden. Bundesjustizminister Hans-Jochen Vogel und der Staatsminister Hans-Jürgen Wischnewski sind am Abend am Kölner Tatort gewesen, um den sich Polizei und Medien drängen; Helmut Schmidt hat währenddessen die Ehefrau Schleyers über den Kölner Vorfall informiert. Sie sollte es von ihm persönlich und zuerst erfahren. Doch Waltrude Schleyer weiß bereits Bescheid. Die Boulevardpresse hat sich längst bei ihr gemeldet.

Jetzt wartet die kleine Runde auf den Chef des BKA. Kanzleramtschef Manfred Schüler ist dort, ein reservierter Mann, außerdem Staatsminister Wischnewski, ein eher sanguinischer Typ, dessen gute Kontakte in den Nahen Osten sich in den folgenden Wochen noch bewähren werden, und schließlich der sanfte Regierungssprecher Klaus Bölling. Nicht nur für ihn werden die kommenden Wochen eine einzige Leidenszeit sein. »Wir hatten uns so lange mit dem Aufbau eines demokratischen Rechtsstaats abgerackert«, beschreibt Bölling die Stimmung, »daß wir niemandem erlauben wollten, diesen Staat kaputtzumachen.« So unterschiedlich die Mitglieder des kleinen Krisenstabs auch sind, sie haben eines gemeinsam: Helmut Schmidt kann ihnen völlig vertrauen, und sie können ihn schonungslos kritisieren.

»Was sind das für Leute?« wird Herold vom Bundeskanzler empfangen. Es ist mehr ein Stoßzeufzer als eine Frage. Doch Herold sprudelt sofort los: Peter-Jürgen Boock, Stefan Wisniewski, Sieglinde Hofmann, Willy-Peter Stoll, Brigitte Mohnhaupt ... Die Anwesenden sind verblüfft. Immerhin: Herold hat ja auch mit seiner Warnung vor einem möglichen Anschlag auf Schleyer recht behalten. Und ausgerechnet jetzt, in dieser furchtbaren Lage, verbreitet der BKA-Präsident eine fast grenzenlose Zuversicht. Nachher und bis heute wird er sich vorwerfen, allen zu große Hoffnung gemacht zu haben. »Wir kannten die Täter, ihre Gewohnheiten und ihr Umfeld. Unsere Systeme hielten Auskünfte zu ihrer Logistik bereit: Unterstützer, Waffen, Geld, Ausweise, Kraftfahrzeuge, Wohnungen, Reisebewegungen. Rasterfahndungspläne waren für alle Varianten vorbereitet und abrufbar. Bund und Länder hatten sich rechtlich abgestimmt. Das Ausland war gewarnt und half. Der Gegner mußte sich in dem Gestrüpp verfangen, und es erschien nicht vermessen anzunehmen, daß wir Schleyer würden befreien können.« Vierundzwanzig konspirative Wohnungen hat das BKA allein in den letzten vier Monaten entdeckt, und bis Anfang Oktober werden noch fünf während der Schleyer-Entführung von der RAF benutzte Wohnungen hinzukommen. Sieben Täter werden im Ausland festgenommen; es gelingt, die Entführer der »Landshut« noch während des Fluges nach Mogadischu zu enttarnen; nach Ablauf von zwanzig Monaten wird das BKA weiterer sechzehn Täter habhaft. Doch das »Volksgefängnis«, wie die Terroristen das Versteck Schleyers nennen, das sie angesichts des Fahndungsdrucks Mitte September nach Den Haag und später nach Brüssel verlegen, bleibt unentdeckt.

Wenige Stunden vor der Ankunft Herolds in Bonn ist in einer Tiefgarage unweit des Tatorts eine erste Nachricht der Entführer gefunden worden: »An die Bundesregierung – Sie werden dafür sorgen, daß alle öffentlichen Fahndungsmaßnahmen unterbleiben, oder wir erschießen Schleyer sofort, ohne daß es zu Verhandlungen über seine Freilassung kommt.«[277] Um den Gefangenen nicht zu gefährden, darf die Suche nach ihm also keinesfalls öffentlich sein, sondern muß so unauffällig wie möglich vor sich gehen, folgern Herold und die anderen. Welche Forderungen die Entführer vorlegen werden, wissen sie noch nicht. Doch das ist auch gleichgültig. Natürlich wird es sich um den Austausch Schleyers gegen RAF-Gefangene handeln, namentlich die in Stammheim. Aber dieser Austausch, da sind sich, trotz mancher innerer Widerstände, alle einig, wird nicht stattfinden.

Als die »Bewegung 2. Juni« im Frühjahr 1975 während des Berliner Wahlkampfs den CDU-Spitzenkandidaten Peter Lorenz entführte, war es anders gewesen. Seinerzeit waren fünf Terroristen freigelassen worden, um das Leben von Lorenz zu retten – trotz der Bedenken von Helmut Schmidt, Hans-Jochen Vogel und Horst Herold. Sie hatten bereits damals die Meinung vertreten, daß man kein Exempel für eine Erpreßbarkeit des Staates liefern dürfe. Herold und Schmidt sind überzeugt, daß durch den Präzedenzfall Lorenz der blutige Überfall in Stockholm, der weniger als zwei Monate später stattgefunden hat, gewissermaßen mitverschuldet worden ist. Herold weiß zudem, daß alle fünf Freigepreßten sofort wieder in den Untergrund gegangen sind, vier Morde auf ihr Konto gehen. Schwerer aber wiegt etwas anderes: Diesmal kann es Verhandlungen schon deshalb nicht geben, weil der Staat nicht vier Tote auf der Straße gleichsam als Bauernopfer für den Arbeitgeberpräsidenten akzeptieren kann. Das zynische Kalkül der RAF, Ergebnis ihrer vermeintlich antiimperialistischen Logik, geht von vornherein in die Irre. Helmut Schmidt ist sich sicher, daß die überwiegende Mehrheit der Bundesbürger seine Entscheidung befürwortet. Die Auseinandersetzung zwischen der Bundesregierung und der RAF ist kein Privatkrieg.

Die Bedingungen der Entführer kommen am nächsten Nachmittag. Im Briefkasten des evangelischen Dekans Helmut Neuschäfer in Wiesbaden findet sich ein weißer Umschlag. Adresse: »An die Bundesregierung«. Unverzüglich wird er ans BKA weitergeleitet. Der Brief enthält unter anderem ein Polaroidphoto, das Schleyer in einer vor der nackten Brust weit geöffneten roten Trainingsjacke unter dem RAF-Emblem zeigt, dem fünfzackigen Stern der Roten Armee mit einem stilisierten Maschinengewehr. Vor sich hält er einen Karton mit der Aufschrift: »6.9.1977 Gefangener der RAF«. Auch der Terrorismus hat seine Ikonographie.
In einer beigefügten handschriftlichen Notiz Schleyers heißt es: »Mir wird erklärt, daß die Fortführung der Fahndung mein Leben gefährde. Das gleiche gelte, wenn die Forderungen nicht erfüllt und die Ultimaten nicht eingehalten würden. Mir geht es soweit gut, ich bin unverletzt und glaube, daß ich freigelassen werde, wenn die Forderungen erfüllt werden. Das ist jedoch nicht meine Entscheidung.« Anders als die Terroristen, die sich zunächst allen Ernstes in der Überzeugung wiegen, die Entführung des obersten Wirtschaftsführers der Republik müsse notwendigerweise die Kapitulation der Bundesregierung nach sich ziehen, weil diese schließlich nur eine Marionette des Kapitals sei, ist Schleyer sich seiner Ohnmacht bewußt. Im Schlußsatz einer zweiseitigen RAF-Erklärung, die ebenfalls zu der Sendung gehört, steht in scheinbar unerschütterlicher Selbstgewißheit: »Wir gehen davon aus, daß Schmidt, nachdem er in Stockholm demonstriert hat, wie schnell er seine Entscheidungen fällt, sich bemühen wird, sein Verhältnis zu diesem fetten Magnaten der nationalen Wirtschaftscreme ebenso schnell zu erklären.« Das »Kommando Siegfried Hausner RAF«[278] fordert die sofortige Einstellung aller Fahndungsmaßnahmen, außerdem die Freilassung von elf RAF-Gefangenen bis zum Vormittag des kommenden Tages, deren Ausreise in ein Land ihrer Wahl und die Bereitstel-

lung von 100.000 DM für jeden. Die Namen der Freizupressenden sind, wie in einer Rangliste, nacheinander aufgeführt: Andreas Baader steht an erster Stelle, gefolgt von Gudrun Ensslin und Jan-Carl Raspe.

Es ist eine Art Hierarchie des terroristischen Untergrunds, die darin zum Ausdruck kommt und die nicht zufällig von Baader und Ensslin angeführt wird. »Kopf und Bauch«[279] soll einer der Weggenossen ihre Symbiose genannt haben. Auch in den Medien ist man sich von Anfang an sicher, daß eine kluge, hochmoralische Pfarrerstochter in die unselige Abhängigkeit eines ihr geistig weit unterlegenen bösen Buben geraten ist. Die merkwürdig vielbeschworene Hochbegabtenförderung Ensslins durch die Studienstiftung des Deutschen Volkes gibt mit Blick auf ihre durchgehend mäßigen Schul- und Examensleistungen freilich eher Rätsel auf. »Wie konnte sie nur an diesen Mann geraten!« zitiert die bürgerliche Presse Anfang der siebziger Jahre wiederholt den Ausruf ihres Verteidigers beim Kaufhausbrandprozeß, während sich die Boulevardblätter in Phantasien über sexuelle Hörigkeit und Spekulationen über Emanzipationsexzesse ergehen. Indessen sind sogar für den Habermas-Schüler Albrecht Wellmer die weiblichen Mitglieder der RAF schlicht »Frauen des oberen Mittelstands, die Emanzipationsschwierigkeiten«[280] haben. Das Bild vom brutalen Desperado Baader, der den gefallenen Engel Ulrike Meinhof auf dem Gewissen hat, ist inzwischen auch in der Linken durchaus präsent. Und doch haben Intellektuelle wie Mahler, Meinhof und Raspe kaum zur Waffe gegriffen, »weil sie sich gegen Baader nicht behaupten konnten, sondern weil die Radikalopposition längst die mythologische Alternative der Gewalt beschritten hatte«[281].

»Baader war klug«, ist das erste, was einem seiner ehemaligen Anwälte zu ihm einfällt. Tatsächlich ist Andreas Baader im Herbst 1977 längst nicht mehr der Junge, der »mehr aus Versehen Marcuse gelesen hat«[282], wie die ›Frankfurter Rundschau‹ noch beim Kaufhausbrandprozeß befunden hatte. Im Gegenteil: Im Untergrund galt Ulrike Meinhof als das Sprachrohr der RAF, jetzt ist er es. Sosehr ihn die Gefangenschaft quält, er kann besser damit umgehen als die anderen RAF-Häftlinge, und das ist kein Wunder: Sein ganzes Wesen, seine psychische Konstitution und seine Wachsamkeit sind seit jeher auf ein Leben im permanenten Ausnahmezustand eingerichtet. Wenn die anderen hysterisch werden, bleibt er ruhig; wenn sie verzweifelt sind, zeigt er ihnen die Richtung. Nicht nur für Gudrun Ensslin ist er deshalb der neue Mensch, die Inkarnation der Guerilla: »klar, stark, unversöhnlich, entschlossen«[283], zugleich Führer und Hätschelkind der RAF. Ihm gehört die Definitionsmacht über »die Identität der Guerilla. Alles andere ist ... erstmal Sülze.«[284] Auch im Gefängnis hat es Baader von Anfang an besser als andere Gefangene. Während Ulrike Meinhof in einer völlig abgelegenen Isolierzelle der Haftanstalt Köln-Ossendorf von »Auschwitz-Phantasien«[285] gequält wird, lebt er im Schwalmstadter Gefängnis wie in einer Studentenbude. Doch die im Frühjahr 1973 gegründeten »Komitees gegen Isolationsfolter«, die vor allem im Ausland bewußt den Finger in die Wunde der Vergangenheit legen und die Kontinuität eines deutschen Faschismus behaupten, machen keine Unterschiede. »Der Foltervorwurf«, so das Urteil Horst Mahlers, »war eine Propagandalüge.«[286] Gleichwohl ist es eine Tatsache, daß einige Gefangene aus der RAF zeitweilig Maßnahmen unterlagen, die einem Rechtsstaat kaum zu Gesicht stehen: In manchen Zellen brennt 24 Stunden am Tag das Licht, Astrid Proll muß nach jahrelanger Isolation wegen Haftunfähigkeit entlassen werden.

»N' Typ, der sich über Monate auf seinen Tod zubewegen kann, bewußt, wie ein Projektil die zum äußersten entschlossene Waffe seiner Politik ... *ist* ein Guerilla«[287], schreibt Andreas Baader am 27. November 1974 aus der Haftanstalt Stuttgart-

Stammheim, in die er inzwischen verlegt worden ist. Zu diesem Zeitpunkt befinden er und vierzig andere RAF-Gefangene sich seit über zwei Monaten im Hungerstreik. Es ist bereits der dritte seit Januar 1973. »Ich denke, wir werden den Hungerstreik diesmal nicht abbrechen, das heißt es werden Typen dabei kaputtgehen«[288], ist die von ihm kaltblütig ausgegebene Devise. Sie bewahrheitet sich: Am 9. November 1974 stirbt Holger Meins nach 57 Tagen Nahrungsverweigerung. Bei 1,83 Meter Körpergröße hat er sich auf 39 Kilogramm heruntergehungert. Die RAF und er haben es so gewollt. Endlich hat die Gruppe wieder einen Märtyrer, der ihr umgehend neuen Zulauf bringt: Der zuständige Arzt hatte am Tag zuvor die künstliche Ernährung des völlig Ausgezehrten ausgesetzt und war ohne Vertretung in den Wochenendurlaub gefahren.
Andreas Baader, der mit Hilfe ausgewählter Rechtsanwälte die Einhaltung der Hungerstreiks durch die anderen strikt kontrolliert, läßt sich derweil von seinem Verteidiger regelmäßig mit Hähnchenfleisch versorgen. Er selbst schreckt vor dem Attentat auf seinen Körper, den er »die heiligste Waffe«[289] nennt, zurück, und das wohl mit gutem Gewissen. Denn ohne ihn kann die RAF nicht bestehen, zumindest »auf der Ebene, die langsam meine Last wird: der taktischen«[290].
»Natürlich hat Andreas die Funktion von Führung. Einfach, weil er 'nen unheimlich genauen Begriff von Situationen entwickeln kann«[291], sagt Brigitte Mohnhaupt im Juli 1976 im Zeugenstand des Stammheimer Gerichtssaals. Und der Prozeß gegen die Kerngruppe der RAF ist so eine Situation. In dem für zwölf Millionen Mark neben der Haftanstalt eigens errichteten Betonbunkerkomplex gerät die bürgerliche Strafprozeßordnung mehr als einmal zur Farce, wird in den Maßnahmen gegen die RAF-Verteidiger ein ganzer Berufsstand gedemütigt und desavouiert. Von den Angeklagten kann sich in dieser gespenstischen Veranstaltung nur einer zeitweise behaupten: Andreas Baader. Nicht nur bei der Mitte Januar 1976,

von den Angeklagten zwei Sitzungstage lang abwechselnd verlesenen, über zweihundert Seiten starken ›Erklärung zur Sache‹ gibt er das Kommando. Mit der Verlautbarung wollen sie die »Entwicklung der BRD zu einem vollständig unter amerikanischer Kontrolle stehenden Gebiet«[292] dokumentieren und nachweisen, »daß die Etablierung des Monopolkapitalismus über den Konkurrenzkapitalismus zur Dominanz des Politischen, das heißt des Staates über das Ökonomische führt«[293]. So falsch Diagnose wie Prognose nicht erst im nachhinein erscheinen mögen, es sind Thesen, die damals in der »Neuen Linken« durchaus geteilt werden.
Nach dem Selbstmord der auch im Prozeß zunehmend hoffnungslos wirkenden Ulrike Meinhof am 9. Mai 1976 kommen die Angeklagten jedoch kaum mehr in den Gerichtssaal. Im Stammheimer Mehrzweckgebäude, Monument der Sprachlosigkeit zwischen zwei Generationen, tagt ein Geisterprozeß. In Abwesenheit werden Andreas Baader, Gudrun Ensslin und Jan-Carl Raspe am 28. April 1977 nach einer fast zweijährigen Verhandlung zu lebenslanger Freiheitsstrafe verurteilt.

Herold näherte sich dem Prozeß von vornherein aus einer völlig anderen Perspektive. Er hatte schon frühzeitig die innere Logik und Eignung der richterlichen Wahrheitsfindung sowie die Freiheit der richterlichen Beweiswürdigung mit dem Hinweis auf die subjektive Disponiertheit des Richters, seine emotionale Einfärbung und politische Position kritisch in Frage gestellt. Außerdem hat er Zweifel geäußert, ob der Rechtsfindungsprozeß der Justiz wirklich, abgehoben von jeder Klassenposition, allein den Denkregeln folge. In einer Zeit gestiegenen Rechts- und Verfassungsverständnisses hielt er es für unerträglich, ja für geradezu mittelalterlich, dem Zeugenbeweis, der an die höchst unzuverlässige, individuell unterschiedlich ausgeprägte Leistungsfähigkeit des Wahrnehmens, Erinnerns und Schilderns anknüpft und sich mit der Bestätigung durch die Anrufung Gottes im Eid zufriedengibt, die bisherige prozeßgestaltende Rolle einzuräumen.[294] Die Stammheimer Prozesse empfindet Herold als die Bestätigung seiner Position: Mehr als 1.500 kriminaltechnische Gutachten des BKA zu Fingerabdrücken, Handschriften, Ausweisen, Waffen, Sprengstoffen, Lichtbildern, Stimmvergleichen und so weiter haben die Täter lückenlos überführt.

Am frühen Abend des 6. September 1977 muß sich Horst Herold dringend etwas einfallen lassen. Um 20 Uhr läuft das erste Ultimatum ab. In dem am Nachmittag gefundenen Schreiben der Entführer ist die Forderung enthalten, daß ihre Erklärung sowie der Brief und das Photo Schleyers noch am selben Tag in der Tagesschau in voller Länge verlesen und gezeigt werden sollen; die RAF stellt sich ihre Aktion als spektakuläres Medienereignis vor. Der Staat muß diese Demütigung Schleyers und seiner selbst verhindern. Herold fällt es nicht schwer, sich in die Köpfe der Terroristen hineinzudenken: Sie sind Marxisten, denken dialektisch, das heißt, man muß ihnen eine Entwicklungsperspektive geben. Dergleichen macht er leichthändig: »Ihr Brief ist der örtlichen Polizei erst am späten Nachmittag zugegangen. Von dort wurde er dem Bundeskriminalamt übergeben. Das Bundeskriminalamt hat den Brief unverzüglich an die Bundesregierung weitergeleitet. Bei der Bundesregierung wird der Brief erst am späten Abend vorliegen. Der Termin für die von Ihnen gewünschte Veröffentlichung kann nicht eingehalten werden.«[295] Im Klartext heißt diese Mitteilung, daß das Ultimatum der Entführer in der gewünschten Form nicht erfüllt werden kann.
Um 20 Uhr wird die BKA-Nachricht in der Tagesschau verlesen. Andreas Baader hört sie in seiner Zelle. Herolds Handschrift ist ihm vertraut. Um kämpfen zu können, hat er einmal festgelegt, »brauchst du mit dem Entschluß 'ne dauernde Orientierung in der Countertaktik und der Wirkung. So ein-

fach.«[296] Und genau das, eine »Countertaktik«, liefert ihm mehr als alle anderen Gegenspieler der Chef des BKA. Nicht nur, daß beide von der Öffentlichkeit als Symbolfiguren und Gegner wahrgenommen werden. Vielmehr empfindet Baader den obersten Polizisten darüber hinaus als einen adäquaten Anhaltspunkt in seinem Guerilladasein, denn allein Herold, so Baader, »ist auf der Höhe der Konterrevolution«. Deshalb ist es ein Glück für ihn, daß sein Opponent so oft als Autor in Erscheinung tritt. Zwar sind alle Stammheimer geradezu versessen auf Herolds Schriften, sind dessen Aufsätze und Reden Pflichtlektüre im Hochsicherheitstrakt. Doch es ist insbesondere Andreas Baader, der sich an seinen Thesen und Analysen regelrecht messen will. »Man hat zwar Buback erschossen, aber als der im Sinne der RAF gefährlichere Mann galt Herold«[297], erinnert sich das ehemalige RAF-Mitglied Volker Speitel. Baader, so wird immer wieder berichtet, hat Horst Herold als Feind denn auch zweifellos gebraucht. Die nächsten Wochen muß er ohne ihn auskommen.

Noch am selben Tag, am 6. September 1977, tritt um Mitternacht erstmals der vom Bundeskanzler einberufene große politische Beratungskreis zusammen. Auch während der Lorenz-Entführung im Frühjahr 1975 und anläßlich des Überfalls auf die deutsche Botschaft in Stockholm hat es einen solchen Krisenstab gegeben. Helmut Schmidt ist dankbar, daß sogar der Oppositionsführer Helmut Kohl, ein enger Freund Schleyers, seine Unterstützung zugesagt hat. Denn das traute Beieinander aller Parteien ist keineswegs selbstverständlich: Während der Lorenz-Krise hat Franz Josef Strauß, der bei der nächsten Bundestagswahl als Kanzlerkandidat der CDU/CSU antreten wird, noch auf Konfrontation gesetzt: »Den Rechtsstaat retten – … blödes Zeug! Wir müssen sagen, die SPD und FDP überlassen diesen Staat kriminellen und politischen Gangstern.«[298] Selbstverständlich ist auch nicht, daß das in der Verfassung nicht vorgesehene Gremium, von der Presse bald »Großer Krisenstab« genannt, über 44 Tage zu einer Art Dauereinrichtung wird. Unter Einschluß aller Partei- und Fraktionsvorsitzenden des Bundestages, der Repräsentanten verschiedener Landesregierungen und der Leiter der Konferenzen der Innen- und Justizminister, aber unter Ausschluß von Parlament und Öffentlichkeit wird es in den nächsten sechs Wochen noch oft zusammenkommen. Damit rechnet in dieser ersten Nachtsitzung allerdings kein Mensch. Im Gegenteil: Die von Schmidt und Herold einvernehmlich beschlossene Strategie der bewußten Verzögerung und Zeitgewinnung ist nicht jedermann einsichtig. »Wieso Zeit gewinnen? Wir stehen doch unter Zeitdruck, die bringen den ja sonst um!« wird Horst Herold immer wieder gefragt. Der aber bleibt kühl: »Die RAF weiß: Nur wenn Schleyer lebt, kommen die Gefangenen frei. Ein toter Schleyer hilft ihnen nicht weiter.« Gleich zu Anfang der Sitzungen verkündet der Bundeskanzler, daß man die Gefangenen zwar nicht freigeben, doch alles versuchen werde, um Schleyers Leben zu retten. »Beide Ziele paßten eigentlich nicht zusammen und schlossen sich im entscheidenden Sektor aus«, meint Herold. »Sie waren nur zu erreichen, wenn es gelang, Schleyer vorher zu finden. Dies war nur durch Zeitgewinn möglich.«

Indessen wird in der nächtlichen Sitzung noch mehr besprochen: Auf Vorschlag von Bundesjustizminister Hans-Jochen Vogel soll jeglicher Kontakt zwischen den einsitzenden Terroristen und der Außenwelt unterbunden werden, auch der zu ihren Verteidigern. Der Unterstützungsverdacht gegen einige RAF-Anwälte wie Klaus Croissant wird damit auf sämtliche Verteidiger ausgeweitet. Überdies begibt man sich der Möglichkeit, durch ein Einwirken auf die Stammheimer Häftlinge die Entführer vielleicht zur Aufgabe zu bewegen. Ob dies freilich überhaupt zu erreichen gewesen wäre, bleibt Spekulation. Tatsache ist, was Klaus Bölling im Rückblick dazu festge-

halten hat: »In der spezifischen Situation dieser Tage wäre ... jeder ausgelacht worden, der einen solchen Vorschlag unterbreitet hätte.«
Unter Berufung auf den »rechtfertigenden Notstand« von Paragraph 34 des Strafgesetzbuches tritt die Kontaksperre umgehend in Kraft. Der Staat befindet sich, mit den Worten des Verfassungsrechtlers Ernst-Wolfgang Böckenförde, ab sofort im »verdrängten Ausnahmezustand«[299]. Doch nicht alle Richter und Bundesländer wollen bei diesem beispiellosen Eingriff in die freiheitliche Ordnung mitmachen, und so muß eine gesetzliche Grundlage her. Das sogenannte Kontaktsperregesetz, das in einem in der Geschichte der Bundesrepublik einmaligen Tempo von fünf Tagen und ohne Debatte durchs Parlament gejagt wird, tritt am 2. Oktober 1977 in Kraft. Horst Herold, dessen Einstellung von anderen Gesichtspunkten bestimmt wird, tut man damit keinen Gefallen. Die Polizei hatte nämlich die in Bergen ein- und ausgehende Post sowie die zahlreichen Besucher der Terroristen registriert und damit nicht nur die Mär der Isolationsfolter widerlegt, sondern auch Erkenntnisse über das Geflecht des Umfeldes gewonnen. Diese Informationsquelle ging nun durch die Kontaktsperre verloren. Übrigens betreffen die Anordnungen nicht nur die elf RAF-Mitglieder, die auf der Liste der Entführer stehen. Insgesamt 72 Häftlinge, die der Mitgliedschaft in einer terroristischen Vereinigung überführt oder auch nur verdächtig sind, leben ab sofort in totaler Abschottung, darunter selbst solche, die sich, wie etwa Horst Mahler, längst vom bewaffneten Kampf losgesagt haben.
Auch sonst unterscheidet sich Herolds Sicht der Dinge in vielerlei Hinsicht deutlich von der seiner Umgebung. Für ihn ist die RAF eine vornehmlich, wenn nicht ausschließlich objektiv erklärbare Erscheinung: »Terrorismus hätte es auch gegeben, wenn es Baader und Meinhof nicht gegeben hätte.« 1976 schreibt er daher in seinem Aufsatz ›Hat der Terrorismus eine Chance?‹: »Terrorismus ist eine frühe Ausdrucksform für den

Beginn von Perioden, deren Merkmale eine zurückblickende Forschung als Phase der Umorientierung, der geistigen Ablösung von bis dahin verbindlich gehaltenen Denkkategorien, des Heraufkommens neuer Wert- und Leitbilder, der tiefgreifenden ökonomischen Umstrukturierungen, kurzum: des grundlegenden Wandels, erklärt.« Doch sein Versuch, den Terrorismus als Aufforderung zu begreifen, seine Ursachen durch politische Reformen aufzuheben, setzt sich in den Krisenstäben nicht durch. Man versteht ihn nicht, wenn er sagt: »Wenn hochbegabte junge Menschen so frontal gegen die bestehenden Verhältnisse anrennen, hat dies auch mit den bestehenden Verhältnissen selbst etwas zu tun.« Manche finden eher Gefallen an »von Brauchitschs aberwitzigem Gedanken«, Schleyer mit einem riesigen Betrag freizukaufen. Sie wollen oder können nicht verstehen, »daß es im Rigorismus der RAF Bestechlichkeit nicht gibt«.

Doch nicht nur deshalb ist Herolds Rolle während der Schleyer-Entführung ungewöhnlich, fast beispiellos. Argwöhnisch wird bemerkt, daß in dieser Republik niemand jemals so nah an die unumschränkten Vollmachten eines Alleinherrschers herangekommen sei.[300] Herold allerdings empfindet es anders. Die von Innenminister Maihofer beschlossene Ermächtigung des Bundeskriminalamts zur obersten exekutiven Polizeibehörde verstößt nicht nur gegen das BKA-Gesetz, Herolds neugeschaffener Macht steht auch die dezentrale Polizeistruktur der Bundesrepublik entgegen. Der Kompetenzwirrwarr ist manchmal undurchdringlich: BKA-Zentrale in Wiesbaden, Terrorismus-Einsatzzentrale in Bonn, Landeskriminalämter, Polizeipräsidien und dann noch ein von der nordrhein-westfälischen Landesregierung durchgesetzter Koordinationsstab, der in Herolds Augen seinen Namen kaum verdient. »Nicht nur darin zeigte sich«, sagt er rückblickend, »daß wir gesetzlich und strukturell auf so einen Fall gar nicht vorbereitet waren. Der damals so oft beschworene übermächtige Sicherheits- und Notstands-

Der liberale Innenminister Werner Maihofer und der Sozialdemokrat Horst Herold waren ein ideales Gespann. Manche Beobachter allerdings hielten den Einfluß des obersten Polizisten der Bundesrepublik auf seinen Dienstherren für allzu groß.

staat war ein Gespenst.« Schon aus diesem Grund ist er im Herbst 1977 Helmut Schmidt dankbar, der dem Drängen seiner Umgebung nicht folgt und die Angelegenheit zu keinem Zeitpunkt allein ihm und der Polizei überläßt. Politische Gremien sind Herold fremd, für die Lageberichte im Großen Krisenstab hat er im Grunde gar keine Zeit. Dann tauchen plötzlich Wirtschaftsführer auf, die sich in seinen Augen wie Feudalherren benehmen. Und alles baut darauf, daß er den Knoten löst.
Um so niederschmetternder ist es für Herold, als Hanns Martin Schleyer am 12. September auf einem an Helmut Kohl ge-

richteten Tonband schwere Vorwürfe gegen ihn erhebt. Im Großen Krisenstab herrscht Bedrückung: »Man kann sich nicht nur auf den Computer verlassen«, hört der Kreis die Stimme des Entführten, »man muß den Computer durch menschliche Gehirne speisen, wenn man von ihm richtige Erkenntnisse erwartet. Ich habe nie um mein Leben gewinselt. Ich habe immer die Entscheidung der Bundesregierung, wie ich ausdrücklich schriftlich mitgeteilt habe, anerkannt. Was sich aber seit Tagen abspielt, ist Menschenquälerei ohne Sinn. Es sei denn, man versucht, mit naiven Tricks meine Entführer zu fangen.« Und am Schluß der Aufzeichnung heißt es: »Ich bin nicht bereit, lautlos aus diesem Leben abzutreten, um die Fehler der Regierung, der sie tragenden Parteien und die Unzulänglichkeiten des von ihnen hochgejubelten BKA-Chefs zu decken.« Es ist der Moment, in dem Herold zum ersten Mal in diesen Wochen die Fassung verliert. Doch Helmut Schmidt steht dem Polizisten zur Seite: Mit Bestimmtheit weist er darauf hin, daß Schleyer dies keinesfalls freiwillig gesagt haben könne.
Unterdessen bleiben die sogenannten exotischen Lösungsversuche, zu denen Bundeskanzler Schmidt die Mitglieder des kleinen Krisenstabs am 8. September nach Art eines Brainstormings aufgefordert hat, auch im großen Beratungskreis ohne sinnvolles Ergebnis. Über Art und Inhalt der von Staatssekretär Siegfried Fröhlich gesammelten Konzepte sind bis heute zahlreiche Vermutungen und Gerüchte im Umlauf. Sicher ist, daß manche von ihnen – etwa der Einsatz von Schauspielern, mit deren Hilfe den Entführern die Freilassung der RAF-Häftlinge vorgespielt werden soll – nicht erst im nachhinein fast komisch anmuten; in der praktischen Diskussion spielen sie überhaupt keine Rolle. Als Franz Josef Strauß mögliche Repressionsdrohungen gegen einsitzende Häftlinge vorschlägt, stellt Helmut Schmidt denn auch sofort klar, »daß ich zwar für das Durchdenken selbst ›exotischer‹ Modelle eintrete, aber daß ich mich nicht beteiligen werde bei der Androhung von

Maßnahmen, die ein Verstoß gegen den von mir vor dem Bundestag geleisteten Eid darstellen, das Grundgesetz und die Gesetze des Bundes zu wahren«. Nicht im Krisenstab, aber auf der Straße herrscht damals so etwas wie Lynchjustiz-Stimmung. Über fünfzig Prozent der Bundesbürger plädieren während der Schleyer-Entführung für die – auch rückwirkende – Einführung der Todesstrafe für Terroristen. In Tausenden von Anrufen, Briefen und sonstigen Veröffentlichungen erreichen die Bundesregierung Vorschläge zur Vernichtung der RAF.

Zeitgewinn als einzige Hoffnung: Von Anfang an ist Horst Herold darin Meister. Doch nicht nur er. Im Forderungskatalog der Entführer ist die Mitteilung enthalten, daß die freigelassenen Gefangenen entweder von Pfarrer Niemöller oder von Denis Payot, dem »Generalsekretär der Internationalen Föderation für Menschenrechte bei der UNO«, begleitet werden sollen, was Bundeskanzler Schmidt auf einen Einfall bringt, den Herold noch heute als »Jahrhundertidee« bezeichnet. Wäre es im Zuge der Zeitgewinnstrategie nicht sinnvoll, Payot als Nachrichtenträger einzusetzen? Schmidt und Herold, die sich im Ausdenken von Finten und Finessen bald in nichts nachstehen, brauchen nur wenig Überzeugungsarbeit zu leisten. Die Vorteile des Plans liegen auf der Hand: Der Kontakt mit den Entführern kann von nun an geheimgehalten werden, die Kommunikation verzögert sich enorm und wird zugleich überwachbar. Unverzüglich erklären sich die Schweizer Behörden zur Amtshilfe bereit und legen über Payots Genfer Büro eine Abhörglocke.

Daß Payot, der sein Einverständnis mit der Vermittlungstätigkeit der Bundesregierung nicht direkt bestätigt, sondern auf einer eigens einberufenen Pressekonferenz bekanntgibt, gelegentlich zu Eigenwilligkeiten und kapriziösen finanziellen Forderungen neigt, stört dabei wenig. Im Gegenteil: Payot, in Wahrheit kein offizieller Vertreter der UNO, sondern ein unterbeschäftigter Anwalt mit Engagement in Menschenrechtsorganisationen, kommt den Fahndern durch zusätzliche Verschleppungen sogar entgegen. Manchmal dauert es viele Stunden, bis er bei ihm längst eingegangene Informationen nach Bonn weitergibt. In der Bad Godesberger Einsatzleitung des BKA kann daher, zumindest in der ersten Woche der Entführung, durchaus ein Gefühl der Befriedigung aufkommen, wenn die Weitergabe einer Nachricht durch Payot wieder einmal auf sich warten läßt. Ähnlich ergeht es den Beamten, sooft sie von den Anrufen Hunderter Trittbrettfahrer, Narren und Quengler erfahren, die dem Anwalt plötzlich zu schaffen machen. Um den Kontakt von Irrtümern nach Möglichkeit freizuhalten und eine sichere Identifizierung zu gewährleisten, schlägt Herold den Terroristen vor, in Zukunft abgesprochene Kennworte zu benutzen – auch das braucht Zeit.

Am 13. September 1977 lebt Andreas Baader seit einer Woche unter Kontaktsperre. So jedenfalls sollte es sein. Doch die vier zu diesem Zeitpunkt im Stammheimer Hochsicherheitstrakt inhaftierten RAF-Mitglieder haben sich zu helfen gewußt und über Elektrogeräte und Leitungen ein internes Kommunikationssystem aufgebaut; von Raspes Radio können so alle profitieren. Am frühen Morgen bekommt Baader Besuch vom BKA-Beamten Alfred Klaus, der einen Fragebogen dabei hat, auf dem sich die vier Stammheimer für den Fall der Freipressung zu möglichen Zielländern ihrer Wahl äußern sollen. Das Ganze ist eine Finte des Krisenstabs. Alle, auch Baader, fallen auf sie hinein. Daß dieser insgesamt fünf Länder nennt – Algerien, Libyen, Volksrepublik Jemen, Irak und Vietnam –, ergibt wiederum Ansätze für neue Verschleppungen. Nicht nur, daß die Einsitzenden nun umständlich nach Reihenfolge und Präferenz der Zielländer befragt werden können: Am folgenden Tag tritt Hans-Jürgen Wischnewski seine erste Reise in die von den Häftlingen angeführten Länder an. Innerhalb kurzer Zeit wird er in der Luft über 80.000 Kilometer zurücklegen.

Bundeskanzler Helmut Schmidt gibt ihm für seine Mission praktisch freie Hand, und Wischnewski bekommt überall die gewünschte Antwort: eine Absage.

Am 13. Oktober 1977 sind seit dem Beginn der Entführung über fünf Wochen vergangen. Am Morgen dieses Tages sucht Klaus erneut Gudrun Ensslin in Stammheim auf. Er liest ihr eine Mitteilung Horst Herolds vor: Das von ihr am Vortag gewünschte Gespräch mit Staatssekretär Manfred Schüler werde nicht grundsätzlich abgelehnt; es werde aber nur dann geführt, wenn sie den Gesprächsgegenstand vorher mitteile. Doch sie läßt sich nicht bluffen: »Das heißt doch nichts anderes, als daß Schüler mich gar nicht sprechen will. Ihr Chef hat, wie ich das sehe, in Bonn ja nun wohl die Entscheidungsgewalt in der Hand.«[301]

Im ganzen ist Herold keineswegs schlechter Dinge. Der ganz schnelle Erfolg, den er sich anfangs vorgestellt hat, ist zwar ausgeblieben. Doch der Fahndungsapparat arbeitet weiterhin auf Hochtouren, und schon 31 Tage lang hat man die Entführer hinhalten können. Man bleibt dem Kommando auf der Spur. Am 19. und 22. September ist es in Den Haag und Utrecht zu Schießereien zwischen RAF-Mitgliedern und der holländischen Polizei gekommen; zwei Polizisten sind dabei schwer verletzt, einer getötet worden. Drei Terroristen konnten entkommen. Einer immerhin, Knut Folkerts, wurde festgenommen. Doch die Entführer haben Hanns Martin Schleyer umgehend von Den Haag nach Brüssel verbracht.

Und nun spielt die RAF ihre palästinensische Karte. Ende September sind in Bagdad Gespräche geführt worden, durch die der Fall Schleyer jetzt eine Dimension bekommt, die nicht mehr allein ins benachbarte europäische Ausland reicht. Am Nachmittag des 13. Oktober entführt ein vierköpfiges arabisches Terrorkommando in Palma de Mallorca ein Lufthansa-Flugzeug mit 86 deutschen Urlaubern an Bord. Seine Forderung:

die Freilassung der elf RAF-Gefangenen »aus den Gefängnissen der imperialistisch-reaktionär-zionistischen Allianz«.

Zwei Tage später wird Andreas Baader vom Bundeskriminalamt offiziell über die Flugzeugentführung unterrichtet; auch hier gibt es einen möglichen Zeitgewinn, den der BKA-Chef unverzüglich für sich zu nutzen sucht: »Die Entführer haben durch das Kommando ›Martyr Halimeh‹ vom 13.10. Vietnam, Süd-Jemen und Somalia als Zielländer genannt. Vietnam und Süd-Jemen haben die Aufnahme von Terroristen bereits strikt abgelehnt. Somalia wird im Augenblick befragt. Sind Sie bereit, sich nach Somalia ausfliegen zu lassen?« heißt es in der ihm im Auftrag Herolds vorgelegten Notiz. »Nur, wenn das Kommando tatsächlich Somalia genannt hat«[302], ist Baaders Antwort. Erstmals hat die RAF ohne seinen Rat gehandelt. Er ist nervös und unsicher. Vielleicht ist dies auch die Wirkung der Aufputsch- und Beruhigungsmittel, die er regelmäßig schluckt. Doch da ist er in Stammheim nicht der einzige. Auch die meisten Vollzugsbeamten, die Baader prinzipiell mit »Scheißbullen«, »Wichser« und »Ficker« anspricht, sind der im Hochsicherheitstrakt herrschenden Anspannung nicht ohne Tabletten gewachsen.

Als Andreas Baader schließlich am 15. Oktober 1977 ein Gespräch mit einem Abgesandten des Bundeskanzleramts führt, der ihn in Vertretung von Staatssekretär Manfred Schüler aufsucht, erscheint er ruhig und gefaßt. Es sei eigentlich zu spät für eine Zusammenkunft, erklärt er dem Beamten, denn gegenüber dem, was sich jetzt abspiele, habe die RAF immer eine gemäßigte Politik verfolgt. Man habe sicherlich Fehler gemacht, dennoch bekenne er sich zu allen bisherigen Aktionen. Zwischen dem Staat und den Gefangenen gebe es zur Zeit nur »einen minimalen Berührungspunkt des Interesses«[303]; gleichwohl sei der internationale Terrorismus keine Perspektive für die RAF. Andreas Baader war und ist ein deutscher Kämpfer.

Zwei Tage später, am 17. Oktober 1977, herrscht kurz vor Mitternacht im Kanzleramt gespannte Ruhe. Die vor vier Tagen entführte Lufthansa-Boeing »Landshut« steht seit den frühen Morgenstunden auf dem Flugplatz der somalischen Hauptstadt Mogadischu. Der von den Entführern am Tag zuvor in Aden ermordete Flugkapitän Jürgen Schumann ist auf die Rollbahn gekippt worden. Am Nachmittag ist unter der Führung von Ulrich Wegener eine Anti-Terror-Einheit des deutschen Bundesgrenzschutzes, die GSG 9, in Mogadischu gelandet. Nach dem Überfall auf die israelische Olympia-Mannschaft 1972 in München aufgebaut, ist sie bisher noch nie eingesetzt worden. Jetzt soll sie die Geiseln befreien; um Mitternacht ist der Einsatz zu erwarten. Vor ein paar Stunden schien es noch so, als ob er gar nicht stattfinden könne, nachdem im israelischen Fernsehen von der Landung einer Maschine mit Sonderkommando berichtet und die Nachricht prompt von einer französischen Agentur verbreitet worden war. Doch die Presse hat Stillschweigen bewahrt. Im Krisenstab kann man nur noch warten. Manche tun so, als ob sie Schach spielen würden, aber die Sorge steht jedem von ihnen ins Gesicht geschrieben. Da meldet sich, es ist zwölf Minuten nach Mitternacht, Hans-Jürgen Wischnewski aus Mogadischu: Alle Geiseln sind lebend befreit.

Im Kanzleramt gibt es Tränen der Freude und Erleichterung. Nur bei einem bleibt nach 44 Tagen Anspannung, Schlaflosigkeit und Frustration die Stimmung weiterhin verhalten: Horst Herold. »Alle waren erleichtert, daß es vorbei war«, erinnert er sich, »nur ich hatte meine Probleme behalten.« Noch ahnt er nicht, daß sich die gegen einen vermeintlichen »Überwachungsstaat« gerichteten Aggressionen bald an ihm ausleben werden. Nachdem die legitimatorische Bedrohung der Staatsgewalt im »Deutschen Herbst« aufgehoben ist, kann der oberste Terroristenjäger der Republik gewissermaßen zum Abschuß freigegeben werden.

Der Kapitän der auf Mallorca entführten Lufthansamaschine »Landshut«, Jürgen Schumann, bei einer Zwischenlandung in Dubai: Nur wenige Stunden später sollte er, der die Bundesregierung wiederholt mit Nachrichten über die Vorgänge im Innenraum des Flugzeugs versorgt hatte, von den Terroristen vor den Augen der Passagiere hingerichtet werden.

Auch in Stammheim werden sich die Inhaftierten jetzt des Scheiterns bewußt, insbesondere Andreas Baader. Im Herbst 1977 ist er vierunddreißig Jahre alt. Noch immer sieht er gut aus. In der RAF hat er seine Bestimmung und Erfüllung gefunden, mehr noch: Die RAF ist sein Schutz, so wie er Schutz der RAF ist. Bis vor zehn Jahren ist er allein gewesen mit seiner Angst, seiner Scham, seinem Haß, seiner inneren Leere, seiner Suche nach »Identität«. Es gibt kein Wort, das er häufiger benutzt. Dann aber hat er 1967 entdeckt, daß seine Desorientierung im Lebensgefühl einer ganzen Generation artikuliert und in politische Begriffe umgegossen worden ist, und was seit je die existentiellen Kategorien von Baaders Alarmsubjekt gewesen sind – die Verweigerung, die Maske, die Verschwörung, die Unterdrückung –, hat sich auf diese Weise im Windschatten der Vergangenheit als Ausdruck einer gesellschaftlichen Paranoia entpuppt. So ist sein verzweifeltes Ringen Teil eines nationalen Identitätsprojekts mit internationaler Phraseologie geworden. »Das kollektive Bewußtsein, die Moral der Erniedrigten und Beleidigten, das ist Andreas«[304], hat Gudrun Ensslin seine historische Rolle zusammengefaßt.

Dabei geht es nicht um irgendwelche Demütigungen: Es sind die »Erniedrigungen und Beleidigungen durch Faschismus, US-Imperialismus, Krieg und Sozialdemokratie«[305]. Daher schien der Marxismus ein perfektes System, um aus der Geschichte auszusteigen, und der furchtbare Krieg in Vietnam ein monströser Glücksfall für eine westdeutsche Generation, die im weltweiten Aufbruch der Nachkriegsjugend mit dem Makel einer befleckten Nation behaftet blieb. Das Projekt Stadtguerilla bedeutete somit, wie Gudrun Ensslin schrieb, »wirklich auch die Wiedergewinnung der Geschichte – Praxis: Antiimperialistischer Kampf«[306]. Und: »Die Verletztesten werden die Unverletzlichsten sein ... einfach deshalb, weil das Terrain, um das hier gekämpft wird, die Seele, das Bewußtsein des Volkes ist.«[307]

In der Nacht vom 17. auf den 18. Oktober 1977 gibt Andreas Baader seinen Kampf auf. Wenige Stunden nach der Befreiung der deutschen Geiseln in Mogadischu begeht er in seiner Zelle in der Haftanstalt Stammheim Selbstmord. Die Waffe, von einem Anwaltsgehilfen durch den Sperriegel geschmuggelt, hatte er in seinem Plattenspieler versteckt, und trotz wiederholter Durchsuchungen seiner Zelle war sie nie gefunden worden. »Suicide Action« war das Stichwort für die RAF-Getreuen draußen. Einen Tag später wird Hanns Martin Schleyer von der RAF getötet.

Das Jahr 1945 sei eine Katastrophe ohne Katharsis gewesen, so lautete der Befund, den Alexander und Margarete Mitscherlich in ihrem berühmten Buch ›Die Unfähigkeit zu trauern‹ festgehalten haben. Und so spekulativ solche Kategorien auch immer bleiben mögen: Die der Legitimität oder des kollektiven Gedächtnisses sind es nicht weniger. Unübersehbar jedenfalls bleibt, daß die Auseinandersetzung der Achtundsechziger mit ihren Eltern und ihrem Gemeinwesen, wie auch umgekehrt, durch Momente einer projektiven Vergangenheitsfixierung entscheidend bestimmt wird. Da wurde der gleichmacherischen Totalitarismustheorie mit einer ebensolchen Faschismustheorie begegnet. Da wurde das alte Volksgemeinschaftsideal in der Zelebrierung revolutionärer Massen neu gefeiert. Da wurde gegen den totalen Krieg der endgültige Sieg im Volkskrieg ausgerufen. Da wurde der totale Staat mit der Erfindung des übermächtigen Repressionsstaats beschworen. Die den Schlußstrich beklagten, verlangten nach dem radikalen Bruch. Da war auf eine Verdrängungskultur eine Schamkultur gefolgt.
Die RAF hat, als radikales Zerfallsprodukt der Studentenbewegung, das Trauma der Nachgeborenen auf die Spitze getrieben. Es waren wenige, die so weit gegangen sind, und der Staat hat auf die Bedrohung durch ein paar Dutzend bewaffnete Kämpfer zeitweise irrational überreagiert. Er konnte wohl nicht anders. Zum einen lebte die Vätergeneration, die die Politik in Bonn bestimmte, mit ihren eigenen Traumata. Zum anderen war ihr klar, was die Postrevolte verleugnete: daß, wenn auch übersteigert, die RAF den Haß der Achtundsechziger auf den Staat verkörperte und so der Terrorismus zum Legitimitätstest der demokratischen Ordnung schlechthin wurde. Mehr

Gedenkminuten am Anfang und am Ende der vierundvierzig Tage des »Deutschen Herbstes«: Am 8. September 1977 gedachte der Bundestag der vier Kölner Opfer der Schleyer-Entführung (oben); am 25. Oktober fand in der St. Eberhards-Kirche in Stuttgart der Staatsakt für Hanns Martin Schleyer statt (rechts). Von links nach rechts: Hans Joachim Friderichs, Hans Apel, Andreas von Schöler, Hans Dietrich Genscher und Helmut Schmidt.

Erste Reihe von links: Jörg und Dirk Schleyer, Mareike Schleyer und ihr Mann Hanns-Eberhard, Bundeskanzler Helmut Schmidt, Waltrude Schleyer und Bundespräsident Walter Scheel. Hintere Reihe: Franz Josef Strauß, Hans Ulrich Klose, Holger Börner, Ernst Albrecht und Alfons Goppel.

Gelassenheit forderten meist die, denen zum Tod von Andreas Baader und seinen Weggefährten das Wort von der »Endlösung« durch die Regierung Schmidt einfiel. Denn die RAF und die Auseinandersetzung mit ihr war Ausdruck einer Neurose, die alle Deutschen anging, nicht nur die Westdeutschen, und während ein Teil der Bevölkerung den Terroristen die Daumen drückte, rief ein anderer Teil nach Vernichtung. Dazwischen mußte sich der Rechtsstaat behaupten.
Es ist ihm nicht immer gelungen. Staatsgewalt und Gewaltmonopol sind in der deutschen Geschichte bis 1945 nie rational im Sinne eines Gesellschaftsvertrags, eines gemeinsamen Interesses aller Staatsbürger begriffen worden. Und ausgerechnet nach den Gewaltexzessen und Verbrechen des Nationalsozialismus hat die Demokratie zumindest für die Westdeutschen erstmals eine Chance bekommen.

So spricht einiges dafür, daß der sogenannte Deutsche Herbst die Katharsis geworden ist, die 1945 ausgeblieben ist und ausbleiben mußte, wenn es mit diesen Deutschen irgendwie weitergehen sollte. Erst nach dem Opfertod Hanns Martin Schleyers und der Kapitulation Andreas Baaders ist das Vergangenheitsargument als politische Waffe gegen die Legitimität der demokratischen staatlichen Ordnung stumpf geworden. Hernach konnte der nationalsozialistischen Gewaltvergangenheit über die Generationsschranken hinweg in einer neuen Schuldkultur begegnet werden. Der ehemalige SS-Mann Schleyer, für viele Inbegriff der Restauration, erlangte in den 44 Tagen seiner Gefangenschaft ein menschliches Antlitz und eine Würde, die bis heute betroffen machen. Als das erstmals deutlich wurde, mußte eine nachgeborene Generation erkennen, daß sie über ihrem Erziehungsprogramm für die Massen den Eltern die Lern- und Leidensfähigkeit abgesprochen hatte.
Auch Andreas Baaders Selbstaufgabe geriet zum exemplarischen Lehrstück. Die fixe Idee von der totalen Sicherheit erwies sich ausgerechnet in Stammheim als Fiktion, der bewaffnete Kampf der RAF als eine Selbstanmaßung auch aus Verzweiflung. Der Ausstieg aus der deutschen Geschichte war nicht nur für die Eltern unmöglich, sondern selbst für die Kinder. Was sich danach noch RAF nannte, war Nachgeschichte, Sache von Justiz und Polizei. Doch der »Deutsche Herbst« war als Katharsis nicht nur ein Schlußpunkt; als blutiger Reflex auf das deutsche Trauma hat der gleichsam symbolische Endkampf allemal das Zeug zum staatlichen Gründungsmythos: In ihm wurden der demokratische Staat und sein Gewaltmonopol im Bewußtsein der Bevölkerung zur Sache aller. Umfrageergebnissen zufolge rangiert die Bundesrepublik im Sommer 1978 im Vertrauen ihrer Bürger auf die demokratische Ordnung an erster Stelle in Europa. Zehn Monate zuvor hatten manche noch das Ende der Demokratie befürchtet.

Indessen hat, was anderen zur Versöhnung taugte, auch Horst Herold als Opfer hinterlassen. Als Angehöriger der Schleyer-Generation verstand er zugleich das Unbehagen ihrer Kinder. Als Polizist hat er erfolgreich die RAF bekämpft, aber er wußte, »daß es sich um die Symptome einer Erscheinung handelt, deren Wurzeln tiefer reichen und verästelter sind, als die selbstzufriedene Gesellschaft dies zugestehen wollte«.
Andreas Baader und Horst Herold sind einander nie persönlich begegnet.

Anmerkungen

Im Text namentlich gekennzeichnete Zitate ohne Anmerkungen stammen aus persönlichen Gesprächen der Autorin.

1 Vgl. dazu Peter Dudek: »Vergangenheitsbewältigung«. Zur Problematik eines umstrittenen Begriffs. In: *Aus Politik und Zeitgeschichte* 1–2 (1992), S. 44–53.

2 Hans-Ulrich Wehler: *Entsorgung der deutschen Vergangenheit? Ein polemischer Essay zum Historikerstreit*. München 1988.

3 So Theodor Heuss bei der Verabschiedung des Grundgesetzes am 8. 5. 1949; *Parlamentarischer Rat. Stenographische Berichte über die Plenarsitzungen Bonn 1948/49*. Bonn 1949, S. 210.

4 Eugen Kogon: Das Recht auf den politischen Irrtum. In: *Frankfurter Hefte* 2 (1947) S. 641–655.

5 Vgl. Volker Otto: *Das Staatsverständnis des Parlamentarischen Rates. Ein Beitrag zur Entstehungsgeschichte des Grundgesetzes der Bundesrepublik Deutschland*. Bonn 1971, S. 188–212.

6 Karl Dietrich Bracher: *Die deutsche Diktatur. Entstehung, Struktur, Folgen des Nationalsozialismus*. 6. Aufl. Frankfurt/Main u. a. 1980, S. 18.

7 Wolfgang Seibel: Staatslehre und Staatsmythos. Historische und aktuelle Vorbelastungen der Staatsdiskussion in der Bundesrepublik Deutschland. In: Rüdiger Voigt (Hrsg.): *Symbole der Politik – Politik der Symbole*. Opladen 1989, S. 213–233, hier S. 214.

8 Besonders nachdrücklich Hans-Peter Schwarz: Die ausgebliebene Katastrophe. Eine Problemskizze zur Geschichte der Bundesrepublik. In: Hermann Rudolph (Hrsg.): *Den Staat denken*. Berlin 1990, S. 151–174.

9 So der Redakteur der Frankfurter Rundschau, Karl-Heinz Krumm: Probleme der Organisation und Koordination bei der Terrorismus-Bekämpfung in der Bundesrepublik. In: Manfred Funke (Hrsg.): *Terrorismus. Untersuchungen zur Strategie und Struktur revolutionärer Gewaltpolitik*. Bonn 1977, S. 317–330, hier S. 319.

10 »Die Bundesrepublik Deutschland hat 60.000.000 Einwohner. Die Gruppe um Ulrike Meinhof mag zur Zeit ihrer größten Ausdehnung 30 Mitglieder gehabt haben. Das war ein Verhältnis von 1:2.000.000. Nimmt man an, daß die Gruppe inzwischen auf 6 Mitglieder geschrumpft ist, wird das Verhältnis noch gespenstischer 1:10.000.000.« Heinrich Böll: Will Ulrike Gnade oder freies Geleit? In: *Der Spiegel* vom 10. 1. 1972.

11 Erklärung des Bundeskanzlers Willy Brandt vom 4. 2. 1972. Zitiert nach: Arnulf Baring: *Machtwechsel. Die Ära Brandt-Scheel*. Stuttgart 1982, S. 388.

12 Werner Kahl: Akteure und Aktionen während der Formationsphase des Terrorismus. In: Funke (Hrsg.): *Terrorismus*, a.a.O., S. 272–290, hier S. 290.
13 So z.B. Rudolf Augstein: Der Sonnenstaat des Doktor Herold. In: *Der Spiegel* vom 27. 10. 1980, S. 42–49.
14 Antje Vollmer: Offener Briefwechsel mit Wolf Biermann. In: *Die Zeit* vom 16. 10. 1987.
15 *Die Polizei* 6 (1981), S. 194.
16 Wilhelm Steinmüller: Der aufhaltsame Aufstieg des Geheimbereichs. Vom Verfassungsstaat zum Sicherheitsstaat. In: *Kursbuch* 56 (1979), S. 169–200, hier S. 169.
17 Günter Myrell: Herolds Hoffnung. In: ders. (Hrsg.): *Datenschatten*. Reinbek 1984, S. 181–192, hier S. 190.
18 Rainer Hambrecht: *Der Aufstieg der NSDAP in Mittel- und Oberfranken*. Nürnberg 1976, S. 110.
19 Zitiert nach: Joachim Fest: Baldur von Schirach und die »Sendung der jungen Generation«. In: ders.: *Das Gesicht des Dritten Reiches. Profile einer totalitären Herrschaft*. 10. Aufl. München 1993, S. 300–318, hier S. 312.
20 Vgl. Arno Klönne: *Jugend im Dritten Reich. Die Hitler-Jugend und ihre Gegner*. München 1990.
21 Siegfried Zelnhefer: Bauen als Vorgriff auf den Sieg. In: *Kulissen der Gewalt. Das Reichsparteitagsgelände in Nürnberg*. München 1992, S. 31–48.
22 *Enzyklopädie des Holocaust. Die Verfolgung und Ermordung der europäischen Juden*. Bd. 2, München 1995, S. 1052.
23 Hermann Rauschning: *Gespräche mit Hitler*. Wien 1973 (1940), S. 237.
24 Zitiert nach: Hans-Ulrich Thamer: *Verführung und Gewalt. Deutschland 1933–1945*. Berlin 1994, S. 401.
25 Zitiert nach: Peter Lundgreen: *Sozialgeschichte der deutschen Schule im Überblick. Teil II: 1918–1980*. Göttingen 1981, S. 23.
26 Utho Grieser: *Himmlers Mann in Nürnberg. Der Fall Benno Martin: Eine Studie zur Struktur des Dritten Reiches in der »Stadt der Reichsparteitage«*. Nürnberg 1974, S. 79.
27 Schreiben Martins vom 28. 2. 1934. Zitiert nach: Grieser: *Himmlers Mann in Nürnberg*, a.a.O., S. 4.
28 Vgl. Arnd Müller: *Geschichte der Juden in Nürnberg 1146–1945*. Nürnberg 1968, S. 277 ff.; Gerald Reitlinger: *Ein Haus auf Sand gebaut. Hitlers Gewaltpolitik in Rußland 1941–1944*. Hamburg 1962, S. 109 ff. Im Verfahren der Staatsanwaltschaft Regensburg - I 3 Js 2606/50 wegen Aussonderung »untragbarer« Kriegsgefangener zum Zwecke der »Sonderbehandlung« wurde der angeschuldigte Martin außer Verfolgung gesetzt. (Auskunft Zentrale Stelle der Landesjustizverwaltungen, Ludwigsburg.)
29 Sebastian Haffner: *Der Verrat*. 2. Aufl. Berlin 1994, S. 170.

30 Bayerisches Hauptstaatsarchiv, Personalakt Dr. Berndt Baader: MK 45417.

31 Zum bulgarischen Gesandten Draganoff am 3.12.1940. Zitiert nach: Andreas Hillgruber: *Hitlers Strategie. Politik und Kriegsführung 1940–1941*. 3. Aufl. Bonn 1993, S. 214.

32 Fest: Baldur von Schirach, a.a.O., S. 307.

33 Erich Murawski: *Der deutsche Wehrmachtsbericht. Ein Beitrag zur Untersuchung der geistigen Kriegsführung*. Boppard/Rhein 1962, S. 746 ff.

34 Manfred Messerschmidt: Die Wehrmacht – Vom Realitätsverlust zum Selbstbetrug. In: Hans-Erich Volkmann (Hrsg.): *Ende des Dritten Reichs – Ende des Zweiten Weltkriegs. Eine perspektivische Rückschau*. München 1995, S. 223–257, hier S. 227.

35 Helmut Schmidt: Politische Rückschau auf eine unpolitische Jugend. In: *Kindheit und Jugend unter Hitler*. Berlin 1992, S. 245.

36 Ernst Jünger: *Sämtliche Werke*. Bd. 3, Stuttgart 1979, S. 502.

37 Theodor Heuss: *Aufzeichnungen 1945–1947*. Stuttgart 1966, S. 55.

38 So der Nachkriegsbürgermeister Thomas Wimmer. Zitiert nach: *Thomas Wimmer und sein München. Eine Stadt im Aufbau 1948–1960*. Zusammengestellt und ausgewählt von Elisabeth Angermaier. München 1989, S. 35.

39 Vgl. Reinhard Bauer und Ernst Piper: *München. Geschichte einer Stadt*. München 1996, S. 360–362; Klaus von Beyme: *Der Wiederaufbau. Architektur und Städtebaupolitik in beiden deutschen Staaten*. München 1987, S. 166 f.

40 Zitiert nach: Ludwig Baer: Kulturpolitik 1945–1969. In: *Nürnberg – Geschichte einer europäischen Stadt*. München 1971, S. 490.

41 Bayerisches Hauptstaatsarchiv, Personalakt Dr. Berndt Baader: MK 45417.

42 Margret Boveri: *Tage des Überlebens*. Berlin 1945, Frankfurt/Main 1996.

43 Anna-Elisabeth Freier und Annette Kuhn (Hrsg.): *Frauen in der Geschichte V: »Das Schicksal Deutschlands liegt in der Hand seiner Frauen« – Frauen in der deutschen Nachkriegsgeschichte*. Düsseldorf 1984.

44 So die amerikanische Kongreßabgeordnete Chase Going Woodhouse im Herbst 1948. Zitiert nach: Barbara Supp: Trümmerfrauen. In: Die Deutschen nach der Stunde Null (*Spiegel Special* 4/1995), S. 84–89, hier S. 86.

45 Institut für Zeitgeschichte, München; OMGUS Record Group 260: Opinion Surveys. Information Control Division. Zitiert nach: Anna J. und Richard L. Merritt (Eds.): *Public Opinion in Occupied Germany. The OMGUS Surveys*, 1945–1949. Urbana/Ill. u. a. 1970, S. 32.

46 Anna-Elisabeth Freier: Überlebenspolitik im Nachkriegsdeutschland. In: Annette Kuhn (Hrsg.): *Frauen in der deutschen Nachkriegszeit*. Bd. 2: Frauenpolitik 1945–1949. Düsseldorf 1986, S. 45.

47 D. Wirth: Die Familie in der Nachkriegszeit. Desorganisation oder Stabilität. In: Josef Becker, Theo Stammen und Peter Waldmann (Hrsg.): *Vorgeschichte der Bundesrepublik Deutschland. Zwischen Kapitulation und Grundgesetz*. München 1979, S. 193–216.

48 Karl S. Bader: *Soziologie der deutschen Nachkriegskriminalität*. Tübingen 1949.

49 Vgl. Jillian Becker: *Hitlers Kinder? Der Baader-Meinhof-Terrorismus*. Frankfurt/Main 1978, S. 64.

50 So z. B. Klaus Wagenbach. Zitiert nach: Mario Krebs: *Ulrike Meinhof. Ein Leben im Widerspruch*. Reinbek 1988, S. 198.

51 Erich Kuby: *Mein ärgerliches Vaterland*. München 1989, S. 415.

52 Zitiert nach: Butz Peters: *RAF. Terrorismus in Deutschland*. München 1993, S. 38.

53 Zitiert nach: Aust: *Der Baader-Meinhof-Komplex*. München 1989, S. 17.

54 Anklageschrift des Generalbundesanwalts vom 26. 9. 1974, 1 StE 1/74, S. 27 und Anlage 2.

55 Zitiert nach: Aust: *Der Baader-Meinhof-Komplex*, a. a. O., S. 18.

56 Bericht des amerikanischen Geheimdienstes über die Einstellungen der deutschen Bevölkerung in der US-Zone vom 12. 8. 1945. Abgedruckt in: Christoph Kleßmann: *Die doppelte Staatsgründung. Deutsche Geschichte 1945–1955*. 5. Aufl. Bonn 1991, S. 372 ff.

57 Eberhard Jäckel: *Das deutsche Jahrhundert. Eine historische Bilanz*. Stuttgart 1996, S. 186.

58 Wolfgang Krieger: Die amerikanische Deutschlandplanung. Hypotheken und Chancen für einen Neuanfang. In: Volkmann (Hrsg.): *Ende des Dritten Reichs*, a. a. O., S. 25–50.

59 Dan Diner: *Verkehrte Welten. Antiamerikanismus in Deutschland. Ein historischer Essay*. Frankfurt/Main 1993, S. 122.

60 So Goebbels zuerst in ›Das Reich vom 25. 2. 1945‹. Zitiert nach: Ralf Georg Reuth: *Goebbels*. 2. Aufl. München 1991, S. 581.

61 Vgl. Andreas Hillgruber: *Deutsche Geschichte 1945–1986. Die »deutsche Frage« in der Weltpolitik*. 7. Aufl. Stuttgart u. a. 1989, S. 21; Paul Kennedy: *The Realities behind Diplomacy: Background Influences on British External Policy, 1865–1980*. London 1985, S. 363.

62 Werner Abelshauser: *Wirtschaftsgeschichte der Bundesrepublik Deutschland 1945–1980*. 6. Aufl. Frankfurt/Main 1991, S. 20. Siehe weiterhin Uwe Uffelmann: *Der Weg zur Bundesrepublik. Wirtschaftliche, gesellschaftliche und staatliche Weichenstellungen 1945–1949*. Düsseldorf 1988, S. 19 ff. Anders jedoch Friedrich-Wilhelm Henning: *Das industrialisierte Deutschland 1914 bis 1990*. 7. erg. Aufl. Paderborn u. a. 1991, S. 192 f.

63 Erich Kästner: *Notabene 45. Ein Tagebuch*, Berlin 1961.

64 Hermann Glaser: Der Weg nach innen. Kultur der Stunde Null, die keine war. In: Volkmann (Hrsg.): *Ende des Dritten Reichs*, a. a. O., S. 771–794, hier S. 786.

65 Diemut Majer: Die Verführbarkeit der Juristen. Zur Restauration der Rechtswissenschaft nach 1945. In: Walter Pehle und Peter Sillem (Hrsg.): *Wissenschaft im geteilten Deutschland. Restauration oder Neubeginn nach 1945?* Frankfurt/Main 1992, S. 86–98, hier S. 94. Vgl. auch Michael Stolleis: Die Rechtsgeschichte im Nationalsozialismus. Umrisse eines wissenschaftsgeschichtlichen Themas. In: Michael Stolleis und Dieter Simon (Hrsg.): *Rechtsgeschichte im Nationalsozialismus.* Tübingen 1989, S. 1–10.

66 Majer: Die Verführbarkeit der Juristen, a.a.O., S. 96.

67 James F. Tent: Mission on the Rhine: Reeducation and Denazification in American-Occupied Germany, Chicago/London 1982, S. 74. Zitiert nach: Tilman Fichter: *SDS und SPD. Parteilichkeit jenseits der Partei.* Opladen 1988, S. 28.

68 Lutz Niethammer: *Die Mitläuferfabrik. Die Entnazifizierung am Beispiel Bayerns.* Berlin/Bonn 1982, S. 319.

69 Nach einigem Hin und Her wird diese Idee erst mit der definitiven Gründung des Instituts für Zeitgeschichte in München im September 1950 verwirklicht.

70 Zitiert nach: Wolfgang Benz: Vorform des »Weststaats«: die Bizone 1946–1949. In: Theodor Eschenburg: *Jahre der Besatzung 1945–1949.* Stuttgart 1983, S. 375–420, hier S. 404.

71 Zitiert nach: Manfred Overesch: *Das besetzte Deutschland.* Bd. 2: 1948–1949. Augsburg 1992, S. 535.

72 Wolfgang Benz: *Die Gründung der Bundesrepublik Deutschland. Von der Bizone zum souveränen Staat.* 3. Aufl. München 1989, S. 24.

73 Report über die Studentendemonstrationen in Würzburg und München, OMGB. Zitiert nach: Fichter: *SDS und SPD*, a.a.O., S. 27.

74 Zuletzt Isaac Deutscher: *The Economist* vom 29. 9. 1945.

75 Zitiert nach: Kuhn (Hrsg.): *Frauen in der deutschen Nachkriegszeit*, a.a.O., S. 45.

76 Fichter: *SDS und SPD*, a.a.O., S. 90.

77 Maximilian Lanzinner: *Zwischen Sternenbanner und Bundesadler. Bayern im Wiederaufbau 1945–1958.* Regensburg 1996, S. 42.

78 Ebd., S. 80.

79 Vgl. Norbert Frei: *Vergangenheitspolitik. Die Anfänge der Bundesrepublik und die NS-Vergangenheit.* München 1996, S. 194–233.

80 Vgl. Arnulf Baring: *Im Anfang war Adenauer. Die Entstehung der Kanzlerdemokratie.* 3. Aufl. München 1984, S. 120; Kurt Sontheimer: *Die Adenauer-Ära. Grundlegung der Bundesrepublik.* München 1991, S. 163.

81 ›Frankfurter Allgemeine Zeitung‹ vom 14. 7. 1950. Zitiert nach: Benz: *Die Gründung der Bundesrepublik*, a.a.O., S. 141.

82 Zitiert nach: Wolfgang Kraushaar: *Die Protestchronik.* Bd. 2, Hamburg 1996, S. 575.

83 Ulrike Wasmuht: *Friedensbewegungen der 80er Jahre. Zur Analyse ihrer strukturellen und aktuellen Entstehungsbedingungen in der Bundesrepublik Deutschland und den Vereinigten Staaten von Amerika nach 1945*. Gießen 1987, S. 53.

84 Karl Holl: *Pazifismus in Deutschland*. Frankfurt/Main 1989, S. 223.

85 Grieser: *Himmlers Mann in Nürnberg*, a.a.O., S. 264f.

86 Anton Wegner: Kurs Martin – Polizei einmal anders, Privatvervielfältigung 1946, S. 6. Zitiert nach: Grieser: *Himmlers Mann in Nürnberg*, a.a.O., S. 72.

87 Grieser: *Himmlers Mann in Nürnberg*, a.a.O., S. 73.

88 Zitiert nach: Ebd., S. 283.

89 Urteil KLs 230/48.

90 Zitiert nach: Jörg Friedrich: *Die kalte Amnestie. NS-Täter in der Bundesrepublik*. München 1994, S. 183.

91 Schreiben des Fürst zu Oettingen-Wallerstein an das W.C.I.D. vom 1.3.1947. Zitiert nach: Grieser: *Himmlers Mann in Nürnberg*, a.a.O., S. 287.

92 Zitiert nach: Friedrich: *Die kalte Amnestie*, a.a.O., S. 185.

93 Diese und alle folgenden Prozeßäußerungen zitiert nach: Ebd., S. 231 f.

94 So, in Anspielung auf seine schwarze SS-Uniform, Gräfin Ernestine von Schönborn über Martin. Zitiert nach: Grieser: *Himmlers Mann in Nürnberg*, a.a.O., S. 279.

95 Urteil Ks 1/51.

96 Peter Graf Kielmansegg: *Lange Schatten. Vom Umgang der Deutschen mit der nationalsozialistischen Vergangenheit*. Berlin 1989, S. 45.

97 Zitiert nach: Adalbert Rückerl: *NS-Verbrechen vor Gericht. Versuch einer Vergangenheitsbewältigung*. Heidelberg 1984, S. 322.

98 Text abgedruckt in: *Europa-Archiv* 10 (1955), S. 7345.

99 So Francis Aungier Pakenham über Adenauers Mißtrauen gegenüber seinen Landsleuten. Zitiert nach: Baring: *Im Anfang war Adenauer*, a.a.O., S. 102.

100 Text abgedruckt in: Kleßmann: *Die doppelte Staatsgründung*, a.a.O., S. 484f.

101 Zitiert nach: Kraushaar: *Die Protestchronik*, a.a.O., S. 1129.

102 So Wolf-Dieter Narr.

103 Aust: *Der Baader-Meinhof-Komplex*, a.a.O., S. 18.

104 Anklageschrift des Generalbundesanwalts vom 26.9.1974, 1 StE 1/74, S. 28 und Anlage 9.

105 Ebd., S. 27.

106 Ebd. und Anlage 3.

107 Zitiert nach: Aust: *Der Baader-Meinhof-Komplex*, a.a.O., S. 18.

108 Karin Wieland: Deutsche Dandys. In: *Kursbuch* 127 (1997), S. 45–58, hier S. 56.

109 Lieselotte Süllwold: Stationen in der Entwicklung von Terroristen. Psychologische Aspekte biographischer Daten. In: Herbert Jäger, Gerhard

Schmidtchen, Lieselotte Süllwold: *Lebenslaufanalysen.* Opladen 1981, S. 80–116, hier S. 89.

110 Vgl. deutsche Ausgabe des APA-Handbuchs: H. U. Wittchen u. a. (Hrsg.): *Diagnostisches und Statistisches Manual psychiatrischer Störungen.* Revidierte Fassung DSM-III-R. Weinheim/Basel 1989.

111 Hans Magnus Enzensberger: Die Leere im Zentrum des Terrors. In: ders.: *Mittelmaß und Wahn. Gesammelte Zerstreuungen.* Frankfurt/Main 1988, S. 245–249, hier S. 247 f.

112 »Der Staat war das Böse«, ›ZEIT‹-Gespräch mit Horst Mahler. In: *Die Zeit* vom 2. 5. 1997.

113 Hans-Jochen Vogel: *Nachsichten. Meine Bonner und Berliner Jahre.* München 1996, S. 67.

114 Vgl. Hans-Jochen Vogel: *Die Amtskette. Meine 12 Münchner Jahre – Ein Erlebnisbericht.* München 1972, S. 43–52; Bauer und Piper: *München,* a.a.O., S. 388 f.

115 *Frankfurter Allgemeine Zeitung* vom 31. 12. 1955.

116 Vgl. Marina Fischer-Kowalski: »Halbstarke« 1958, Studenten 1968: Eine Generation und zwei Rebellionen. In: Ulf Preuss-Lausitz u. a. (Hrsg.): *Kriegskinder, Konsumkinder, Krisenkinder. Zur Sozialisationsgeschichte seit dem Zweiten Weltkrieg.* Weinheim/Basel 1983, S. 53–70.

117 Zitiert nach: Peters: *RAF,* a.a.O., S. 39.

118 Kuby: *Mein ärgerliches Vaterland,* a.a.O., S. 415.

119 Aust: *Der Baader-Meinhof-Komplex,* a.a.O., S. 17.

120 Heinrich Krone: Aufzeichnungen zur Deutschland- und Ostpolitik 1954–1969. In: Rudolf Morsey und Konrad Repgen (Hrsg.): *Adenauer-Studien.* Bd. 3, Mainz 1974, S. 134–201, hier S. 154.

121 Zitiert nach: Tilman Fichter: Berlin, eine sozialdemokratische Stadt. In: *Ästhetik und Kommunikation* 52 (1983), S. 65–83, hier S. 78.

122 Bernd Rabehl: *Am Ende der Utopie. Die politische Geschichte der Freien Universität Berlin.* Berlin 1988, S. 188.

123 Zitiert nach: Wolfgang Kraushaar: Notizen zu einer Chronologie der Studentenbewegung. In: Peter Mosler: *Was wir wollten, was wir wurden. Zeugnisse der Studentenrevolte.* Erw. Fassung Reinbek 1988, S. 259–352, hier S. 266.

124 Siehe Hans Kluth: *Die KPD in der Bundesrepublik. Ihre politische Tätigkeit und Organisation 1945–1956.* Opladen 1959, S. 130; Jens Ulrich Klocksinn: *Kommunisten im Parlament. Die KPD in Regierungen und Parlamenten der westdeutschen Besatzungszonen und der Bundesrepublik Deutschland 1945–1956.* 2. Aufl. Bonn 1994, S. 75–120.

125 Uwe Backes/Eckhard Jesse: *Politischer Extremismus in der Bundesrepublik.* Bonn 1996, S. 148.

126 Vgl. Kraushaar: *Die Protestchronik,* a.a.O., S. 1427 ff.

127 Alexander v. Brünneck: *Politische Justiz gegen Kommunisten in der Bundesrepublik Deutschland 1949–1968.* Frankfurt/Main 1978, S. 363.

128 Kleßmann: *Die doppelte Staatsgründung*, a.a.O., S. 255.
129 MEW 29, S. 561.
130 Vgl. Helmut Dahm: Kybernetik als Problem kommunistischer Philosophie. In: Dietrich Geyer (Hrsg.): *Wissenschaft in kommunistischen Ländern*. Tübingen 1967, S. 49–81.
131 So z. B. Kurt Schumacher auf dem ersten Nachkriegsparteitag in Hannover. Zitiert nach: Franz Osterroth/Dieter Schuster: *Chronik der deutschen Sozialdemokratie*. Bd. 3: Nach dem Zweiten Weltkrieg. 2. Aufl. Berlin/Bonn 1978, S. 39.
132 Sebastian Scheerer: Deutschland: Die ausgebürgerte Linke. In: *Angriff auf das Herz des Staates. Soziale Entwicklung und Terrorismus*. Bd. 1, Frankfurt/Main 1988, S. 193–420, hier S. 228.
133 Abelshauser: *Wirtschaftsgeschichte der Bundesrepublik Deutschland*, a.a.O., S. 8.
134 Hans-Peter Schwarz: *Die Ära Adenauer. Epochenwechsel 1957–1963*. Stuttgart 1983, S. 204.
135 So Helmut Schelsky.
136 Erich Kästner: Ein politischer Eilbrief. In: *Vaterland, Muttersprache. Deutsche Schriftsteller und ihr Staat seit 1945*. Zusammengestellt von Klaus Wagenbach, Winfried Stephan und Michael Krüger. Berlin 1979, S. 124.
137 Zitiert nach: Schwarz: *Die Ära Adenauer*, a.a.O., S. 199.
138 Kraushaar: *Die Protestchronik*, a.a.O., S. 1079.
139 Siehe dazu Helmut Beer: *Widerstand gegen den Nationalsozialismus in Nürnberg 1933–1945*. Nürnberg 1976, S. 236–278.
140 Siehe Andreas Baader, Gudrun Ensslin, Thorwald Proll und Horst Söhnlein: *Vor einer solchen Justiz verteidigen wir uns nicht. Schlußwort im Kaufhausbrandprozeß*. Frankfurt/Main, Berlin 1968, S. 6. Dort heißt es: »Gegenüber einer Justiz, die schon in der Weimarer Republik die Linken immer schärfer verurteilt hat (Ernst Niekisch, Ernst Toller) und die Rechten immer milder (Adolf Hitler), die die Mörder von Rosa Luxemburg und Karl Liebknecht mit einem Urteil belohnt hat (da hat sie mitgeschossen), können wir uns nicht verteidigen.«
141 Fritz Stern: *Kulturpessimismus als politische Gefahr. Eine Analyse nationaler Ideologie in Deutschland*. München 1986, S. 315.
142 Sebastian Haffner: Ernst Niekisch. In: ders. und Wolfgang Venohr: *Preußische Profile*. 2. Aufl. Frankfurt/Main, Berlin 1990, S. 289–305, hier S. 304.
143 Stefan Breuer: *Anatomie der Konservativen Revolution*. 2. korr. Aufl. Darmstadt 1995, S. 139.
144 Karl Dietrich Bracher: *Zeit der Ideologien. Eine Geschichte politischen Denkens im 20. Jahrhundert*. München 1985, S. 234.
145 Kurt Sontheimer: *Antidemokratisches Denken in der Weimarer Republik. Die politischen Ideen des deutschen Nationalismus zwischen 1918 und 1933*. 3. Aufl. München 1992, S. 130.

146 Birgit Rätsch-Langejürgen: *Das Prinzip Widerstand. Leben und Wirken von Ernst Niekisch*, Bonn 1997.
147 Haffner: Ernst Niekisch, a.a.O.
148 Zitiert nach: Joseph E. Drexel: *Der Fall Niekisch. Eine Dokumentation.* Köln/Berlin 1964, S. 15.
149 Horst Herold: *Erwartungen von Justiz und Polizei in die Kriminaltechnik* (BKA-Vortragsreihe ›Sachbeweis‹), o.O. 1979, S. 75f.
150 Horst Herold: Gesellschaftliche Aspekte der Kriminalitätsbekämpfung. In: *Recht und Politik* 10 (1974), S. 24–29, hier S. 29.
151 *Frankfurter Allgemeine Zeitung* vom 19.3.1975.
152 Ernst Bloch: *Das Prinzip Hoffnung*. Bd. 2, Frankfurt/Main 1978, S. 769.
153 Vgl. Horst Herold: Kriminalgeographie. In: *Grundlagen der Kriminalistik*. Bd. 4, Hamburg 1968, S. 1–48.
154 Rosa von Praunheim: *50 Jahre pervers*. Köln 1995, S. 70.
155 Thomas Meyer: *Am Ende der Gewalt? Der deutsche Terrorismus – Protokoll eines Jahrzehnts*. Frankfurt/Main u.a., S. 63.
156 Tilman Fichter: Ungemalte Deutschlandbilder. In: *Ästhetik und Kommunikation* 98 (1997).
157 So das zeitweilige RAF-Mitglied Beate Sturm. In: *Der Spiegel* 7 (1972).
158 Peter Homann: Volksgericht im Wüstensand. In: *Der Spiegel* 21 (1997).
159 *Das Info. Briefe der Gefangenen aus der RAF*. 1973–1977. Hrsg. Von Pieter H. Bakker Schut, Kiel 1987, S. 51.
160 Becker: *Hitlers Kinder*, a.a.O., S. 65.
161 Kuby: *Mein ärgerliches Vaterland*, a.a.O., S. 416.
162 Viggo Graf Blücher: *Die Generation der Unbefangenen. Zur Soziologie des jungen Menschen heute*. Unter Mitarb. von Detlef Kantowsky. Düsseldorf/Köln 1966, S. 387.
163 Zitiert nach: Uta Stolle: Die Ursachen der Studentenbewegung im Urteil bürgerlicher Öffentlichkeit. In: *Das Argument* 58 (1970), S. 375.
164 Zitiert nach: Jacques Schuster: *Heinrich Albertz. Der Mann, der mehrere Leben lebte. Eine Biographie*. Berlin 1997, S. 338f.
165 Der nicht erklärte Notstand. Dokumentation und Analyse eines Berliner Sommers. In: *Kursbuch* 12 (1968), S. 181.
166 Zitiert nach: Tilman Fichter und Siegward Lönnendonker: *Kleine Geschichte des SDS. Der Sozialistische Deutsche Studentenbund von 1946 bis zur Selbstauflösung*. Berlin 1977, S. 116.
167 Zitiert nach: Eberhard Windaus und Frank Wolff: *Studentenbewegung 1967–69. Protokolle und Materialien*. Frankfurt/Main 1977, S. 107.
168 Dieter Kunzelmann. In: *tageszeitung* vom 12.3.1986.
169 Zitiert nach: Becker: *Hitlers Kinder*, a.a.O., S. 62.
170 *Das Info*, a.a.O., S. 294.
171 Urteil des Landgerichts Frankfurt (»Brandstifterurteil«) vom 31.10.1968. In: Reinhard Rauball: *Die Baader-Meinhof-Gruppe*. Berlin/New York 1972, S. 167–210, hier S. 170.

172 Der nicht erklärte Notstand, a.a.O., S. 151f.
173 *Das Info*, a.a.O., S. 52.
174 Zitiert nach: Krebs: *Ulrike Meinhof*, a.a.O., S. 197.
175 Herbert Marcuse: Repressive Toleranz. In: ders. u.a.: *Kritik der reinen Toleranz*. Frankfurt/Main 1966, S. 127.
176 Zitiert nach: Bernward Vesper: *Die Reise*. Hamburg 1983, S. 589.
177 Ulrich Chaussy: *Die drei Leben des Rudi Dutschke. Eine Biographie*. Berlin 1993, S. 202.
178 Organisationsreferat von Rudi Dutschke und Hans-Jürgen Krahl auf der 22. Delegiertenkonferenz des SDS im September 1967 in Frankfurt am Main. In: Rudi Dutschke: *Geschichte ist machbar*. Berlin 1980, S. 89–95, hier S. 94. Vgl. dazu Wolfgang Kraushaar: Autoritärer Staat und Antiautoritäre Bewegung. Zum Organisationsreferat auf der 22. Delegiertenkonferenz des SDS in Frankfurt. In: *1999* 3 (1987).
179 Zitiert nach: Chaussy: *Die drei Leben des Rudi Dutschke*, a.a.O., S. 340.
180 Horst Ehmke: *Mittendrin. Von der Großen Koalition zur Deutschen Einheit*. Berlin 1994, S. 87.
181 Ulrike Meinhof: Notstand? Notstand! In: *konkret* 18 (1960).
182 Zitiert nach: Ehmke: *Mittendrin*, a.a.O., S. 68.
183 Oskar Negt: *Achtundsechzig. Politische Intellektuelle und die Macht*. Göttingen 1995, S. 245.
184 Max Horkheimer: Die Juden und Europa. In: *Zeitschrift für Sozialforschung* 8 (1939), S. 115–137, hier S. 115.
185 Thomas Schmid: Die Wirklichkeit eines Traums. In: *Die Früchte der Revolte. Über die Veränderung der politischen Kultur durch die Studentenbewegung*. Berlin 1988, S. 7–34, hier S. 11.
186 Rabehl: *Am Ende der Utopie*, a.a.O., S. 262.
187 Daniel Cohn-Bendit und Reinhard Mohr: *1968. Die letzte Revolution, die noch nichts vom Ozonloch wußte*. Berlin 1988, S. 112.
188 Zitiert nach: Rabehl: *Am Ende der Utopie*, a.a.O., S. 258.
189 Zitiert nach: Fichter und Lönnendonker: *Kleine Geschichte des SDS*, a.a.O., S. 126.
190 Zitiert nach: Cohn-Bendit und Mohr: *1968*, a.a.O., S. 117.
191 Zitiert nach: Chaussy: *Die drei Leben des Rudi Dutschke*, a.a.O., S. 294.
192 Zitiert nach: Aust: *Der Baader-Meinhof-Komplex*, a.a.O., S. 59.
193 Zitiert nach: Mosler: *Was wir wollten, was wir wurden*, a.a.O., S. 55.
194 *Tempo* 9 (1993).
195 Zitiert nach: Becker: *Hitlers Kinder*, a.a.O., S. 70.
196 Zitiert nach: Krebs: *Ulrike Meinhof*, a.a.O., S. 167.
197 Zitiert nach: *Der Spiegel* 9 (1971).
198 Detlev Claussen: Chiffre 68. In: Dietrich Harth und Jan Assmann (Hrsg.): *Revolution und Mythos*. Frankfurt/Main 1992, S. 219–228, hier S. 219.
199 Zitiert nach: *Der Spiegel* 24 (1972).
200 Zitiert nach: Peters: *RAF*, a.a.O., S. 55.

201 *Das Info*, a.a.O., S. 277.
202 Zitiert nach: *Der Spiegel* 24 (1972).
203 Zitiert nach: *Frankfurter Allgemeine Zeitung* vom 19.6.1972.
204 *Das Info*, a.a.O., S. 137.
205 Ebd., S. 293.
206 Zitiert nach: Aust: *Der Baader-Meinhof-Komplex*, a.a.O., S. 62.
207 Zitiert nach: Becker: *Hitlers Kinder*, a.a.O., S. 262.
208 Zitiert nach: Peters: *RAF*, a.a.O., S. 55.
209 Krebs: *Ulrike Meinhof*, a.a.O., S. 168.
210 Ebd., S. 170.
211 Zitiert nach: Becker: *Hitlers Kinder*, a.a.O., S. 74.
212 Ebd., S. 75.
213 Zitiert nach: Peter Fritzsche: Terrorismus in der Bundesrepublik Deutschland und in Italien. In: *Universitas* 43 (1988), S. 1060.
214 Zitiert nach: Peters: *RAF*, a.a.O., S. 58.
215 *Der Spiegel* 24 (1972).
216 Zitiert nach: Arnulf Baring: *Machtwechsel*, a.a.O., S. 160.
217 Ebd., S. 197.
218 Ulrike Edschmid: *Frau mit Waffe. Zwei Geschichten aus terroristischen Zeiten*. Berlin 1996, a.a.O., S. 106.
219 Zitiert nach: *Der Spiegel* 24 (1972).
220 Edschmid: *Frau mit Waffe*, a.a.O., S. 106.
221 Peter Brosch: *Fürsorgeerziehung, Heimterror und Gegenwehr*. Frankfurt/Main 1971, S. 108.
222 Ebd., S. 124.
223 *Das Info*, a.a.O., S. 127.
224 Ebd., S. 238.
225 Zitiert nach: Krebs: *Ulrike Meinhof*, a.a.O., S. 186.
226 Aust: *Der Baader-Meinhof-Komplex*, a.a.O., S. 82.
227 Zitiert nach: *Der Spiegel* 24 (1972).
228 Edschmid: *Frau mit Waffe*, a.a.O., S. 108.
229 Ebd.
230 Nach dem Tod Baaders, den er mehrfach im Gefängnis besucht hatte, wird Chotjewitz 1978 den autobiographisch angehauchten Roman *Die Herren des Morgengrauens* veröffentlichen, der um die »Sympathisanten«-Hatz und die Hysterie der Behörden kreist.
231 Astrid Proll: Langeweile, Zahnweh, RAF. In: *Tempo* 2 (1986).
232 Edschmid: *Frau mit Waffe*, a.a.O., S. 111.
233 Interview mit Horst Mahler in: *Die Zeit* vom 2.5.1997.
234 Ebd.
235 Horst Mahler im Gespräch mit Stefan Aust. In: *Die Linke im Rechtsstaat*. Bd. 2, Berlin 1979, S. 182.
236 *Das Info*, a.a.O., S. 107.
237 Die Schrift erschien im Juni 1971 zunächst als Broschüre mit der Über-

schrift ›Die Lücken der revolutionären Theorie schließen – Die Rote Armee aufbauen‹. Im Oktober 1971 dann unter dem genannten Titel.

238 *Das Info*, a.a.O., S. 108.

239 Ralf Reinders und Ronald Fritzsch: *Die Bewegung 2. Juni. Gespräche über Haschrebellen, Lorenzentführung, Knast*. Berlin/Amsterdam 1995, S. 28.

240 *Das Info*, a.a.O., S. 69.

241 Zitiert nach: *Agit 883* 63 (1970).

242 *Der Spiegel* 25 (1970).

243 Zitiert nach: Bommi Baumann: *Wie alles anfing*. 2. Aufl. Berlin 1994, S. 77.

244 Reinders und Fritzsch: *Die Bewegung 2. Juni*, a.a.O., S. 29. Obgleich sich aufsehenerregende Anschläge dieser Art nicht wiederholen, sind Gewaltaufrufe gegen einzelne Juden durchaus üblich. In der Zeitschrift ›Agit 883‹ vom 7. 5. 1970 heißt es beispielsweise über den offenbar jüdischen Inhaber des »Park«, einer in der linken Haschrebellen- und Drogenszene beliebten Berliner Discothek: »Warum werfen wir dem Besitzer, diesem Zionistenschwein monatlich 200.000 DM in den Rachen? Wißt ihr, was die Sau mit dem Geld macht? Tausende von Mark zahlt er an Israel ... Es ist der Zeitpunkt gekommen, daß wir uns gegen diese faschistische, ausgekochte Schlägerbande und ihren abgebrühten Gangsterboß wehren müssen. Die kaputten Scheiben am 1. Mai waren erst der Anfang ... LASST euch nicht länger ausbeuten! ... SCHAFFT REVOLUTIONÄRE TREFFS, DIE UNS GEHÖREN! Zentralrat der umherschweifenden Haschrebellen.«

245 *Agit 883* 72 (1970).

246 *Agit 883* 67 (1970).

247 *Agit 883* 64 (1970).

248 Zitiert nach: Aust: *Der Baader-Meinhof-Komplex*, a.a.O., S. 112.

249 Zitiert nach: *Der Spiegel* 21 (1997).

250 Ebd.

251 Die Aktion des Schwarzen September in München – Zur Strategie des antiimperialistischen Kampfes. In: *Texte der RAF*. Malmö 1977, S. 411–447, hier S. 422 und 434f.

252 Zitiert nach: *Frankfurter Rundschau* vom 21.10.1975.

253 Zitiert nach: *Der Spiegel* 26 (1972).

254 Zitiert nach: *Der Spiegel* 11 (1975).

255 Zitiert nach: Axel Springer Verlag (Hrsg.): *50 Jahre Axel Springer Verlag*. Berlin 1996, S. 98.

256 Zitiert nach: Agit 883 73 (1970).

257 *Der Spiegel* 9 (1971).

258 Ebd.

259 Ebd.

260 Scheerer: *Deutschland – Die ausgebürgerte Linke*, a.a.O., S. 330.

„Wie ist es in den Schulen?“

„Wir verbringen viel Zeit mit Lernen. Noch nie haben Menschen soviel Zeit mit Lernen verbracht und so wenig gelernt.“

Ich zitierte Shaw: „Wer's kann, der tut es; wer's nicht kann, lehrt es.“

„Und wer nicht lehren kann, der lehrt“, sagte Valentin.

Welten in Welten in Welten – eine Gesellschaft aus Schicht um Schicht, immer in absteigender Folge angeordnet: Man blickt immer nach unten, da einem der Blick nach oben verwehrt bleibt, und so sieht man schließlich nur noch nach innen, dorthin, wo man sicher ist, zusammen mit denen, die sind wie man selbst; ein Bienenstock einzelner Universen, manchmal leer, stets unheimlich, voneinander getrennt und doch irgendwie vertraut. Eine Gesellschaft aus Gesellschaften, Klubs, Zusammenschlüssen, Familien, Schlangen, zu manchen davon hat man einmal gehört, andere sind permanent und formell, manche vorteilhaft, manche muß man ertragen, manche sind bedeutungslos, doch bindend, solange der Zusammenschluß dauert. Die Gäste im Praga waren eine Gruppe, die draußen Wartenden eine andere. Die zwei Gruppen erkannten einander nicht, „sahen“ einander nicht einmal.

Diese klassifizierten Gruppen genießen – oder auch nicht – was Südafrikaner gleich als „getrennte Möglichkeiten“ oder „Gruppenrechte“ wiedererkennen; wie Südafrikaner auch gleich den Meldestempel in den Pässen der Moskowiter als das erkennen würden, was es ist: ein „Paß“. Manche Gruppen waren mächtiger als andere, aber alle Gruppen waren mächtiger als Individuen. Elitegruppen kamen in den Genuß spezieller Privilegien: Wohnungen, Schulen, Läden. Die Rote Armee zum Beispiel hatte ihr eigenes Theater in Moskau, erbaut in Form eines Sterns, in der Nähe des Dostojewskij-Hauses. Doch was könnte natürlicher sein? Akzeptiert man das Prinzip der „Gruppenrechte“, was ist dann die logische Folge? Eine Politik „getrennter Entwicklung“, eine Politik der Apartheid, mit welcher im Namen der Freiheit für alle rigide Beschränkungen des

Rechts der Menschen, einander zu treffen und sich frei zu bewegen, erfolgen: und diese Beschränkungen werden dann noch als revolutionäre Lösungen eines uralten Problems gerühmt – wie man widersprüchliche Ansprüche rivalisierender Gruppen befriedigen kann. Die Lösung liegt darin, zu bestreiten, daß es Widerspruch oder Konkurrenz gibt, und auf der vollkommenen Freiheit aller in ihrer jeweiligen Sphäre zu bestehen.

Diese selbstverständliche Annahme der Überlegenheit gewisser Klassen wird mit einem Freimut vorgebracht, der die westlichen Besucher verwirrt. Aber spezielle Kader verdienen doch sicherlich spezielle Behandlung? Dazu wurden sie geboren, das bekommen sie, das setzen sie voraus. Wo sonst könnte ein weißer Südafrikaner sich so selbstverständlich zuhause fühlen?

Die beste und exklusivste Gruppe bleibt die Familie, und die tiefstgestaffelt verteidigte Festung ist das Heim, die Wohnung, der Küchentisch. Hier können die Leute sagen, was sie wirklich denken, zueinander und zu engen Freunden der Familie. Sie glauben privat an fast nichts, das öffentlich gesagt wird, und was sie solcherart enthüllen, ist, wie vollständig sich viele von ihnen aus allen öffentlichen und offiziellen Demonstrationen von Politik, Patriotismus, Geschichte verabschiedet haben. Sie glauben an nichts und warten nur ab; wichtiger noch, sie haben ihre Gefühle von allem, was vor sich geht, abgezogen, sie stehen im Gefühlsstreik. Sie hätten längst schon auch ihre Arbeitskraft zurückgezogen, wäre dies erlaubt, aber die Arbeit ist auch nur eine Maskerade, die Phantomgüter produziert. Gefühle, Glaube – das gehört dem Individuum, und wenn sich das Individuum dem Staat gegenber für tot erklärt, so, wie einst Asketen erklärten, sie seien der Welt gestorben, dann kann der Staat nicht viel dagegen tun, außer nörgeln und jammern.

Was oft für Zynismus gilt, ist in Wahrheit eine so tiefe Enttäuschung, daß sie von der Verzweiflung nicht mehr zu trennen ist. Was, materiell und spirituell, am wertvollsten war, ist zerstört; was verfügbar ist, ist buchstäblich wertlos. Das heißt für den Ausländer, daß das Auge Probleme hat, sich auf Moskau

261 Horst Mahler: *Über den bewaffneten Kampf in Westeuropa.* In: *Die alte Straßenverkehrsordnung*, a.a.O., S. 47–125.
262 Das Info, a.a.O., S. 107.
263 Rote Armee Fraktion – Das Konzept Stadtguerilla. In: *Die alte Straßenverkehrsordnung*, a.a.O., S. 21–45, hier S. 35, 37 und 24.
264 Zitiert nach: Scheerer: *Deutschland – Die ausgebürgerte Linke*, a.a.O., S. 333.
265 Zitiert nach: *tageszeitung* vom 20.4.1985.
266 *Der Spiegel* 23 (1969).
267 Horst Herold: Information und Staat. In: *gehört gelesen* 6 (1984), S. 70–81, hier S. 70.
268 Ein Gespräch über die Zukunft mit Rudi Dutschke, Bernd Rabehl und Christian Semler. In: *Kursbuch* 14 (1968), S. 146–174, hier S. 168 und 170.
269 *CILIP* 16 (1983), S. 69.
270 Zitiert nach: Iring Fetscher und Günter Rohrmoser: *Ideologie und Strategien.* Opladen 1981, S. 139.
271 Horst Herold: Gesellschaftliche Aspekte der Kriminalitätsbekämpfung, a.a.O., S. 24.
272 Kurt Groenewold: Die Verteidigung der Gefangenen aus der RAF und die Gesetze zum Ausschluß der Strafverteidiger. In: Klaus Croissant u.a.: *Politische Prozesse ohne Verteidigung?* Berlin 1976, S. 35–40, hier S. 36.
273 *Das Info*, a.a.O., S. 207.
274 Hans-Joachim Klein: *Rückkehr in die Menschlichkeit. Appell eines ausgestiegenen Terroristen.* Reinbek 1979, S. 46.
275 Die Formulierung stammt von Peter Paul Zahl. Zitiert nach: Jäger, Schmidtchen und Süllwold: *Lebenslaufanalysen*, a.a.O., S. 172.
276 Zitiert nach: Heinrich Breloer: *Todesspiel. Von der Schleyer-Entführung bis Mogadischu.* Köln 1997, S. 20.
277 *Dokumentation der Bundesregierung zur Entführung von Hanns Martin Schleyer.* München 1977, S. 21.
278 Ebd., S. 22–25.
279 Zitiert nach: Krebs: *Ulrike Meinhof*, a.a.O., S. 201.
280 Zitiert nach: *Frankfurter Allgemeine Zeitung* vom 27. 5. 1978.
281 Rabehl: *Am Ende der Utopie*, a.a.O., S. 275.
282 *Frankfurter Rundschau* vom 31. 10. 1968.
283 Zitiert nach: Wieland: Deutsche Dandys, a.a.O., S. 57.
284 *Das Info*, a.a.O., S. 158.
285 Ebd., S. 21.
286 *Der Spiegel* 50 (1978).
287 *Das Info*, a.a.O., S. 205.
288 Zitiert nach: *Der Spiegel* 47 (1974).
289 Ebd.
290 *Das Info*, a.a.O., S. 74.
291 Zitiert nach: Schut: *Stammheim*, a.a.O., S. 360.

292 Ebd., S. 391.
293 Andreas Baader u. a.: Erklärung zur Sache, Januar 1976. Zitiert nach: Schut: *Stammheim*, a.a.O., S. 388.
294 Vgl. dazu Horst Herold: *Neue Wege der Kriminaltechnik eröffnen*. Vortrag vom 4. 10. 1979; ders.: *Erwartungen in die Kriminaltechnik*. Tagungsheft BKA 1979.
295 *Dokumentation der Bundesregierung*, a.a.O., S. 25.
296 *Das Info*, a.a.O., S. 201.
297 *Der Spiegel* 32 (1980).
298 *Der Spiegel* 11 (1975).
299 Ernst-Wolfgang Böckenförde: Der verdrängte Ausnahmezustand. In: *Neue Juristische Wochenschrift* (1978), S. 1881–1890.
300 *Der Spiegel* 49 (1980).
301 Zitiert nach: Karl-Heinz Weidenhammer: *Selbstmord oder Mord? Das Todesermittlungsverfahren: Baader/Ensslin/Raspe*. Kiel 1988, S. 68.
302 Zitiert nach: Ebd., S. 76.
303 Zitiert nach: Ebd., S. 85.
304 Zitiert nach: Wieland: Deutsche Dandys, a.a.O., S. 57.
305 Zitiert nach: Schut: *Stammheim*, a.a.O., S. 525.
306 *Das Info*, a.a.O., S. 211.
307 Ebd., S. 137.

Abbildungsverzeichnis

Bilderdienst Süddeutscher Verlag: 30, 45, 51, 77, 103 (r), 118 (2), 119 (l), 134, 149, 162, 180, 185, 188, 190 (l), 218
dpa Bilderdienst: 9, 82, 198
Ullstein Bilderdienst: 33, 42, 102 (2), 103 (l), 119 (r), 122, 129, 140, 187, 190 (r), 192, 194, 196, 199, 204, 225, 228, 229
Berlinische Galerie, Photographische Sammlung: © Herbert Tobias, aus der Sammlung Pali Meller Markovicz: 115, 116

Umschlaggestaltung: Ott + Stein, Berlin
Buchgestaltung: Lisa Neuhalfen, Berlin
Reproduktionen: Mega-Satz-Service, Berlin
Druck und Bindung: Clausen & Bosse, Leck
Printed in Germany 1997
ISBN 3-8286-0011-5